中国石化“十四五”重点图书出版规划项目
碳达峰碳中和系列丛书

碳达峰碳中和

——工业高质量发展之路

凌逸群 主编 戴宝华 副主编

中国石化出版社

内容提要

本书紧扣“双碳”战略目标部署要求，立足新发展阶段，以完整、准确、全面贯彻新发展理念，构建新发展格局为指导，从碳达峰碳中和的概念、意义、要求入手，阐述了我国提出“双碳”目标对于推动世界经济强力复苏的巨大支撑作用，以及“双碳”目标与社会经济高质量发展的内在联系。

从美国、欧盟、日本和韩国碳达峰碳中和发展历程来看，“双碳”目标将对我国实体经济、产业结构和能源消费结构带来系统性变革。本书分析总结了典型发达国家碳达峰碳中和过程中经济社会所呈现出的特征变化，详细梳理了我国碳达峰碳中和的政策要求，提炼了我国重点工业的碳排放特点，就“双碳”目标引领下我国工业高质量发展所面临的机遇和挑战进行了系统阐述分析并提出了相关建议。

图书在版编目（CIP）数据

碳达峰碳中和 —— 工业高质量发展之路 / 凌逸群主编. — 北京 ：中国石化出版社，2023.5

ISBN 978-7-5114-7060-7

Ⅰ. ①碳…　Ⅱ. ①凌…　Ⅲ. ①工业发展—节能减排—研究—中国　Ⅳ. ①F424

中国国家版本馆 CIP 数据核字（2023）第 069953 号

未经本社书面授权，本书任何部分不得被复制、抄袭，或者以任何形式或任何方式传播。版权所有，侵权必究。

中国石化出版社出版发行

地址：北京市东城区安定门外大街58号

邮编：100011　电话：（010）57512500

发行部电话：（010）57512575

http：//www. sinopec-press. com

E-mail：press@ sinopec. com

北京科信印刷有限公司印刷

全国各地新华书店经销

*

710×1000毫米　16开本　15印张　248千字

2023年8月第1版　2023年8月第1次印刷

定价：78.00元

《碳达峰碳中和系列丛书》
编委会

主　任： 凌逸群

委　员： 戴宝华　陈尧焕　蒋德军　蒋庆哲　王立东

陈广卫　赵晓敏　何祚云　达志坚　王国清

王北星　刘丰合　孙　浩　许楚荣　卫建军

汤志刚　陈　健　范　英　王斯民

《碳达峰碳中和——工业高质量发展之路》
编撰人员名单

主　编： 凌逸群

副主编： 戴宝华

主要撰写人员：

罗大清　刘潇潇　王德亮　王北星　程一步

乞孟迪　聂浩宇　李　远　上官方钦　安晓鹏

胡明禹　曹博涵　戴　尧　李芊睿　王　迪

王天翮　张　佳

序

PREFACE

习近平主席在第七十五届联合国大会一般性辩论上提出中国将提高国家自主贡献力度，采取更加有力的政策和措施，二氧化碳排放力争于2030年前达到峰值，努力争取2060年前实现碳中和。明确的碳达峰碳中和目标愿景，为我国经济社会全面发展绿色转型指明了方向，为全球应对气候变化共同行动贡献了中国力量。

实现碳达峰碳中和是一项战略性、全局性、系统性的工作，要求我国建立健全绿色低碳循环发展的经济体系，建立清洁、低碳、高效、安全的现代化能源生产和消费体系。炼化行业是关系国计民生的基础性、支柱性行业，产品种类多、经济总量大、产业链长。在碳达峰碳中和背景下，炼化行业既要担负起确保国家油气安全及合成材料稳定供应的责任，还要加快推进行业自身的绿色低碳发展。

中国石化将助力实现国家碳达峰碳中和目标作为政治责任，围绕碳达峰碳中和重大战略任务进行统筹谋划，与国内知名高校合作，组织团队围绕节能减碳开展了比较系统的研究。包括宏观层面的结构转型、减碳路径、减碳成本等全局性问题，也包括微观层面的节能减碳技术、能源结构与产业结构转型、碳足迹、绿色产品等行业性问题，同时还前瞻性地开展了碳交易、碳金融等新领域的研究，形成了一批有价值的研究成果。这套《碳达峰碳中和系列丛书》是这些优秀成果的汇编，对炼油石化行业推进节能减碳、实现碳达峰碳中和有重要指导意义。这套丛书具有以下鲜明的特点：

（1）炼化行业特色突出。这套丛书共有六个分册，每一册都和炼油石化行业的节能减排的实践活动密不可分。丛书内容重点反映的中国石化在节能减排实践活动中形成的成果，具有鲜明的行业特色。如丛书提出的对炼化行业碳足迹的评价方法、减碳成本核算方法等是采用规范的研究方法，根据炼化行业的特点，坚持问题导向进行实践指导分析研究得到的，在炼化行业是具有新颖性的研究成果。本书既可以为普通读者普及碳达峰碳中和的基础知识，又可以为炼化行业节能减碳提供专业性的参考。

（2）丛书分册之间有明确的逻辑关系。丛书六个分册中都有各自的重点内容，分册之间又上下衔接互相关联，使丛书具有系统性。第一分册《碳达峰碳中和——工业高质量发展之路》，就“双碳”目标引领下我国工业高质量发展所面临的机遇和挑战进行了系统阐述分析并提出了相关建议，是对整套丛书的宏观把控；第二分册、第三分册和第四分册分别从碳足迹评价、碳减排成本核算和碳资产管理角度，为企业“双碳”能力提升提供了方法论与实践的支撑；第五分册《炼化企业碳达峰碳中和路线图》按炼化产业发展现状研究、温室气体排放研究及关键减排技术与措施研究为脉络展开论述，最终形成我国炼化产业碳达峰碳中和路线图，是整个碳达峰碳中和路径的凝练和总成；第六分册《炼化行业节能与减碳实践》是整个系列丛书的实践单元，它汇聚了中国石化多年来节能减碳的优秀案例，与前五分册相辅相成，共同构成了完整的“双碳”工作体系。

（3）瞄准未来发展方向。面对碳达峰碳中和新目标新形势，炼化行业要主动拥抱能源革命和产业变革，加快新技术、新工艺、新设备、新材料研发和应用，坚定推进调整结构、转型升级，实现可持续发展。这些在丛书中得到了体现，可为炼化行业的绿色低碳发展路径提供有益的参考。

希望这套丛书能得到炼化行业广大读者的喜爱，并能借鉴书中提供的思路与方法开展节能减碳的实践。

前言

PREFACE

伴随工业化进程的推进，温室气体排放增加，全球气候持续变暖，极端天气多发，气候变化成为人类面临的共同挑战。为应对气候挑战，世界各国以协约的方式承诺减排温室气体。目前全球已有120多个国家和地区承诺到21世纪中叶实现碳中和，覆盖全球GDP的68%和全球人口的56%，彰显了全球改善气候变暖的雄心。

2020年9月22日，国家主席习近平在第七十五届联合国大会一般性辩论上宣布："中国将提高国家自主贡献力度，采取更加有力的政策和措施，二氧化碳排放力争2030年前达到峰值，努力争取2060年前实现碳中和。"2021年3月15日，中央财经委员会第九次会议提出，实现碳达峰碳中和是一场广泛而深刻的经济社会系统性变革，要把碳达峰碳中和纳入生态文明建设整体布局。

2030年前实现碳达峰、2060年前实现碳中和（简称"双碳"目标）是党中央经过深思熟虑作出的重大战略部署。从国际看，全球经济艰难复苏，中国作为负责任大国，实现"双碳"目标是推动构建人类命运共同体的大国责任担当，必将为全球经济复苏提供强力支撑；从国内看，"双碳"目标的提出把我国的绿色发展之路提升到了新高度，将推动能源结构和产业结构深度调整，引导我国经济走更加绿色和可持续的发展模式，必将成为未来数十年我国社会经济发展的主基调之一。

实现"双碳"目标是系统性、战略性和全局性工作，这意味着我国更加坚定地把握新发展阶段，贯彻新发展理念，构建新发展格局，主要路径在于提高能源产出效率，降低能源相关产业碳排放强度，优化产业结构，推进产业技术创新和转型升级，减少过度依赖化石能源消费，提升产业竞争力，以此获得可持续发展和降低碳排放的多重收益，为经济社会高质量增长注入持久动力。

电力、钢铁、建材、石化等高耗能、高排放行业是碳排放的主体，“双碳”目标约束下工业高质量发展迎来诸多机遇。宏观层面，“双碳”目标为能源绿色低碳转型、重塑中国产业的全球竞争力打开了战略窗口。行业层面，“双碳”目标要求大幅度提高可再生能源在一次能源消费中的比重，综合降低碳排放成本，这为绿色低碳产业、碳金融等相关行业带来巨大发展和投资机遇。企业层面，“双碳”目标将持续推进企业提高自身创新能力和竞争力，有望催生一批优秀的新兴企业。

另外，“双碳”目标约束下工业高质量发展面临用能结构调整优化、产业转型发展压力等挑战。一是我国减排速度和力度远超发达国家。近百年来，中国人均累积碳排放量只有世界均值的87%，且中国能源需求尚未达峰，碳排放仍处在总量大、增量高阶段，工业化和城镇化持续推进将带来较大减排压力。二是工业能源消费结构调整迎来巨大挑战。2020年，传统化石能源约占我国能源消费总量的84%，减少高碳能源的使用，提高低碳、非碳能源的使用占比，降低并有序淘汰高耗能、低效产能，提升产业水平，任重道远。三是资源约束和资金投入巨大带来的潜在压力不容忽视。根据测算，2020—2050年，我国能源系统需要新增投资100万亿~138万亿元，且减煤压煤的本质要求对“富煤”资源禀赋下的能源结构调整目标提出更高要求。四是面临核心技术与人才储备不足的挑战。一方面，为实现“双碳”目标从传统能源技术切换至可再生能源技术的转型难度较大；另一方面，脱碳技术储备欠缺，降碳消碳技术成熟度仍有待加强。现阶段碳减排相关技术开发人才、碳管理人才储备不足。五是碳边境调节机制、碳税等制度将提升我国工业生产成本，叠加后疫情时代需求降低，使得企业主体减碳动力不足。

实现“双碳”引领下的高质量发展，工业领域需依托政府、行业、企业之间相互协同，在财政、货币等宏观政策引导下，鼓励新兴行业、新技术产业优先发展，抑制高碳排放产业发展，不断推动经济结构和传统工业技术转型升级，减少整体碳排放量；另外，各相关主体要推进完善碳排放考核指标体系和考核机制，推进强化减少碳排放的制度约束，促进企业主体树立绿色低碳生产理念，实现绿色低碳可持续发展。

本书紧扣“双碳”目标战略部署要求，立足新发展阶段，以完整、准确、全面贯彻新发展理念，构建新发展格局为指导，从碳达峰碳中和的概念、意义、要求入手，阐述了我国提出“双碳”目标对于推动世界经济强力复苏的巨大支撑作用，以及“双碳”目标与社会经济高质量发展的内在联系；并以美国、欧盟、日本和韩国碳达峰碳中和发展为例，分析总结了典型发达国家的碳达峰碳中和过程中经济社会所呈现出的特征变化，详细梳理了我国碳达峰碳中和政策要求，提炼了我国重点工业的碳排放特点，并就“双碳”目标引领下我国工业高质量发展所面临的机遇和挑战进行了系统阐述分析并提出了相关建议。相信本书的出版，一定能为“双碳”目标下工业高质量发展提供有价值的参考。

本书由凌逸群同志主编，参编人员主要由从事不同工业行业政策研究、技术咨询管理、项目优化及评估等工作的同志组成，他们经验丰富、认识扎实，分别承担了相应章节的编写任务。第一章“碳达峰碳中和——经济社会高质量发展的必然选择”由中国石化集团经济技术研究院有限公司王德亮编写。第二章“发达国家碳达峰碳中和之路”中美国、欧盟、日本、韩国、综合部分分别由中国石化集团经济技术研究院有限公司聂浩宇、胡明禹、曹博涵、戴尧、王德亮编写。第三章“碳达峰碳中和下的政策梳理”中宏观、金融、碳关税、市场政策内容分别由中国石化集团经济技术研究院有限公司胡明禹、李芊睿、王迪、乞孟迪编写。第四章“碳达峰碳中和与重点工业低碳发展”中工业与碳排放、电力、钢铁、建材、石油石化部分分别由中国石化集团经济技术研究院有限公司程一步、中石化节能技术服务有限公司李远、钢铁研究总院上官方钦、中国建材集团有限公司安晓鹏、中国石化集团经济技术研究院有限公司乞孟迪编写。第五章“‘双碳’目标引领工业高质量发展”由中国石化集团经济技术研究院有限公司王德亮编写。全书框架设计、大纲制定和编写由凌逸群，中国石化集团经济技术研究院有限公司戴宝华、罗大清，中石化节能技术服务有限公司王北星、李远组织，由王德亮统稿，罗大清、刘潇潇审核，凌逸群、戴宝华审订。

在本书编写出版过程中，得到了中国石油企业协会常务副会长蒋庆哲，中国石化北京化工研究院孙玉国，中国石化炼油事业部谢小华、化工事业部黄志壮，中国石化石油化工科学研究院吴昊，中国石化集团经济技术研究院有限公司曹勇、高珊珊、王丹旭、张佳等领导、专家和中国石化健康安全环保管理部、炼油事业部、化工事业部的指导帮助以及中国石化出版社的大力支持，在此表示衷心感谢。

由于本书涉及领域广阔，加之时间和水平所限，必有欠妥和疏漏之处，敬请读者批评指正。

目录

CONTENTS

第一章

碳达峰碳中和——经济社会高质量发展的必然选择

PART 1

全球气候变化是人类共同面临的巨大挑战。最新科学研究报告显示，与工业化前水平（1850—1900年平均值）相比，2020年全球平均温度高出1.2℃，是有完整气象观测记录以来的三个最暖年份之一。工业化后，随着温室气体增加，气候变暖持续，全球地表平均气温上升速率为0.15℃/10年，全球海表温度显著升高，极端天气气候事件风险进一步加剧，对全球生命系统形成重大威胁。

为应对气候变化带来的安全威胁，世界各国以协约的方式承诺减排温室气体。2015年12月12日，《联合国气候变化框架公约》近200个缔约方在巴黎气候变化大会上达成《巴黎协定》，约定全球尽快实现温室气体排放达到峰值，21世纪下半叶实现温室气体净零排放。第26届联合国气候变化大会（COP26）召开前后，约150个国家递交了更新后的国家自主贡献（NDC）和面向21世纪中叶的长期温室气体排放发展战略（MCS）。这标志着约占全球经济和碳排放总量75%的国家和地区已经承诺在21世纪中叶前后实现碳中和。碳达峰碳中和成为全球共识。

2020年，中国庄严承诺“2030年前碳达峰、2060年前碳中和”目标。9月22日，国家主席习近平在第七十五届联合国大会一般性辩论上宣布：“中国将提高国家自主贡献力度，采取更加有力的政策和措施，二氧化碳排放力争2030年前达到峰值，努力争取2060年前实现碳中和。”

2020年12月12日，中国进一步宣布，到2030年，中国单位国内生产总值二氧化碳排放将比2005年下降65%以上，非化石能源占一次能源消费比重将达到25%左右，森林蓄积量将比2005年增加60亿立方米，风电、太阳能发电总装机容量将达到12亿千瓦以上。碳达峰碳中和承诺彰显了中国为推进全球气候变化治理和构建人类命运共同体的大国担当。2021年，全国两会上碳达峰碳中和被首次写入《政府工作报告》。10月，习近平主席在《生物多样性公约》第十五次缔约大会上指出，中国将陆续发布重点领域和行业碳达峰实施方案和一系列支撑保障措施，构建起碳达峰碳中和“1+N”政策体系。

2030年前碳达峰、2060年前碳中和是党中央经过深思熟虑作出的重大战略部署，也是中国为应对全球气候变化向世界各国人民作出的庄严承诺。对于中国而言，实现“双碳”目标，需要对现行的社会经济体系进行系统性变革，改革涉及人民生活方式、工业用能结构、产业结构等诸多方面。不难看出，“双碳”目标的提出将把绿色发展之路推升至新的战略高度，其必然成为我国未来数十年社会经济发展最为重要的主基调之一。

在此发展背景下，“双碳”目标实现的路径、“双碳”目标如何推动经济社会高质量发展等成为社会各界关心的问题。本章从碳达峰碳中和的概念介绍入手，分析“双碳”目标下社会经济的转型趋势，进一步总结“双碳”目标与经济社会高质量发展的内在联系。

1.1 碳达峰碳中和的概念

碳达峰碳中和的关键要素包括低碳技术发展、碳汇能效水平提升、碳交易市场完善等，涉及能源、社会、经济全方位绿色低碳转型的发展问题。

1.1.1 碳达峰

碳达峰（Peak Carbon Dioxide Emissions）是二氧化碳排放量由增转降的历史拐点，二氧化碳排放量达到历史最高值，之后经历平台期并转向持续下降，如图1-1所示。2030年碳达峰，即指我国承诺2030年前，二氧化碳的排放不再增长，达到峰值之后逐步降低。

经济发展需要消耗能源，其中会伴随碳排放。发展中的经济体在一定时期内，经济增长速度越快，能源需求量将越大，同时能源消耗带来的碳排放量将越大。当经济发展到一定程度，随着技术、产业结构等因素的影响和调整，碳排放和经济增长的关联度逐渐下降，当二者实现脱钩，该经济体可谓实现了碳达峰。

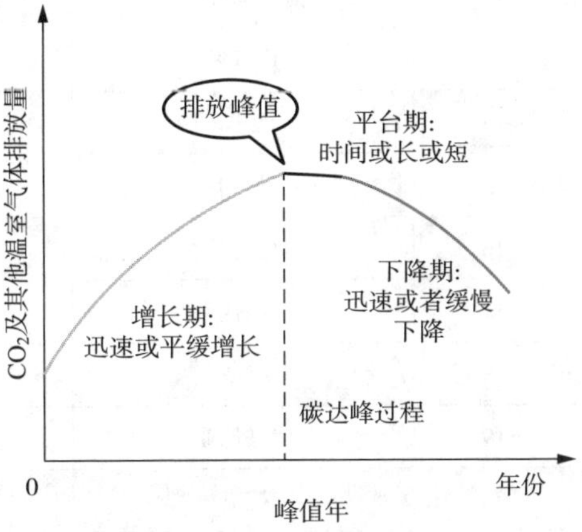

图 1-1　碳达峰过程示意图

碳达峰目标包括达峰年份和峰值。根据经济合作与发展组织（OECD）、英国石油公司（BP）统计数据，1990年、2000年碳排放量达峰国家的数量分别为19个和31个，分别约占当期全球碳排放量的21%和18%。2010年达到峰值的国家增加到49个，约占全球排放量的36%。当前，全世界已经有50多个国家实现碳达峰，部分国家如表1-1所示。此外，中国和新加坡等国家承诺在2030年以前实现达峰，预计届时全球将有57个国家实现碳排放达峰，约占全球碳排放的60%。

表 1-1　已实现碳达峰的部分国家时间表

序号	国家	达峰年份	碳排放峰值/百万吨
1	日本	2008	1297.1
2	澳大利亚	2008	414.8
3	美国	2007	5884.2
4	加拿大	2007	574.7
5	瑞士	2001	46.2
6	丹麦	1996	79.1
7	比利时	2003	141.2
8	芬兰	2003	74.9
9	瑞典	1979	114.4
10	波兰	1987	185.6
11	英国	1973	728.7
12	黑山共和国	1990	18.7
13	卢森堡	1974	15.4
14	法国	1973	518.8
15	保加利亚	1980	89.1
16	乌克兰	1987	709.9
17	斯洛伐克	1980	56.8
18	挪威	1998	36.5
19	罗马尼亚	1989	189.4
20	捷克	1979	202.6
21	格鲁吉亚	1981	3.7

续表

序号	国家	达峰年	碳排放峰值/百万吨
22	德国	1979	1104.2
23	白俄罗斯	1988	103.4
24	阿塞拜疆	1990	54.3

数据来源：BP、OECD、worldometer。

全球碳排放迅猛增长将使冰川冻土消融、海平面上升，从而导致极端天气多发、海洋生态系统退化和生物多样性消失，这是世界推进碳达峰目标的最直接原因。研究表明，当温度上升2℃，海平面将升高0.46米，植物将灭绝16%，昆虫将灭绝18%，脊椎动物将灭绝8%，耕地将减少7%。二氧化碳排放量的增长不仅危害自然生态系统的平衡，还严重威胁人类的生存。

1.1.2 碳中和

碳中和（Carbon Neutrality）是指国家、企业、活动、产品或个人在一定时间内直接或间接产生的二氧化碳排放总量，经过植树造林、节能减排等形式进行正负相抵，达到相对“零排放”。

“碳中和”强调碳排放与碳去除实现平衡，达到碳中和的方式一般有三种，一是通过特殊手段去除温室气体，例如碳补偿；二是使用可再生能源，减少碳排放；三是应用碳捕集（利用）与封存技术，减少碳排放。

从定义可知，碳中和是碳达峰的递进，碳达峰是碳中和实现过程中的必由之路。碳达峰是通过可再生能源替代化石能源、提高能源使用效率、提高氢能等非碳能源比例等有效方式，以实现用最少的碳排放来满足整个社会经济系统的能源需求；而碳中和是在实现碳达峰的基础上，进一步综合利用物理、化学或生物等方法将能源使用或产品生产过程中产生的二氧化碳以及排放到大气中的二氧化碳捕获、封存或利用，最终达到净零排放目标。

表1-2汇总了世界主要国家或地区碳中和目标。以下30个国家中，美国、英国、法国、德国、加拿大、日本、韩国、南非等22个国家把实现碳中和的目标年份定在2050年。而乌拉圭（2030年）、芬兰（2035年）、奥地利（2040年）、冰岛（2040年）、瑞典（2045年）5国的碳中和目标年份是2030—2045年，其中半数是北

欧国家。新加坡承诺在21世纪下半叶实现净零排放。

表 1-2　世界主要国家或地区碳中和目标

序号	国家或地区	年份	状态	详情
1	中国	2060	政策宣示	2020年9月22日，宣告力争2030年前达到峰值，努力争取2060年前实现碳中和
2	欧盟	2050	政治协定	2019年12月“绿色新政”确立碳中和目标。2020年3月提交联合国。2050年前实现碳中和，2030年温室气体排放量较1990年至少减少55%
3	美国	2050	政策立场	2021年1月《关于应对国内外气候危机的行政命令》中提出不迟于2050年实现全经济范围内净零排放。2035年实现电力净零排放
4	德国	2050	立法	第一部主要气候法于2019年12月生效，宣告将在2050年前“追求”温室气体中立。2030年温室气体排放比1990年减少65%
5	加拿大	2050	政策立场	2020年11月提交了相关法律草案
6	法国	2050	立法	2019年6月27日，国民议会投票将净零目标纳入法律。依靠可再生能源和核能，实现2050年净零排放目标
7	日本	2050	政策宣示	2020年10月，宣布将于2050年前实现碳中和，提出14个领域发展路线图，2050年可再生能源发电占比提升至50%~60%
8	韩国	2050	政策宣示	2020年10月，公开承诺将于2050年前实现碳中和。2035年温室气体排放量较2018年下降35%
9	英国	2050	立法	2008年，通过一项减排框架法，2019年6月27日，通过了修正案。2035年温室气体排放比1990年减少78%，2035年电力系统实现100%清洁无碳供电
10	其他	乌拉圭（2030年，政策宣示）；冰岛、奥地利（2040年，政策宣示）；瑞典（2045年，立法）；丹麦、新西兰和匈牙利（2050年，立法）；瑞士、挪威、爱尔兰、葡萄牙、哥斯达黎加、毛绍尔群岛、斯洛文尼亚和南非（2050年，政策宣示）；新加坡（21世纪下半叶，政策宣示）		

在全球排名前十的煤电国家中，已有6个国家承诺实现碳中和，分别为中国、美国、日本、韩国、德国和南非。中国作为全球最大的煤电大国，提出在2030年实现碳达峰、2060年实现碳中和，从碳达峰到碳中和的缓冲时间只有30年（欧盟是65~70年），这无疑是一个巨大挑战。

1.1.3 其他相关名词解释

1.1.3.1 碳源、碳汇与碳库

碳源（Carbon Source）是指产生二氧化碳之源。它既来自自然界，也来自人类生产和生活过程。

碳汇（Carbon Sink）是指通过植树造林、植被恢复等措施，吸收大气中的二氧化碳来减少温室气体在大气中浓度的过程、活动或机制。

碳源与碳汇是两个相对的概念，碳源是指自然界中向大气释放碳的母体，碳汇是指自然界中碳的寄存体。通过二氧化碳减排可以减少碳源，增加碳汇则主要采用固碳手段。

碳库（Carbon Reservoir）是指气候系统内存储二氧化碳、甲烷等含碳化合物类温室气体或其前体的一个或多个组成部分。碳在地球上有四大储层体，即岩石圈、水圈、生物圈以及大气。

1.1.3.2 碳足迹、碳信用与碳交易

碳足迹（Carbon Footprint）是指由组织、个人、事件、服务或产品造成的温室气体单位产品的排放量，用来衡量人类活动对生态环境的影响。碳足迹为是否实现碳中和的重要指标。

碳信用（Carbon Credit）指排放一吨二氧化碳当量温室气体权利的可交易额度或许可证，也称碳信用额度或碳权，须经过联合国或联合国认可的减排组织认证。

碳交易（Carbon Emissions Trading）指为促进全球减少温室气体排放，以“联合国气候变化框架公约”为依据，将二氧化碳、甲烷、一氧化二氮、氢氟烃、六氟化硫和氟碳化合物共6种温室气体的排放纳入减排公约，并采用市场机制实现温室气体排放权交易。另外，温室气体交易通常以每吨二氧化碳当量（tCO_2e）为计量单位。

1.1.3.3 碳税

碳税（Carbon Tax）指以环境保护、减少二氧化碳排放减缓全球变暖为目的，针对二氧化碳排放所征收的税。

碳税以含碳燃料，如一级能源（如原煤、原油、天然气等）与二级能源（如煤气、汽油、焦炭等）为对象，向化石燃料生产者或使用者征收，或者直接对二氧化碳或其他温室气体排放量进行征收的一种环境税。

碳税的征收依据是按上述产品的碳含量比例来征税，以达到减少化石燃料消耗和二氧化碳排放的目的。碳税是温室气体减排机制中的一种，与总量控制、碳交易等其他市场竞争为基础的机制不同，征收碳税实际操作中只需要增加相对较少的管理成本即可实现。

1.1.3.4 碳补偿

碳补偿（Carbon Offset）是指组织或个人向二氧化碳减排事业提供相应资金，来充抵自己的二氧化碳排放量。具体而言，碳补偿在计算人们日常活动直接或间接制造的二氧化碳排放量的基础上，核算抵消这些二氧化碳所需的经济成本，然后组织或个人付款给专门企业或机构，这些企业或机构再通过植树、投资环保项目等方式抵消此部分碳排放。

碳补偿是自愿行为。个人和企业可以通过购买碳补偿来减少他们的“碳足迹”（Carbon Footprints），同时树立公众环保形象。碳补偿能中和航空运输、汽车驾驶，甚至会议和婚宴等活动所产生的碳。

购买碳补偿的商品也是在向温室气体减排项目投资，可以通过各种方式进行碳补偿，如植树造林，升级工厂和发电厂的机器设备，提升建筑和运输工具的能源使用率。碳补偿项目并不鼓励个人为减少自身的二氧化碳而做无用功，而是鼓励大家通过给温室气体减排项目筹资来减少含碳气体。温室气体极易与空气混合，而且与其他污染物相比，它能在全球范围内进行传播，因此，减少温室气体的排放是不分国家和地区的。

1.1.3.5 碳市场、碳边境调节机制与清洁发展机制

碳市场（Carbon Market）是碳交易市场。各个国家有各自的碳排放量，就是允许排放碳的数量，相当于配额。有些国家实际的碳排放量或低于分到的配额，或者一些环保做得好的国家实际的碳排放量低于配额，这些国家可以把自己用不完的碳排放量卖给那些实际的碳排放量大于分到配额的国家。

碳边境调节机制（Carbon Torder Adjustment Mechanism, CBAM）是欧盟委员会《欧洲绿色协议》的核心，其目的在于保护那些被要求减少“碳足迹”的欧洲企业免受欧洲大陆以外“碳倾销”的影响。

清洁发展机制（Clean Development Mechanism）是《京都议定书》中引入的灵活履约机制之一。核心内容是允许其缔约方（发达国家）与非缔约方（发展中国

家）进行项目级的减排量抵消额的转让与获得，以便在发展中国家实施温室气体减排项目。

根据定义，清洁发展机制主要达到两个目标，一是帮助非缔约方持续发展，为实现最终目标作出应有贡献；二是帮助缔约方进行项目级的减排量抵消额的转让与获得。在非缔约方实施项目限制或减少温室气体排放而得到的通过认证的减排单元，经过《联合国气候变化框架公约》（UNFCCC）的缔约方大会指定经营实体的认证后，可以转让给来自缔约方的投资者，如政府或企业。一部分从认证项目活动得到的收益将用于补偿负面效应特别敏感的发展中国家。

1.1.3.6 能耗与节约能源

能耗（Energy Consumption）是指用能产品在使用时对能源消耗量大小进行评价的指标。单位能耗是反映能源消费水平和节能降耗状况的主要指标，一次能源供应总量与国内生产总值（GDP）的比率是一个能源利用效率指标。该指标说明一个国家经济活动中对能源的利用程度，反映经济结构和能源利用效率的变化。

节约能源（Energy Conservation）是指加强用能管理，采取技术上可行、经济上合理以及环境和社会可以承受的措施，从能源生产到消费的各个环节，降低消耗、减少损失和污染物排放、制止浪费，合理有效地利用能源。

1.1.3.7 碳捕集（利用）与封存

碳捕集（利用）与封存[Carbon Capture（Utilization）and Storage，CCUS]是把生产过程中排放的二氧化碳进行捕获提纯，投入新的生产过程中进行循环再利用或封存的一种措施。其中，碳捕集是指将钢铁厂、发电厂、水泥厂等排放源产生的二氧化碳收集起来，并用各种方法储存，以避免其排放到大气中。

1.1.3.8 碳披露项目

2000年成立，总部位于英国的碳排放披露项目（Carbon Disclosure Project，CDP）每年要求全球大公司公开碳排放信息和为气候变化所采取措施的细节，已发展成为碳排放披露方法论和企业流程的经典标准。碳排放披露项目为全球市场提供了重要的气候变化数据，其在线数据库是世界最大的企业温室气体排放和气候变化战略注册数据库。发达国家的许多组织都开始通过碳排放披露项目对其温室气体排放和气候变化战略进行测量和披露，以设立减排目标并不断改进其绩效表现。独立验证是碳排放披露项目的关键战略目标之一，并逐渐成为全球各大公司整体碳排放报告的一部分。通过独立验证帮助用户对报告数据的置信等级进行评定，对于组织投资和其他决策的制定都至关重要。

1.1.3.9 联合国气候变化大会

联合国气候变化大会也被称作《联合国气候变化框架公约》缔约方大会，是世界上最大、最重要的气候问题相关会议。在长达20多年的国际气候谈判进程中，联合国气候变化大会已举行26次，形成了诸多国际性公约和文件，见表1–3，持续推动全球应对气候变化不断取得新进展。

表 1–3 联合国气候变化大会重要成果汇总

名称	时间	地点	主要成果
京都气候大会	1997年12月	日本京都	《京都议定书》对2012年前主要发达国家减排温室气体的种类、减排时间表和额度等作出了具体规定
巴厘岛气候大会	2007年12月	印度尼西亚巴厘岛	确立了“巴厘路线图”，为气候变化国际谈判的关键议题确立了明确议程
波兹南气候大会	2008年12月	波兰波兹南	正式启动2009年气候谈判进程，并决定启动帮助发展中国家应对气候变化的适应基金
哥本哈根气候大会	2009年12月	丹麦哥本哈根	表达了各方共同应对气候变化的政治意愿，锁定了已达成的共识和谈判取得的成果，提出建立帮助发展中国家减缓和适应气候变化的绿色气候基金
坎昆气候大会	2010年11月29日—12月10日	墨西哥坎昆	就适应、技术转让、资金和能力建设等发展中国家所关心问题的谈判取得了不同程度的进展，谈判进程继续向前，向国际社会发出了比较积极的信号
德班气候大会	2011年11月28日—12月8日	南非德班	建立德班增强行动平台特设工作组，决定实施《京都议定书》第二承诺期，并启动绿色气候基金
多哈气候大会	2012年11月26日—12月7日	卡塔尔多哈	通过《京都议定书》修正案，从法律上确保了《京都议定书》第二承诺期在2013年实施
华沙气候大会	2013年11月	波兰华沙	发达国家再次承认应出资支持发展中国家应对气候变化；就损失损害补偿机制问题达成初步协议
巴黎气候大会	2015年11月30日—12月11日	法国巴黎	为2020年后全球应对气候变化行动作出安排
第二十六次缔约方大会	2021年11月1–12日	英国格拉斯哥	各缔约方最终完成了《巴黎协定》实施细则，包括市场机制、透明度和国家自主贡献共同时间框架等议题的遗留问题谈判

1.1.4 碳达峰碳中和的研究共识

在过去数十年的研究中，全球经济学家和科学家提出了若干关于碳达峰的研究理论和分析方法，其中认可程度较高的包括三类基础模型（Kaya恒等式、环境库兹涅茨曲线和资源最优配置的动态均衡方法）和两类因素分解方法（自上而下的IPAT恒等式模型和STIRPAT模型、自下而上的LEAP模型）。

基础模型研究中，Kaya恒等式采用因素分解的方法对碳排放进行研究，为相关研究提供了一种可以扩展的理论分析思路。由Krueger和Grossman提出的环境库兹涅茨曲线研究方法，提出"污染在低收入水平上随人均国内生产总值增加而提升，高收入水平上随国内生产总值增长而下降"的观点，明确从技术创新、结构升级和环境偏好角度解释了人均收入提高与环境污染的倒U形关系。资源最优配置的动态均衡方法从分析碳排放与经济增长入手，将碳排放带来的长期经济社会损失纳入考虑的范围，提出了"在增加当期产出时，碳排放的累积效应会减少经济增长的收益"的观点，并将碳排放以贴现的形式体现为当期的负收益，明晰了当期经济增长与碳排放负效应的动态收益比较。

因素分解方法研究中被广泛采用的主要是自上而下的基于指标分解法的IPAT模型和自下而上方法的LEAP方法。其中，IPAT（I=Human Impact, P=Population, A=Affluence, T=Technology）恒等式模型和STIRPAT（Stochastic Impacts by Regression on Population, Affluence, and Technology）模型将碳排放因素分解为人口、技术水平和富裕程度等，细节因素还包括生产单位产品的原材料消耗、产业结构、社会制度、消费习惯与文化等。LEAP模型（Longrange Energy Alternatives Planning System）以能源供应、能源加工转换、终端能源需求等环节为基础，用以分析不同情景下碳排放与能源消耗的关系，是一种基于情景分析的能源—环境核算规划工具。

通过总结分析相关的研究文献，得出的主要结论包括以下内容。

碳排放水平与经济增长方式关系密切。随着经济和社会的发展，经济增长方式将从依靠能源资源消耗，逐步转向更加可持续、更具包容性的高质量发展的新模式。在此模式下，经济规模扩张将逐步与碳排放脱钩，转向带动碳排放量下降。因而，不同经济发展阶段的碳排放强度有所差异，此差异与该经济发展阶段经济增长方式关系密切。

能源产出效率提高与产业结构升级互动。碳排放强度与经济体的资源禀赋、产业结构密切相关，随着产业技术创新和转型升级，过度依赖能源消费的经济增长方式将逐步转变为使用低碳能源、可再生能源的推动方式，促使天然气替代煤炭、使用可再生能源成为抑制碳排放增长的重要选择，用能调整过程中，产业逐步实现转型升级，在可持续发展中获得碳减排带来的多重收益。

人均收入和城市化水平是碳排放的重要决定因素，但不是简单线性关系。现代城市是随着工业发展、人口逐步集聚发展起来的，因而碳排放和环境污染、城市化过程密切相关，人均国内生产总值和城市化水平是碳排放水平的重要影响因素。随着工业化的发展，以及逐步步入后工业化时期，城市发展从注重传统工业增长逐步调整为集聚创新，此时城市的主要功能发生了变化，城市化也随之完成从驱动碳排放增长到驱动碳排放达峰的转变。

政府调节与市场机制相互协调是实现经济长期增长和良好环境生态的重要条件。经济发展进程中，生产部门通过发展逐步具备规模优势，随之也带来了生态环境的恶化。随着生产部门的扩张，越来越多的创新和生产资源进入该部门，这进一步加剧了负外部性。在此情况下，需要加强政府干预，以克服由市场机制失败造成的环境问题，从而实现经济长期稳定增长和良好生态环境间的平衡。因而，政府调节和市场机制需相互协调，从而达到经济增长与环境保护的最优平衡。

碳排放达峰及走向碳中和是技术创新和体制创新的结果。众所周知，创新是经济增长核心驱动力。对于一个经济体而言，要想实现经济的长久稳定增长必然依靠新技术和新产业的创新，创新带来的技术和产业革新可以推动经济增长方式的转变，推动碳排放达峰并实现逐步下降。另外，碳中和几乎涉及所有经济领域，走向碳中和意味着要采用清洁能源、维护生物多样性、重视循环经济、提高资源利用效率等，这些措施的实施必定依靠技术的革新，并需要推动体制创新来适应新的管理目标及对象。通过技术创新和体制创新的融合，才能推动能源供给从煤炭向可再生能源转变，从而实现碳达峰碳中和的目标。

1.2 实现“双碳”目标的意义

2020年我国全面建成小康社会，成功实现第一个百年奋斗目标，并迎来了实现此目标后的第一个五年规划。“十四五”时期将是我国向第二个百年奋斗目标进军，开启全面建设社会主义现代化国家新征程的重要发展时期。

立足新发展阶段，我国将加快构建以国内大循环为主体、国内国际双循环相互促进的新发展格局，推动实现更高质量、更有效率、更可持续、更加公平、更为安全地发展。在高质量发展的要求和建设人与自然和谐共生现代化的愿景下，“双碳”目标对“十四五”时期至21世纪中叶我国生态文明建设提出了更高要求，成为把握新发展阶段、贯彻新发展理念、构建新发展格局，推动高质量发展的必然要求。

“双碳”目标从能源结构调整、经济结构优化和产业结构转型升级出发，必将推动生态环境保护和生态环境质量持续改善，实现美丽中国的建设期望，满足人民日益增长的美好生活需要，为全球生态文明建设、共同构建人与自然生命共同体注入强大动力，走出一条生态良好、生活富裕的中国特色社会主义生态文明建设发展的道路。

1.2.1 从国际看，实现“双碳”目标是中国作为全球负责任大国的表现

当今世界正经历百年未有之大变局，保护主义、单边主义抬头，世界地缘政治问题进一步凸显，后疫情时代全球政治经济格局不确定性因素进一步增多，这些因素正在推动这个大变局的加速演变。在此背景下，我国提出实现“双碳”目标是中国作为全球负责任大国的表现，必将在实现自身社会经济持续稳定发展的基础上，为全球经济注入活力。

1.2.1.1 全球经济艰难复苏，中国为全球经济复苏提供强力支撑

据统计，新冠疫情暴发前，西方主要大国已经采取提高央行负债水平、增加市场货币供应等经济刺激政策，疫情暴发后，更是进一步采取发放救助金、实行市场超低利率或负利率等措施。据彭博社数据，2021年4月，日本央行、美联储、欧洲央行和英国央行的政策利率分别为–0.1%、0.25%、–0.5%和0.1%，已经基本充分释放了市场货币供应。

对于受疫情冲击严重的发达经济体而言，宽松的财政政策和货币政策一定程度上缓解了市场恐慌情绪，提振了信心，推升二级市场达到历史高位。但是，从经济发展规律、历史教训和国家经验而言，超发货币短期能够达到刺激经济的目

标，但长期来看作用有限。反而在货币政策的刺激下，国家总体债务水平会越积越大，对经济的健康可持续性造成不可预估的负面影响。据国际货币基金组织（IMF）于2021年5月发布的数据，全球已经有32个国家的债务占国内生产总值比率高于100%，其中，日本达到257%，美国、加拿大、法国和英国分别达到133%、116%、115%和107%。全球主要发达经济体普遍债务高企，风险性较高，全球经济不容乐观。

另外，发展中国家广义货币增速显著高于发达国家。恒大研究院针对1960—2017年10个代表性发展中国家和10个代表性发达国家的平均广义货币增速的统计研究表明，代表性发展中国家平均广义货币增速为61.1%，高于同期10个代表性发达国家的8.7%；广义货币增速中位数的比较中，代表性发展中国家为26%，同期10个代表性发达国家为8.5%。

进入21世纪后，发展中国家货币增速有所下降，2001—2017年平均值为14.3%，但仍高于发达国家的5.8%。由此可见，为了推动经济持续快速发展，发展中国家货币供应速度较快，在此情况下，如果叠加本国经济结构不合理或经济增速换挡，宽松的货币供应并不能起到刺激实体经济的效果，反而会刺激金融资产价格上涨，引发物价上涨。

在全球债务高企，争相采取量化宽松政策刺激经济的时候，突发的新冠疫情使得不明朗的世界经济雪上加霜。2020年全球经济为负增长3.3%，主要经济体中仅有中国实现了2.2%的增长，中国对全球经济稳定贡献巨大。在疫情发生之初，中国即采取强有力的疫情防控政策，第一时间有效控制了疫情，阻止了蔓延态势，有效保障了产业链、供应链的稳定，实现了疫情防控和经济社会发展的统筹，疫情大流行期间经济仍持续稳定恢复、稳中向好。在后疫情时代，供应链仍具有极大不确定性的情况下，中国企业的稳定扩大生产，为全球疫情防控和全球经济稳定复苏作出了巨大贡献。

当今世界，《巴黎协定》的签订开启了人类携手应对气候变化的新篇章，低碳转型实现绿色发展成为广泛共识。2020年，《巴黎协定》各缔约方提高自主贡献目标，中国提出碳达峰碳中和目标愿景，进一步担负起引领世界经济"绿色复苏"的重任，将为全球应对气候变化和绿色复苏注入新的持久动力。

1.2.1.2 中国“双碳”目标承诺彰显了推动构建人类命运共同体的大国担当

作为目前二氧化碳排放量较高的国家，中国始终坚持“人类命运共同体”的理念和“共同建设全球生态文明”的意愿，作出“双碳”目标承诺，这势必推动中国在为全球提供更多环境公共物品的同时，积极担负起应对气候变化的责任，为全球应对气候变化贡献中国智慧和中国方案。

“双碳”目标将引导中国经济走向更加绿色和可持续发展之路。将“双碳”目标作为战略方向，进一步彰显了我国坚定走绿色发展之路和加快绿色低碳发展的决心。现阶段新一轮能源和产业革命正在孕育发展，绿色低碳发展将成为人类迈向碳中和目标的主要特征。总体来说，“双碳”目标将持续引领推动中国实现能源变革和绿色发展，加快绿色低碳转型，将先人一步把握国际竞争主动权，为我国社会主义现代化建设赢得有利外部条件。

“双碳”目标承诺是我国应对全球气候变化的新努力和新贡献，一方面体现了我国对积极参与全球治理、维护多边主义的坚定支持，另一方面我国作出“双碳”承诺为世界各国全面有效落实《巴黎协定》起到了引领作用，有利于推动构建公平合理、合作共赢的全球气候治理体系，不断提升我国作为全球生态文明建设重要贡献者、参与者的引领者地位。

1.2.1.3 “双碳”目标将加速国内外经济格局重构

全球绿色低碳转型已是大势所趋，将为全球带来巨大市场空间。《博鳌亚洲论坛可持续发展的亚洲与世界2022年度报告——绿色转型亚洲在行动》显示，截至2021年12月底，全球已有136个国家、115个地区、235个主要城市和2000家顶尖企业中的682家制定了碳中和目标。越来越多的数据表明，碳达峰碳中和战略的推进实施，将能够实现经济效益和社会效益的双赢。中国政府积极把握大势，提出“双碳”目标，促进中国产业、企业积极布局绿色低碳转型，这将进一步带动中国相关产业技术升级，在为世界提供更多绿色产品的基础上，为参与带动全球绿色低碳经济大发展做好准备，“双碳”目标带来的市场机遇必将成为中国未来重要经济增长引擎之一。“双碳”目标的推进将进一步从国内经济版图、能源地缘政治和产业属性改变等方面加速国内外经济格局重构。

“双碳”目标将改变中国现有的经济版图。现阶段，中国经济主要集中于东部沿海地区，中西部地区发展相对较弱。到2060年，中国实现碳中和目标，届时风电和光伏等可再生能源将占据能源结构的绝大部分，作为主要聚集地的中西部地区将成为我国最为重要的能源输出地之一，中西部地区经济占全国的比重将逐步上升，中西部地区在中国经济版图上的角色将提升，中国经济版图将被改变。另外，据估算，中国实现碳中和需要中国森林一年生长量达到10亿立方米，届时森林覆盖率在30%左右，中国生态环境、碳汇及相关产业将发生由量到质的跨越，绿色低碳产业将成为重要的经济支撑。

“双碳”目标将改变石油地缘政治格局。中国实现“双碳”目标意味着主体能源将调整为风电和光伏、氢能等可再生能源，石油消费将逐步减少，将逐步摆脱对外部能源的进口依赖，“石油地缘政治时代”将被打破和终结，国际能源竞争的焦点将逐步调整到新能源、低碳技术等方面，实现碳中和的国家将牢牢握住以低碳技术为核心的价值链，现在以石油为中心的地缘政治格局将彻底改变。

“双碳”目标约束下，中国的所有产业将从资源属性切换到制造业属性。随着碳交易、碳评价体系的逐步建立和完善，“双碳”目标将对制造业企业的绿色制造提出更高要求，制造业产业链必将形成一些新的标准。在全球碳中和的大背景下，在这些新标准的要求和约束下，全球制造业的产业链必将进行新的国际合作和分工，现有产业格局也将逐步演变形成并达到新的平衡。

1.2.2 从国内看，“双碳”目标是中国针对经济、产业的重要战略调整

回顾百年奋斗历程，我们党带领全国人民实现了从站起来、富起来到强起来的历史性跨越，实现了全面建成小康社会的目标，我国已进入新发展阶段，并大步迈向全面建设社会主义现代化国家的新征程。

现阶段，我国人均国内生产总值突破1万美元，城镇化率超过60%，已充分具备转向高质量发展的优势和条件。与此同时，不可否认的是，我国发展不平衡不充分问题依旧突出，创新能力依然有待提高，产业竞争力有待进一步加强，供应链稳定性需要继续强化，国内有效需求尚未得到充分释放。

在新发展阶段，我国应面向新阶段高质量发展的要求，逐步打通生产、消费、流通、分配的堵点或痛点，坚决立足新发展阶段、贯彻新发展理念、努力构建新发展格局，实现规模扩张转向结构升级、数量追赶转向质量追赶、高碳增长转向绿色发展、分配失衡转向共同富裕，以及要素驱动转向创新驱动，形成以国

内大循环为主体、国内国际双循环相互促进的新发展格局。

在此目标要求下，中国提出“双碳”目标愿景，以推动中国经济转向更具可持续性、包容性和韧性的增长方式，推动建立健全低碳、清洁、高效、安全的现代化能源生产和消费体系。表面上看，“双碳”目标是对碳排放的约束问题，本质上则是涉及能源、经济、社会全方位绿色低碳转型的发展问题，是中国坚定走绿色发展之路的新战略高度，是未来数十年内经济社会发展的重要基调之一。

“双碳”目标需要系统性、深层次改革，在长远的战略性谋划下实现根本性变革和发展。从全国层面来看，“双碳”目标将引导中国经济走向更加绿色和可持续发展；从行业层面来看，“双碳”目标将引发产业结构深度调整，提升制造业竞争力；从微观层面来看，“双碳”目标有利于形成更加健康和可持续的生活方式；在引领方面，工业是“双碳”目标实现的主战场，同时也是主力军和排头兵，事关变革调整的成败，推动实现“双碳”目标将促进工业提升创新水平，实现更高质量、更有效率、更可持续的转型升级发展。

1.2.2.1 “双碳”目标将引导中国经济走向更加绿色和可持续发展

发达国家的碳达峰、碳中和的发展历史过程证明，随着工业化进程的推进和社会经济的发展，温室气体排放不断增加，当达到一定水平达峰后进入平台期或波动下降。《巴黎协定》也是依据以上规律，要求各缔约国先达峰再走向净零排放。碳达峰碳中和紧密关联，并且达峰时间早晚、峰值高低将直接影响碳中和实现的时间和难度。

基于国际发展经验，推动我国实现“双碳”目标要统筹达峰时间、碳排放峰值和碳中和预期年等多重因素。当前，经济发展需要消耗能源，煤炭、石油等相关碳密集型产业推动着经济社会的发展，并且我国仍处于发展时期，对能源的需求仍处在上升阶段。在此阶段，提出“双碳”目标有利于全社会清晰认识到社会发展到一定阶段后，高碳产业将不再是经济社会发展的推动力，反而会成为污染防治的重要对象，提前规划碳达峰碳中和路径，能够推动实现经济的绿色低碳转型，协同降低碳排放和其他污染物排放，促进经济社会的全面绿色转型以及生产生活方式的全方位变革。

诚然，“双碳”目标对中国而言，不仅是一个应对气候变化的目标，而且是一个经济社会发展战略，其根本核心是在保障经济社会发展的同时，寻找绿色低碳可持续发展的路径，是我国推动实现人与自然和谐高质量发展的价值方向和目标的体现。

另外，碳市场将成为能源结构调整、推动经济进一步增长的重要推手。为实现碳排放总量的有序达峰与下降，全国碳市场的统一建设、碳金融体系的完善是重要路径。随着《碳排放权交易管理办法（试行）》的正式施行，全国碳市场建设和发展进入了新阶段，各管理部门、行业组织、企业主体逐步明确分工，碳市场建设工作机制正在加速推进。其中，金融监管部门、生态环境部门分别负责“二级市场交易管理”和“一级市场配额管理”。一级市场配额管理中，生态环境部门以服务碳排放的总量控制为目标，做好配额总量的核发、初始分配、清缴等全流程管理工作；二级市场交易管理中，金融监管部门依据现行金融基础设施业务规则，逐步指导完善碳市场交易规则，管理和引导资金实现最优价格发现、资产配置等功能，做好金融监管。

1.2.2.2 “双碳”目标将引发产业结构深度调整，提升制造业竞争力

从产业层面，要实现“双碳”目标，意味着必须促进经济结构、能源结构、产业结构转型优化升级，分阶段分步骤转变经济发展方式和产业结构，培育绿色发展新动能，逐渐减少甚至退出高耗能产业，大力推动绿色能源、环保、数字经济等新兴战略性产业发展。

“双碳”目标约束下，产业逐步低碳化转型。改革开放以后，化工、钢铁、水泥等高耗能产业快速发展，此类高耗能、高污染行业迅速发展带来诸多环境问题的同时，也出现了整体产能过剩、产业整体水平低下的问题。淘汰落后产能、加快产业结构的转型升级，实现“降碳”“减污”成为此类行业发展的重要方向。

研究表明，在加快传统产业淘汰落后产能、调整结构促进产业转型升级的同时，通过培育新兴产业、加大技术创新应用、推动设备改造升级等手段，单位工业增加值能耗将实现大幅度降低。据估算，到21世纪中叶，采用煤改气、煤改电等能源结构调整措施，并采用碳捕集（利用）与封存等技术，与2010年相比，工业部门的碳排放量将降到24亿吨左右，降幅将超过50%。

“双碳”目标约束下，能源相关产业用能结构深度调整。我国能源消费结构中，化石能源如石油、煤炭、天然气等消耗占比为84%，而不产生碳排放或碳排放强度相对较低的风电和光伏、水电、核能、生物质、地热等仅占16%。因此，“双碳”目标的实现必定从化石能源相关产业，如电力、钢铁、石化等行业入手，

相关行业的用能结构调整、能源增长需求控制、节能减排降碳路径等都将是重点管控方向。

工业部门用能结构调整方向，主要体现在以下三个方面。

一是抑制煤炭消费反弹，推动煤炭消费下降。要实现煤炭消费占一次能源消费的比例大幅下降，严控煤电项目、治理散煤是关键。预计“十四五”时期，有关部门将对新的煤电商用机组的审批更加严格，落后煤电机组的淘汰将加速，煤电装机容量、耗煤量和电力行业碳排放量将在“十四五”时期实现达峰；与“十三五”时期相比，散煤治理力度将进一步加大，散煤削减将达到2.5亿吨左右。煤电、散煤的治理将为2030年碳达峰目标奠定良好基础。

二是控制石油、天然气消费，加速发展清洁能源。中国石化经济技术研究院预计，交通领域新能源汽车的渗透率将从2020年的5%增长至2025年的42%，传统燃油车将实现被部分替代，并且传统燃油车的油耗和污染物排放标准将进一步提高，相对应的成品油需求也将达峰或降低；塑料循环再生比例将达到12%，将促进塑料生产和消费两端的减量和替代。总体上看，石油消费将于2026年达峰，峰值控制在8亿吨左右。天然气将被用于发电以替代部分煤电和新能源调峰，预计天然气消费总量将从2020年的8.5%提升至2025年的11.5%。

三是新能源产业、可再生能源将迎来大发展。与化石能源相反，非化石能源占一次能源的比例有望从2020年的15.8%提升至2025年的20%以上。并且，中国要在2060年实现碳中和，风、光等新能源作为零碳能源的重要组成部分，在能源消费中将占据主体地位，装机规模将成倍增长。据估算，风能、光伏、核电的装机容量将分别是现在的12倍、70倍和5倍。“双碳”目标的提出对于新能源、可再生能源是重大利好。过去10年，陆上和海上风电成本快速下降，运行成本和投资成本和火电基本相当，已基本实现平价上网，化石能源时代将逐步终结，可再生能源时代已加速到来。因此，相关产业链细分领域必定会快速增长，并衍生出众多新兴产业，创造大量的就业机会。

不难发现，工业部门用能结构调整之后，我国的能源安全水平将进一步提升。我国的资源禀赋特征为“富煤少油少气”，这使得煤炭在我国能源结构中所占比例超过50%，占比最大，远高于石油和天然气。通过对工业部门进行用能结构调整，大幅度降低石油进口和化石能源使用量，将进一步降低我国对化石能源的依赖，总体上降低碳排放，在实现环境效益最大化的同时达到保障能源安全的目标，意义重大。

可以预见，未来科技企业或将成为碳排放大户。随着我国数字经济的占比逐步提升以及全球科技行业的迅速发展，科技企业对电能的需求将持续增长。另外，后工业化时代，传统产业将步入平台期并逐步淘汰落后产能，能源需求将逐步下降。在此情况下，科技企业能源需求占比或将逐步增加并超越传统产业，新兴产业的低碳转型将成为高科技产业等战略性新兴产业竞争的高点。例如，碳交易成为新能源汽车企业增收新支点。2020年，特斯拉、蔚来出售碳排放额度所得的收入分别达到14亿美元和1亿元，是当年净利润中的重要组成部分，对特斯拉而言，这更是净利润中的最大组成部分。随着碳交易市场的逐步完善推广，交易将逐步活跃，碳交易将促进制造业革新，进而重构全球制造业发展格局。

诚然，“双碳”目标将持续推动工业部门绿色低碳发展，增强国际竞争力。随着工业部门能源结构调整的深入，我国产业结构必然随之调整。“双碳”目标下，新一轮的供给侧结构性改革将倒逼产能过剩的行业加速淘汰落后产能，在产能总量控制的目标下，实现对盲目扩张和产能过快增长的抑制，并推动工业部门和能源生产部门提升信息化、数字化水平，提高能源生产和能源使用的效率。同时，对风电、光伏等可再生能源、新能源领域进行政策性支持，一增一减下实现产业结构的转变和产业转型升级，降低用能总量、碳排放总量，降低单位产品能耗、碳排放强度，推进绿色低碳发展，增强国际竞争力。

1.2.2.3 “双碳”目标有利于形成更加健康和可持续的生活方式

“双碳”目标是党中央结合我国国情和发展现状及阶段作出的切实可行的承诺和指引。要实现“双碳”目标，产业结构调整升级和生产方式革新是首要任务，但是人们生活方式和观念的转变也不可或缺。“双碳”目标必将对未来中国人民的生活方式产生深远影响。

首先是低碳理念的逐步深化。随着全社会范围内大力宣传倡导低碳理念，学习“双碳”目标精髓，低碳生活理念将逐步融入人们的意识之中，人类与大自然和谐相处、共建生态文明的信念和决心将更强。其次是人民生活方式的绿色低碳化。随着“双碳”目标的推进以及人民观念的改变，越来越多的人会选择购置新能源汽车，乘坐公共交通、骑行或步行通勤，在日常生活方式中采用低碳生活方式助力实现减排。更加健康、可持续的生活方式将逐步成为社会主流。

1.3 高质量发展的历史和内涵

本节从高质量发展的历史和内涵两个角度进行阐述，从而为分析高质量发展与碳达峰碳中和任务目标的设定之间的内涵与联系提供参考。

1.3.1 高质量发展的历史沿革

党的十九大报告首次提出高质量发展，并明确我国经济已从高速增长阶段转向高质量发展阶段，要以“建立健全绿色低碳循环发展的经济体系”为方向，推进高质量发展。高质量发展一经提出，便成为我国一个非常重要的时代课题。

2018年《政府工作报告》中提出，要按照高质量发展的要求，统筹推进“五位一体”总体布局和协调推进“四个全面”战略布局。这一要求将高质量发展的理念融入了政府工作之中，即要坚持以供给侧结构性改革为主线，统筹推进稳增长、促改革、调结构、惠民生、防风险各项工作。

基于中国发展阶段变化、发展环境和发展条件的科学判断，党的十九届五中全会将“十四五”期间经济社会发展的主题确定为推动高质量发展。推动高质量发展就是要以习近平新时代中国特色社会主义思想为指导，转变发展方式，推动实现质量变革、效率变革、动力变革，不断满足实现人民对美好生活的向往。

2021年，习近平总书记接连强调高质量发展。2021年《政府工作报告》中强调我国发展仍处于重要的战略机遇期，要准确把握新发展阶段，深入贯彻新发展理念，加快构建新发展格局，推动高质量发展，为全面建设社会主义现代化国家开好局起好步。在“两个百年”目标的历史交汇点，党和国家领导人多种场合强调高质量发展，意义重大。

2021年《关于新时代推动中部地区高质量发展的指导意见》《推进资源型地区高质量发展“十四五”实施方案》等陆续出台，为我国经济社会高质量发展明确了方向，指明了道路，揭开了我国高质量发展的新篇章。

1.3.2 高质量发展的丰富内涵

高质量发展是中国特色社会主义迈入新时代，开启新发展征程的重要主题，是适应我国社会主要矛盾变化的必然要求，是我国适应经济发展新常态的主动选择，是建设现代化经济体系的必由之路。

高质量发展要求经济社会发展实现质量变革、效率变革、动力变革，本质上来看，高质量发展需要经济社会发展保持竞争力、创新和活力，同时，经济社会发展保持竞争力、创新和活力离不开绿色低碳发展。从这个角度看，绿色低碳发展是我国经济转向高质量发展的重要标志。

1.3.2.1 高质量发展是适应我国社会主要矛盾变化的必然要求

党的十九大报告明确提出我国社会的主要矛盾已经由“人民日益增长的物质文化需要同落后的社会生产之间的矛盾”转变为“人民日益增长的美好生活需要和不平衡不充分的发展之间的矛盾”。矛盾主要体现为供给结构不能适应需求结构的变化。一方面，随着居民收入的增长，中等收入群体不断扩大，居民消费对商品和服务质量的要求越来越高，这使得消费结构升级加快；另一方面，国内产业存在低端产能过剩，高端产能不足的问题，较难满足居民高品质的消费需求。

高质量发展是适应我国社会主要矛盾变化的必然要求。更好地满足人民对美好生活日益增长的需要，就是重视数量发展的同时，解决好质量问题，在质的大幅度提高中实现量的有效增长，给人民群众带来更多的幸福感和安全感。高质量发展就是体现新发展理念的发展，全面贯彻创新、协调、绿色、开放、共享的新发展理念的发展，是能够很好满足人民日益增长的美好生活需要的发展，是适应我国社会主要矛盾变化必然要求的发展。随着高质量发展的推进，人民对美好生活日益增长的需要所带来的巨大内需将成为高质量发展的强大动力。

1.3.2.2 高质量发展是适应经济发展新常态的主动选择

改革开放以来，经过30余年的中高速发展，我国全面建成了小康社会，经济发展进入新常态。但是，我国产业在全球产业链、价值链中优势地位不明显，仍存在“大而不强”的问题。在此背景下，我们应坚定不移地走创新发展之路，推动加快现代化建设，高质量发展成为全面建设社会主义现代化国家的必然要求。

党的十九大以及2021年全国两会明确提出，2035年要达到基本实现社会主义现代化的远景目标，届时我国将推动“新四化”迈上新台阶，实现国家治理体系和治理能力现代化，建成开放、竞争优势明显的产业发展水平，迈入高收入国家行列。

1960年被世界银行列为中等收入国家的101个经济体中到目前为止只有21个国家进入高收入国家行列，从中等收入阶段跨入高收入阶段需跨越“中等收入陷阱”。全面建成社会主义现代化国家意味着要遵循经济规律，积极适应和把握经济发展新常态，推进增长动力转换和产业转型升级，从根本上破解“有增长但无发展”的悖论，加快现代化建设，推动经济实现质量变革、效率变革、动力变革，稳步推进经济的高质量发展。

1.3.2.3　高质量发展是建设现代化经济体系的必由之路

改革开放之初，我国依靠劳动力、环境和土地的低成本吸引国内及跨国资本投资，实现了我国制造业的大发展，推动了经济高速增长。现今，我国劳动力、土地等要素成本持续上升，比较优势逐步减弱，正面临高中端制造业竞争力不足、中低端制造业转移的风险，跨越要素成本上升，改变经济增长模式成为必须跨越的关口。建立现代经济体系是跨越关口的有力支撑，也是我国发展的战略目标。

高质量发展是建设现代化经济体系的必由之路，是保持我国经济持续健康发展的必然要求。要实现建设现代化经济体系战略目标，必须坚持质量第一、效益优先，提高全要素生产率，加快建设实体经济、科技创新、现代金融、人力资源协同发展的产业体系，不断增强我国经济创新和竞争力。在经济社会发展过程中，高质量发展有利于促进资源的科学合理整合，降低资源成本，实现最大转化率；有利于提高社会主体的创新和创造力，促进企业成长为精良、拔尖的创新型企业，推动产业转型升级。推动经济转向高质量发展阶段，是我国经济突破结构性矛盾和资源环境瓶颈的必然选择，也是中国实现社会主义现代化的必由之路。

1.4　“双碳”目标与经济社会高质量发展的内在联系

进入21世纪，全球经历了2008年的全球金融危机、2020年全球公共卫生危机（新冠疫情）、俄乌冲突等波及范围较大、影响程度深远的变局。至今，疫情、俄乌冲突仍给全球经济复苏前景带来诸多不确定性，打击着全球经济复苏的信心。

中国的碳达峰碳中和战略不仅是全球气候治理、保护地球家园、建设人类共同未来社区的重要要求，也是中国高质量发展，综合生态环境治理生态文明建设的内在需求。中国作为世界上最大的发展中国家和“世界工厂”，推动碳达峰碳中和，体现了大国使命和担当，意义重大。

碳达峰碳中和与经济社会高质量发展的本质相同，“双碳”目标的推进是新发展阶段、新发展格局下，我国实现经济社会发展、产业转型升级发展的重要抓手，是我国人民至上价值观的体现，随着“双碳”目标的持续推进实施，我国经济和社会高质量发展的动力将持续深化，迎来新的突破。

1.4.1 “双碳”目标是实现高质量发展的重要抓手

从工业革命以来现代化建设的经验来看，依靠高碳资源消耗的增长模式，一方面，推动了经济社会的发展，但同时改变了人类赖以生存的大气环境，会造成频繁的极端气候，影响人们的生产和生活，是不可持续的发展模式。另一方面，全心全意为人民谋幸福，要求不仅创造更多的物质、精神财富，还需要提供更多优质的生态产品，满足人民对美好生态环境的需求。综上，我国逐步深化对工业化与资源、城镇化与环境的认识，推动经济社会发展实现质量变革，以满足人民日益增长的美好生活需求。

实现人类经济社会的可持续发展，必须坚定不移走绿色低碳发展道路。就气候责任来讲，发达国家应该承担更大的责任，并且中国仍处于工业化、全面建成现代化经济体系的关键时期，但我国能源利用效率仍偏低，传统污染物和二氧化碳排放量处于较高水平。作为负责任大国，应对气候变化，推进绿色低碳发展和生态文明建设，为人民提供美好生态环境是我国可持续发展的内在要求。

“双碳”目标可以带来环境质量改善、产业转型发展等多重效应，推动实现质量变革，必将成为推进高质量发展的重要抓手。经过多年探索，我国形成了“五位一体”总体布局，习近平生态文明思想成为习近平新时期中国特色社会主义思想的重要组成部分。2021年3月，习近平总书记在中央财经委员会第九次会议上强调，将碳达峰碳中和纳入生态文明建设的总体布局，以抓铁有痕的势头，实现“双碳”目标。“双碳”目标以减少碳排放、促进经济结构的绿色转型为目标。其中，减少碳排放有利于协同传统污染物控制，使环境质量得到有效改善；促进经济结构的绿色转型有利于低碳产业的快速发展，打造绿色制造、可再生能源等绿色经济增长点，提升产业和经济的全球竞争力。“双碳”目标对建设美丽中国，满足人民对美好生态环境的需求，促进经济质量变革，推进高质量发展具有重要作用。

1.4.2 “双碳”目标是加速产业转型升级高质量发展的助推器

改革开放以来，经济持续高速增长，我国产业结构、产业结构转型升级取得重大进展。一是产业结构日趋合理。第一产业增加值占国内生产总值的比重稳定在合理区间，第三产业比重快速提升，第二产业比重有所下降。二是第二产业转型升级态势日益凸显。高新技术企业数量和质量稳步提升，企业产业科技创新能力增强。三是工业出口结构日趋优化。在全球价值链体系下，我国加工贸易比重下降，高新技术产业出口比重上升。四是产业竞争主体结构日趋合理。各类产业主体，如国有、外资、民营企业，在产业结构中的地位和作用日趋合理。

在产业稳定健康发展的同时，我们也认识到我国产业仍存在诸多问题，也遇到了一系列重大障碍和发展困难，如实体经济部门内生动力不足、制造业自主创新能力有待提升等。“双碳”目标的提出契合推动工业高质量发展的目标，必将为现存的问题提供对应的解决方案，成为加速产业转型升级高质量发展的助推器。

1.4.2.1 以制造业为主的实体经济内生动力不足

受“高负债、高税负和通货紧缩”的影响，以制造业为主的实体经济利润率存在下降趋势，企业普遍具有短期和泡沫偏好的特征，制造业自身转型升级的动力不足。目前，有一些民营企业开展多元化投资运营，然而这些投资与提升主营业务质量、增强市场竞争力并无关系，而是倾向于短期投资，展现出多元化、泡沫化、短期化的投资偏好特征，一定程度上出现了“脱实入空”的现象，这对提升我国制造业转型升级的内部驱动力起到了不可忽视的抑制作用。

另外，各级政府在制定区域产业发展规划时，往往出台各种招商引资优惠政策、政府补贴和激励资金政策，这为本地企业、大型企业或国有企业获得竞争优势提供了便利，但一定程度上导致企业的盈利能力依赖这些政府优惠政策，使得这类企业提高自主创新能力的内生激励机制被弱化。随着产业的发展，若这些企业未能在竞争中形成核心竞争力，将逐步发展为产能过剩的企业，面临被淘汰的风险。

1.4.2.2 制造业比较优势减弱，出口竞争优势衰退

随着城镇化的推进，房地产市场大发展，土地价格逐步攀升。对于制造业来讲，工业用地成本的快速增长对企业创新和研发投资产生了直接的挤出效应。另

外，叠加劳动力要素成本快速上升，以及盈利能力相对较低的弱势，削弱了制造业企业的利润积累能力，加深了制造业企业创新和研发投资不足的问题。工业用地成本、劳动力成本等要素成本已成为阻碍我国产业结构优化升级的突出因素。

房地产市场的快速扩张与升值，形成了一定的房地产泡沫，并且房地产行业的净利润率高于制造业，吸引着银行机构、企业、民众参与到这个投资回报率高的行业之中，对制造业的创新活动也产生了一定的抑制作用。制造业比较优势的减弱，叠加其他行业对创新投入挤出，势必会造成出口竞争优势的加速衰退，制造业转型升级、提升竞争力成为工业高质量发展的必然要求。

1.4.2.3 制造业的自主创新能力有待提升

当前，我国制造业中粗放型生产方式依然存在，与国际先进水平相比，单位产品能耗高20%以上，资源利用效率相对较低，部分关键技术和设备依赖进口，尚未形成与消费结构升级相匹配的精益制造生态系统，生产与需求的脱节促使国内消费者将迅速增长的大规模高端需求转移并溢出到对发达国家产品的需求上，这阻碍了我国保持中高速经济增长的关键新结构和新动力的形成。虽然我国工业绿色低碳转型取得了一定成效，但仍处于爬坡过坎的关键阶段，工业绿色先进制造能力总体仍不足。

“双碳”目标可以推进我国绿色低碳产业发展，大力推进工业用能结构、产品结构调整，提升绿色制造水平，为人民提供更多绿色低碳产品，提升工业整体竞争力，推动我国工业高质量发展。

1.4.3 “双碳”目标为经济社会高质量增长注入持久动力

习近平总书记强调“实现碳达峰、碳中和是一场广泛而深刻的经济社会系统性变革”。从实现“双碳”目标的难度、路径来看，“双碳”目标的推进需要我国在基础设施、技术、人才等诸多方面持续变革，这将为经济社会的高质量发展注入新动力。

1.4.3.1 基础设施投资方面

在经济增长乏力时，几乎所有国家或地区都会选择增加政府支出来进行基础设施建设，以扩大内需，提高公民个人可支配收入，解决就业问题，在推动经济进一步发展方面发挥了不可替代的作用。我国经济的发展历史也充分证明投资作为我国经济增长的三驾马车之一，与经济增长之间确实存在着显著的相互促进作用，投资在提高资源配置效率、提高生产力水平等方面发挥着积极作用。

“双碳”目标的推进离不开金融资本的参与。国际能源署估算，按照目前各国家或地区公布的碳减排计划，全球将需要约60万亿美元的投资。从国内看，根据中国银监会披露的数据，截至2020年底，中国21家主要银行的绿色信贷余额已超过11万亿元，仅两年时间已增长约1倍；绿色交通、可再生能源、节能环保等绿色债券增速居世界第一位。我国正借助绿色金融资本的力量，加速推进绿色产业发展和传统产业结构升级，促进我国经济的可持续高质量发展。

随着“双碳”目标的推进实施，可以预见，我国将以减排为契机，对产业结构、能源结构和交通结构等进行大规模升级改造，推动产业升级和工业高质量发展，提高能源利用效率，在能源、建筑、交通等传统领域以及新型电力系统、新能源基础设施建设方面加大投入力度，这些基础设施的投资将进一步推动我国经济高速高质量发展，把中国经济提升到更高水平。

1.4.3.2　技术创新方面

美国国家经济研究局经济学家所罗门·法布里坎特在其《通过长期数据分析》一书中从理论和实证的角度证实90%的经济增长应该归功于技术进步，技术创新是促进经济增长的内在因素。

在推进碳减排方面，发达国家企业普遍采用更新先进设备、优化原有生产工艺等方式控制碳排放，并通过开发新技术、使用新能源等从源头上减少或者消除温室气体影响。

技术创新对于“双碳”目标的实现至关重要。推进实现“双碳”目标既是为了应对气候变化以及环境负面效应作出的主动选择，也是一场技术创新下的产业结构调整升级、工业高质量转型发展的运动。它将以新技术、新理念带动我国能源结构转型、产业结构升级和绿色低碳产业发展，成为我国未来经济长期增长和高质量发展的动力之一。

1.4.3.3　人力资本方面

经济学家研究表明，由于知识和先进技术的溢出效应，人力资本的总体边际收入正在增加，这为长期经济增长提供了动力。知识和先进技术的溢出效应不但可以提高单个生产个体的生产力水平和效率，而且其他生产个体也可以通过学习这些先进的知识来提高生产力，从而在更大范围内提高劳动生产率。

“双碳”目标下低碳产业的发展促进了新能源行业人才需求出现“井喷”现

象。根据猎聘网、智联招聘统计数据，2019年、2020年新能源行业人才分别同比增长46.8%和3.6%，2021年前五个月新能源产业招聘职位数同比增长高达64.4%；新能源行业中高端人才平均年薪连续三年大幅增长，从2018年的13.2万元增长至2020年的14.4万元。2021年4月发布的《关于加强工业碳排放管理人才队伍建设服务于国家碳达峰碳中和战略的建议》中建议推进培养碳排放管理人才及团队。这充分说明国内行业、市场对碳达峰碳中和相关人力资源的重视。随着“双碳”所需人才的逐步培养，人力资源倍增所带来的知识溢出效应将成为经济高质量增长的又一内生动力，推动保障经济可持续增长。

1.4.4 人民至上的价值观是实现“双碳”目标和高质量发展的共同追求所在

人民至上是我国政府的根本价值追求和执政理念。2020年我国全面建成了小康社会，有效控制住了新冠疫情，坚持以人为本、坚持共建共享的社会治理理念，始终不忘初心、牢记使命，把人民群众的生命安全和利益放在第一位。

当前，随着人类活动对全球气候带来诸多不利影响，我们正在经历一系列灾难性的气候事件，如热浪、洪水、干旱、森林火灾、生物多样性急剧下降和海平面上升。专家预测，与工业化之前相比，21世纪全球变暖水平保持在2℃以下将是人类承受能力的极限。但是，人类的活动正在快速接近这个临界点，这直接影响着文明的兴衰和人类的安全。

提出碳达峰目标、碳中和愿景，是我国政府以人民的根本利益为前提，以为子孙后代留下一个安全、舒适的地球家园为根本目的，坚持人民至上的执政理念而提出的系统性变革目标。开启绿色低碳时代，实现“双碳”目标不仅与我国高质量发展和现代化强国建设的方向完全一致，而且为《巴黎协定》和全球气候治理多边进程注入新的活力。

生态环境是关系民生的重大社会问题，实现“双碳”目标就是满足人民群众对优美生态环境、优质生态产品所想、所盼、所急的愿望。应对气候变化，我们不仅要减少温室气体排放，还要采取积极的适应行动，充分利用有利因素，减少气候变化对自然生态系统和社会经济系统的不利影响，持续推动我国经济高质量发展和人类命运共同体建设。

第二章

发达国家碳达峰碳中和之路

PART 2

工业化、城镇化的推进，推动了经济的发展，提升了人们的生活水平，但同时伴随着环境问题的出现，以及碳排放的提升。经济发展水平、产业结构演变、能源结构调整等与碳排放量之间存在着诸多联系，基于此，本章从实体经济、产业结构和能源结构等维度，以美国、欧盟、日本和韩国为案例研究对象，总结分析了典型发达国家或地区碳达峰、碳中和发展过程中经济和碳排放的特征与变化，从而为发展中国家应对碳排放控制、协调发展与环境保护等议题提供参考。

2.1 美国

美国的工业化进程决定了二氧化碳排放量，其走势主要源于三个方面的变化：实体经济、产业结构和能源结构。首先，随着工业化的不断迈进，财富逐渐积累，生产技术水平提升，在经济高速发展持续一段时间后，需要解决实体经济的结构性问题、进行产业结构调整升级、实现经济体的转型以发掘新的经济增长点。其次，经济增长和国民收入水平提高带动了劳动力在三次产业中分布的变化，产业结构朝着高度化和合理化发展，主导产业有序更替，促进经济发展水平提高的同时伴随着环境约束力的增强，影响能源结构的规模经济。最后，绿色发展政策回应社会对环保的需求，推动能源结构向低碳清洁方向变革，能源与生产要素匹配形式的不同会引起社会分工水平变动，促使产业链及其经济产出更替演变。

实体经济、产业结构和能源结构这三个层面相互协调发展，共同影响着各行业的经济效益、生产效率以至于能源效率、能源消费和能源供给变动，最终反映到能源使用过程所排放二氧化碳的量变中。

2.1.1 经济高速增长，碳排放稳步上升（1960—1972年）

2.1.1.1 实体经济

第二次世界大战后，英国、法国、德国、意大利、日本等世界上主要的工业国家生产设施和技术人员受损严重，仅美国本土因远离战争，仍具备强大的工业能力。美国确立了在全球政治、经济和军事上的领先地位，为美国经济发展打造了良好的外部环境。

首先，美国凭借在二战中积累的重工业基础和战后外部旺盛的重工业产品需求，迈入工业化过程的重工业化阶段，在国内集中力量发展资本密集型重化工业。1965—1970年，美国的工业生产以18%的平均速率增长，1970年第二产业产值占国内生产总值的34.6%（见图2-1），制造业成为推动美国经济蓬勃发展的主要驱动力。其次，以原子能和电子计算机的开发和应用为主要标志的第三次科技革命在美国暴发，美国制造业生产效率的提升，加之欧洲和日本等主要经济体尚在恢复期，市场需求大，优质的美国商品持续向国外输送，1971年前商品贸易保持顺差（见图2-2）。再次，二战后美国暴发婴儿潮，20世纪60年代，主力消费人口水平高，美国内需被拉动，消费维持景气，推动了经济繁荣。在这一阶段，凯恩斯主义盛行，美国的国家垄断资本主义高速发展，美国政府投入大量资金刺激经济，政府支出每年对国内生产总值增速的拉动达到了1.5%，是同期私人投资对国内生产总值增速拉动的两倍。1960—1972年，美国GDP年均增长率高达7.2%（见图2-2）。相应地，美国的经济刺激政策不可避免导致通货膨胀，加之1965年美军直接介入越南战争引起财政赤字，国际收支不平衡，为20世纪70年代和20世纪80年代的通货膨胀失控埋下祸根。

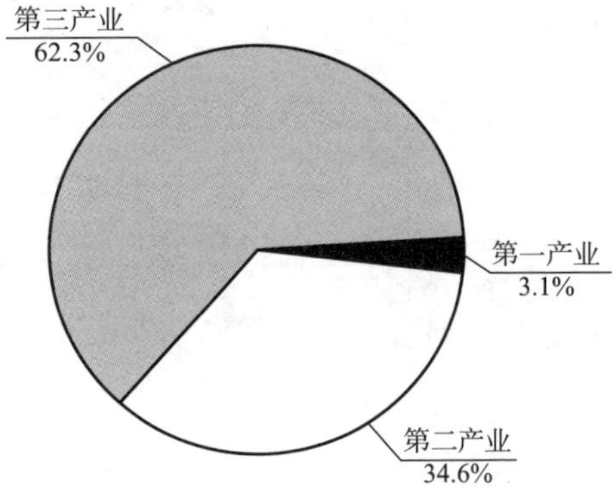

图 2-1　1970 年美国产业结构

数据来源：世界银行

2.1.1.2　产业结构

从产业结构来看，20世纪60年代是美国工业化快速发展时期，尤其是重工业化程度不断提高，在国内集中力量发展汽车、冶金、化工等资本密集型工业。同时，美国扩大资本输出，传统的纺织业等轻工业转移至日本等战后需要工业恢复的国家。美国的产业结构逐步升级，技术密集型产业，如航空航天、生物医疗、电子设备制造等产业比重不断提高。在经历长期迅猛发展后，美国制造业于20世纪60年代末开始显露颓势，对经济的拉动作用逐渐减弱，1968年起对经济增长的

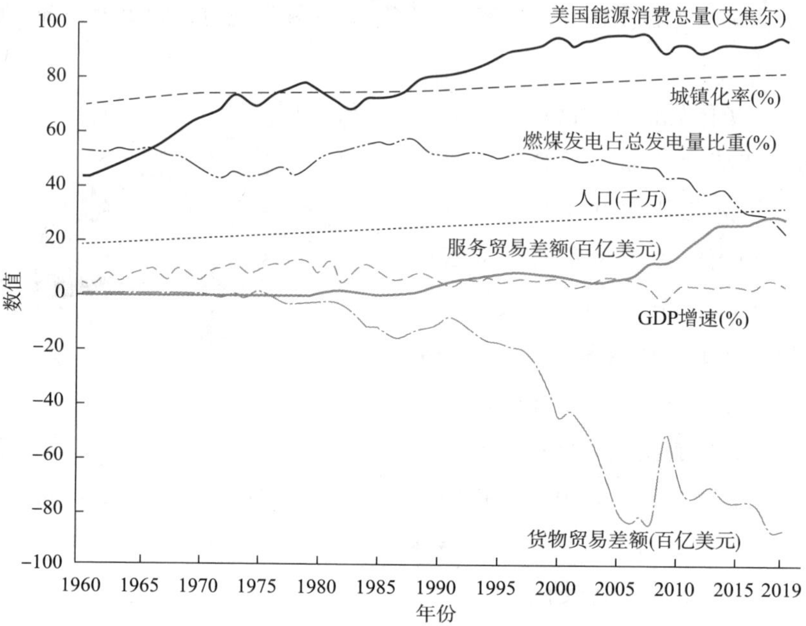

图 2-2　1960—2019 年美国宏观经济指标及能源消费情况

数据来源：美国能源信息署、世界银行、美国经济分析局

贡献率不及第三产业，美国逐渐失去最重要的经济增长引擎。

2.1.1.3　能源结构

随着重工业化的推进和经济的蓬勃发展，美国能源消费需求直线上升，1972年美国能源消费总量与1960年相比增幅为62%（见图2-2）。20世纪60年代，美国能源需求超过自给能力，开始进口能源。就能源结构而言（见图2-3、图2-5），第一次世界大战后，石油成为国家重要的战略资源，需求迅猛增长。1949年石油超过煤炭成为美国第一大能源。重工业化过程中汽车工业和公路运输的发展，加之中东的廉价石油资源供应稳定，使得石油消费总量持续上升，至1970年已占能源消费总量的45.0%。在开发石油的过程中，产生了大量的天然气副产品，廉价的天然气在长输管道建立起来之后，于1956年超越煤炭成为美国第二大能源，随后天然气在钢铁、铸轧等化工产业的需求迅速释放，至1970年已占能源消费总量的31.7%。而随着美国产业升级的展开，技术密集型产业比重上升，高能耗的传统重工业发展速度减慢，对煤炭的需求减弱，因此煤炭在能源消费总量的比重保持在18%左右的较低水平。

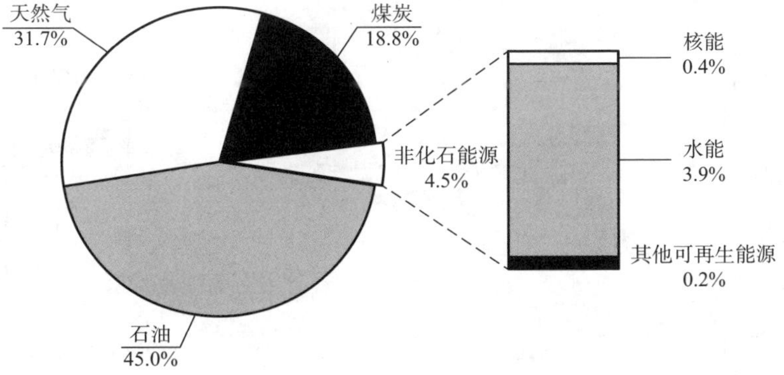

图 2-3 1970 年美国能源消费结构

数据来源：BP、美国能源信息署

2.1.1.4 二氧化碳排放

美国化石能源消费是二氧化碳排放的绝对主力，带动年度二氧化碳排放量在该阶段直线上升。1972年，美国碳排放达48.0亿吨，与1960年相比增加53%（见图2-4），与美国能源消费总量上升趋势吻合。首先，工业制造业作为美国经济增长的支柱产业，是二氧化碳排放的第一大来源，1970年贡献比例达29.8%（见图2-5）。其次，美国城镇化率在1960年已突破70%（见图2-2），电力成为主要的动力来源，重污染高耗能产业逐步向高技术产业升级，同时第三产业得到了极大发展，1970年其产值已占国内生产总值的62.3%（见图2-1）。因此，美国单位国内生产总值二氧化碳排放量持续下降，1972年碳排放强度与1960年相比降幅达35%（见图2-4）。同时，美国城镇化发展主要表现为大都市化和城镇人口郊区化，城镇过度蔓延，为满足居民需求实行了分户供电、供水、独立取暖等制度，造成了能源浪费，导致人均碳排放在该阶段依旧保持2%的年均增长率（见图2-4），未能实现达峰。

2.1.2 经济曲折转型，碳排放挂钩波动（1973—1986年）

2.1.2.1 实体经济

在经历了接近20年的持续繁荣后，1973年和1979年爆发了两轮石油危机，美国GDP年均增速在此期间大幅下降30%~60%（见图2-2）。为应对石油危机，稳定经济形势，美国各工业部门越来越多地注重发展高附加值、低能耗的知识技术密集型产业。重工业和资本密集型制造业逐渐衰退，经济因缺乏新的增长点而逐渐

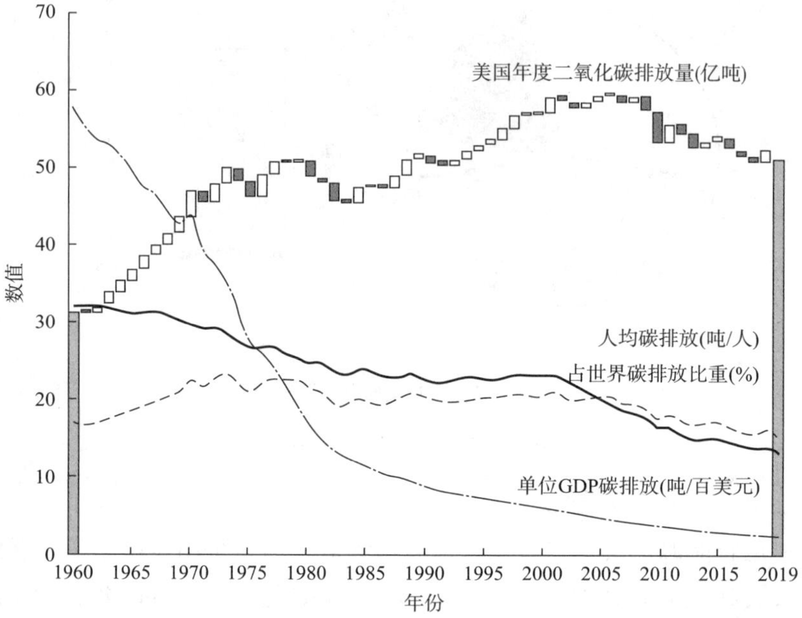

图 2-4　1960—2019 年美国二氧化碳排放情况

数据来源：世界银行、全球大气研究排放数据库

失速，进入痛苦的转型期。

首先，美国由第三次科技革命带来的生产率飞速提升告一段落，劳动生产率增长持续放缓，经济增长难以为继。其次，美国加大政府支出刺激经济、颁布福利政策促进社会公平、直接介入越南战争等带来了高额的财政赤字，导致通货膨胀率飙升，至1970年已高达5.8%。再次，两轮石油危机进一步推高了美国的通货膨胀率，1974年、1980年通货膨胀率分别高达惊人的11.0%和13.6%。最后，高通货膨胀使得来自欧洲、日本的进口商品相对便宜，进一步挤占本土制造业市场。国际市场的丢失使得美国商品贸易从1971年起转为逆差（见图2–2），并且逆差在进一步扩大，最终导致了美国支柱产业制造业的衰退。同时，高通货膨胀下美元购买力走弱，其他国家纷纷抛售美元换取黄金。

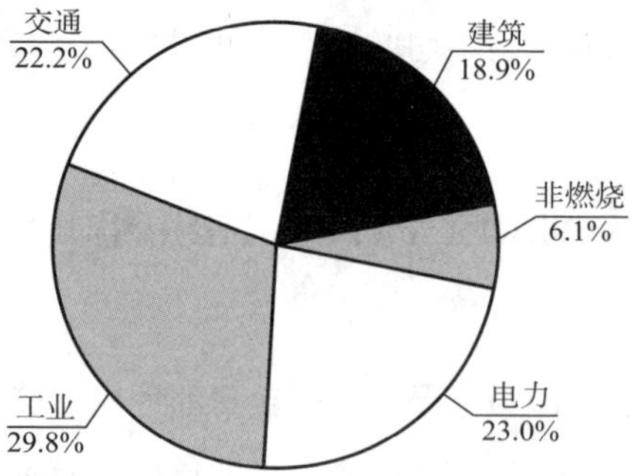

图 2-5　1970 年美国二氧化碳排放来源结构

数据来源：全球大气研究排放数据库

为了扩大政策空间，美国放弃金本位思想，布雷顿森林体系就此崩溃。不过，从1974年起美元与石油挂钩，美元需求旺盛，使美元没有出现大幅贬值。

在这样的背景下，大行其道30余年的凯恩斯主义失灵，美国政府在解决经济停滞和解决通货膨胀两个难题上左右摇摆，导致经济陷入了“滞胀”怪圈。最终，通过1981—1984年间施加关税和加大国防生产投入，以及大规模削减政府开支和提高利率，美国的“滞胀”问题才逐步得到解决。1982年前后，技术进步使得以信息业和金融业等高端服务业逐渐成为美国经济增长的支柱，美国开始走向以“服务业立国”“金融立国”的道路。美国经济逐渐走出衰退，开始复苏。1973—1986年，美国GDP年均增长率为9.4%（见图2-2）。

2.1.2.2　产业结构

在产业发展层面，美国的产业结构出现两个重要变化。

第一，美国制造业遇到极大挑战，其背景是德国、日本等其他发达国家的制造业在经过战后20余年的发展，已经显著恢复，结构不断升级，导致美国经济在汽车、钢铁等传统制造业领域受挫明显。虽然美国重视技术密集型产业发展，但其在半导体、飞行器制造等部分高技术产业的优势面临日本和欧共体的竞争，遭到明显削弱，失去世界市场的垄断地位。此外，为应对石油危机和其他发达国家的商品冲击，美国将传统高耗能重化工产业以及部分资本密集型产业向国外转移，加剧了美国制造业的衰退。

第二，苹果、IBM 等公司于20世纪70年代末相继推出了小型计算机，个人电脑在美国迅速普及，极大地提高了员工的生产效率。1982年开始，计算机相关行业蓬勃发展，产业结构开始转型，以信息业和金融业等高端服务业为代表的第三产业成为美国经济增长的支柱，1985年其产值已占GDP的68.7%（见图2-6）。

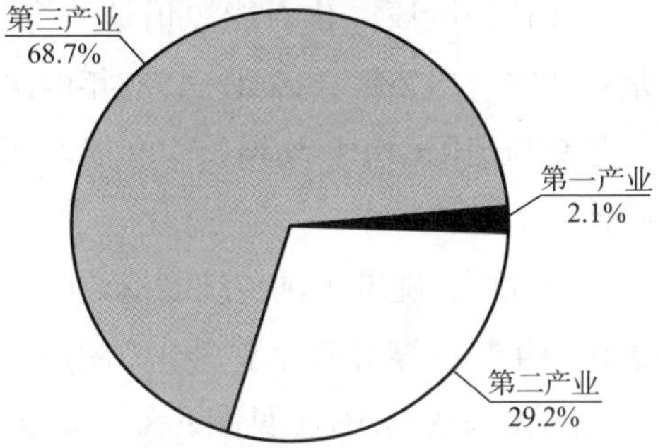

图 2-6　1985 年美国产业结构

数据来源：世界银行

2.1.2.3　能源结构

由于美国经济转型的曲折、制造业的衰退和两次石油危机的重大影响，美国能源消费出现波动，分别于1974—1975年、1981—1983年大幅下降，直至1986年美国能源消费总量与1973

年相比持平（见图2−2）。能源对外依存度于1977年上升到23%，随后上升趋势被第二次石油危机中断，1980年下降至10%左右。此后，能源对外依存度再次上升，进口能源中90%以上是石油产品。两次石油危机使煤炭产业得到复兴，煤炭生产和使用得到恢复。煤炭于20世纪80年代中期上升至美国国内能源产量第一位，煤炭在能源消费中的比重略超过天然气，保持在24%左右的较高水平（见图2−7）。

除化石能源外，美国的核能技术在20世纪60年代得到显著发展，随后长期处于世界领先地位。70年代，美国核工业建设发展迅速，直至1979年三里岛核事故后核电站停建。美国核能发电量大体保持稳定，成为化石能源之后的第一大能源，1985年起占非化石能源消费量的50%以上（见图2−7）。

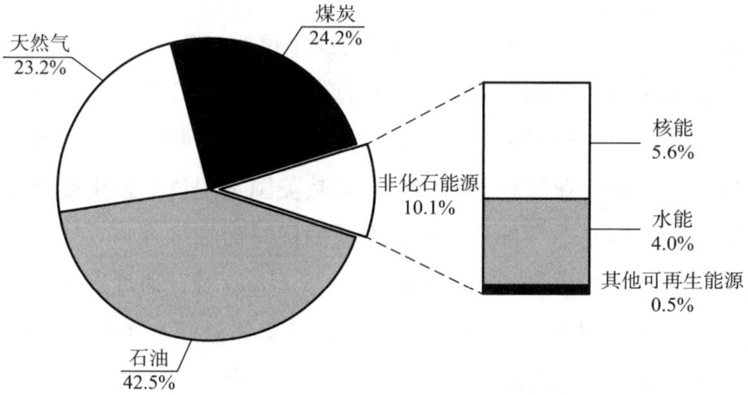

图 2−7　1985 年美国能源消费结构

数据来源：BP、美国能源信息署

2.1.2.4　二氧化碳排放

在这一阶段，化石能源仍是经济发展的动力源泉。美国年度二氧化碳排放量在1974—1975年、1981—1983年两次石油危机发生后大幅下降（见图2−4），变化趋势与美国GDP年均增长率和能源消费总量吻合，因而碳排放与经济发展紧密挂钩。

一方面，随着美国传统制造业的衰退和对外转移，以及工业部门电力的使用于1983年超过煤炭消耗量，电力超过工业成为二氧化碳排放的第一大来源，1985年贡献比例达34.5%（见图2−8）。煤炭在20世纪七八十年代的复兴使燃煤发电保持最主要的发电能源地位，在1980年后燃煤发电更是占总电量的50%以上（见

图2-2），并且持续增长，大量燃煤使美国单位GDP碳排放下降趋势逐渐放缓（见图2-4）。另一方面，该阶段美国的城镇化率逐渐提升至75%左右（见图2-2），城市郊区的生活配套设施建设日趋完善，能源利用效率显著提升，人均碳排放于1977年达峰，随后缓慢下降（见图2-4）。

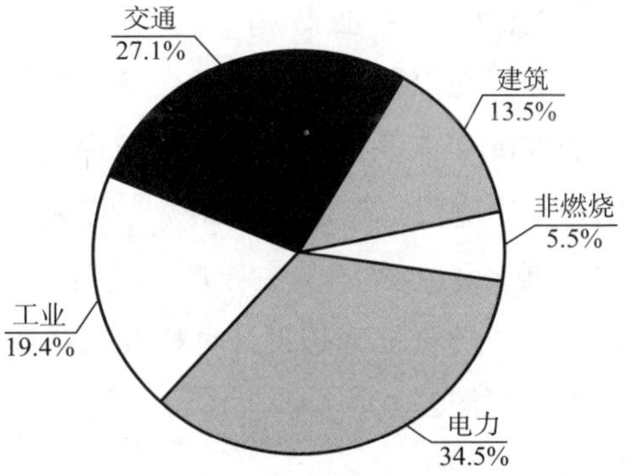

图 2-8　1985 年美国二氧化碳排放来源结构

数据来源：全球大气研究排放数据库

2.1.3　经济创新繁荣，碳排放跟涨达峰（1987—2006年）

2.1.3.1　实体经济

随着美国进入后工业化时代，制造业逐步衰落，大量资本流入证券市场以寻求高利润。1987年，在利率提高、美国贸易逆差拉大导致美元贬值的驱动下，美国发生股灾，投机资本逃离。加之1990年爆发第三次石油危机，美国GDP年增长率下降58%（见图2-2），工业制造业进一步承压。

股灾和第三次石油危机后，为了稳定以信息产业为龙头的高科技经济增长点，解决企业融资困难，美国加大高科技领域研发投入。1995年，美国研发投入经费已增长到1967亿美元，占GDP比重2.6%，使得美国的科技创新产出居世界首位。1993年，美国政府宣布开展"信息高速公路计划"，随后万维网于1994年诞生，美国迅速进入信息时代，科技发展带来生产效率持续快速上升，英特尔、微软、苹果等5000多家计算机软件公司的蓬勃发展和互联网的迅速普及推动美国经济走向繁荣。计算机及互联网的快速渗透带来的市场狂热，以信息业和金融业为代表的高端服务业成为20世纪90年代美国经济增长的主要驱动力。相应地，美国服务贸易顺差由1987年不足80亿美元直线上升至1997年逾900亿美元，同时美国制造业的逐步衰退导致货物贸易逆差由1987年不足1600亿美元增长至2007年逾8200亿美元（见图2-2）。美国经济增长由生产型的投资主导向财富型的消费主导转化。

2.1.3.2　产业结构

美国在以服务业为主的经济结构下，并没有找到稳定可靠的新经济增长点。经历2000年互联网泡沫、信息革命的红利消退后，2001—2002年美国经济失速，GDP年均增长率随之骤降50%（见图2-2）。美国政府于2001年起通过扶持房地产的发展来稳定经济，主导产业由计算机及信息业切换至房地产业，房地产业对经济增长的贡献率超过计算机及信息业。1987—2006年，美国GDP年均增长率为5.6%（见图2-2）。

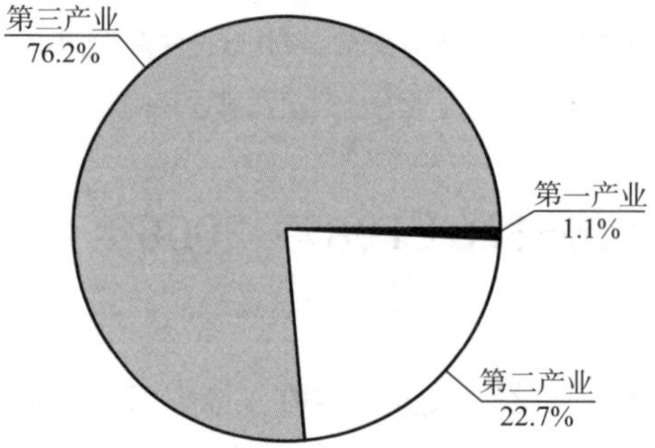

图 2-9　2005 年美国产业结构

数据来源：世界银行

从产业变化来看，这一阶段处于美国工业高度发达之后，经济从以工业为核心转型至以服务业为核心（见图2-9）。首先，美国第三产业产值逐年上升，至2005年已占GDP的76.2%，与1985年相比增幅为11%。第二产业产值占GDP比重随之下降到2005年的22.7%，与1985年相比降幅为22%。其次，美国的产业结构日趋高度化，软件服务业等高技术信息产业在20世纪90年代的年均增长率达57%，1998年其产值近7000亿美元，占当年GDP的8%，占第三产业产值的11%。美国经济的支柱产业实现了从制造业向创新知识产业转型的质的飞跃。最后，2000年互联网泡沫破灭后，新的财富涌入房地产和金融行业。金融创新遍地开花，股票、债券和金融衍生品等金融资产总量逐渐超过了实体经济。

2.1.3.3　能源结构

美国经济在该阶段的持续创新增长带动了能源消费总量增长。除因1990年石油危机、2000—2001年互联网泡沫破灭出现短暂下降外，能源消费总量整体稳步上升，2005年达96.4艾焦耳，与1985年相比增长33%（见图2-2），同时能源对外依存度上升至31%。该阶段美国能源结构基本保持稳定，与1973—1986年相比没有显著改变（见图2-10）。石油占能源消费的42%左右，煤炭和天然气所占比重均为20%~25%，非化石能源所占比重保持在10%以上，其中核能所占比重在2005年已突破8%，而水能由于美国利用较早，大部分适合建大坝的地点在1970年前已经被开发，其所占比重跌至不足3%。

此外，由于美国的信息业引领全球，个人计算机的普及、大型计算机的架设和全球互联网服务器及其配套设施的维护运行需要强有力的电力供应保障，美国的总发电量在该阶段直线上升，至2005年已突破40000亿千瓦时，较1985年增幅为64%，远高于总能源消费增幅。

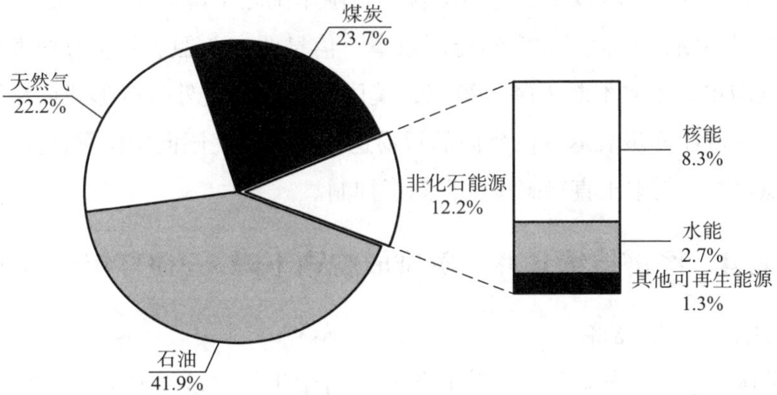

图 2-10　2005 年美国能源消费结构

数据来源：BP、美国能源信息署

2.1.3.4　二氧化碳排放

美国年度二氧化碳排放量在该阶段整体呈稳步上升趋势，但2005年碳排放相比1985年仅增加25%（见图2-4），远低于GDP增幅和能源消费总量增幅，碳排放与经济发展呈现出弱脱钩态势。1992—2000年，信息业、金融业等高端服务业的蓬勃发展带动了用电需求急剧上升，而燃煤发电占总发电量的比重始终保持在50%~55%（见图2-2），造成美国碳排放持续增加。电力一直是第一大二氧化碳排放来源，贡献率提升至40%以上，同时工业碳排放贡献率降至15%以下，而交通、建筑、非燃烧碳排放贡献率相对稳定（见图2-11）。虽然美国于2001年退出

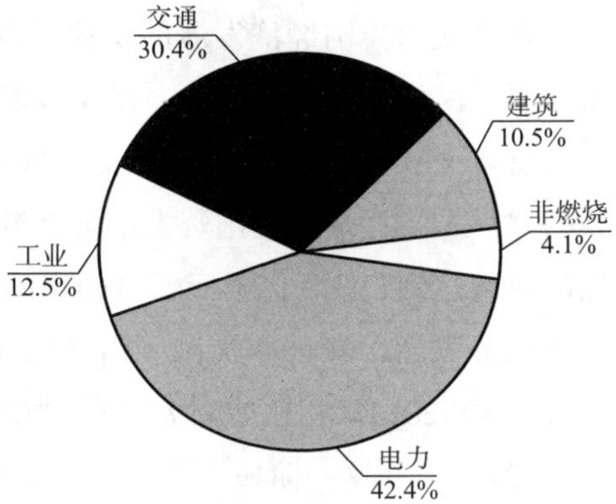

图 2-11　2005 年美国二氧化碳排放来源结构

数据来源：全球大气研究排放数据库

《京都议定书》，不履行减排义务，但在2001—2005年，美国年度二氧化碳排放量增长显著放缓，并于2005年达到峰值，此后缓慢下降（见图2-4）。

美国于2005年实现碳达峰是三个主要因素共同作用的结果。第一，从20世纪90年代末起，页岩气的开采带动天然气产量在1997—2006年持续增长，并且价格低廉，天然气发电占总发电量比重逐步上升，于2006年突破20%，而燃煤发电比重则于2003年跌至50%以下，电力碳排放贡献率随之下降。第二，美国信息科技的创新发展不断提高生产效率和能源效率，信息业、金融业等服务业发展迅速，美国单位GDP碳排放不断下降。第三，美国制造业通过外包等形式向海外转移，本土传统制造业逐步衰退，巨额商品贸易逆差伴随着美国向中国等商品出口国转移贸易隐含碳，其本土直接碳排放得到了抑制。

2.1.4 经济持续复苏，碳排放脱钩下降（2007年至今）

2.1.4.1 实体经济

在美国政府的宽松政策下，房地产行业野蛮生长，过度消费和投机导致美国出现房地产泡沫。金融租赁业是美国最重要的现代服务业部门，但其抵抗风险能力低。2007年，美国房地产泡沫破灭，房价下跌引起信贷体系崩塌，发生严重的次贷危机，波及实体经济领域。2008年，美国GDP年增长率受次贷危机影响而骤降60%，2009年更是出现了负增长（见图2-2）。2010年起美国经济恢复增长，但房地产业失速，新的主导产业还未明晰。

新的经济增长点至 2013 年才得到确认，苹果引领智能手机时代的到来，信息业再度成为美国经济发展的支柱。以社交网络巨头脸书（Facebook）、智能设备和服务巨头苹果（Apple）、在线零售巨头亚马逊（Amazon）、流媒体视频服务巨头奈飞（Netflix）和互联网产品与服务巨头谷歌（Google）母公司Alphabet为代表的“FAANG”成为美国资本市场上最具影响力的一批公司。2019年，美国信息经济总量达到13.1万亿美元，占GDP比重达61%，与2013年相比增幅为16%。在电子商务领域，2019年美国网络零售业销售额达到6020亿美元，占零售业比重达11%，与2013年相比增幅为83%。2007—2019年，美国 GDP年均增长率为3.3%（见图2-2）。在这一阶段，美国对外直接投资持续增加，2017年突破6万亿美元，与2007年相比增幅为140%。外国对美国的投资也在增加，2017年突破4万亿美元，与2007年相比增幅为120%，不如美国对外直接投资的增幅，且二者的差距不断扩大。因此，次贷危机后出于资本的逐利性，本国产业资本仍然在流向投资回报率更高的国家，而且流出资本要高于流入资本。美国的“产业空心化”还在加剧，实体经济的发展动力进一步损失。

唐纳德·特朗普于2016年末爆冷当选美国总统，在特朗普的整个任期之内，其经济政策主要包括减税和发动贸易摩擦。特朗普政府力推财政、货币双宽松与去监管，促成了里根政府以来最大规模的减税，客观上更有助于提升美国企业活力、促进经济增长。但在贸易方面，特朗普政府不仅发动对华贸易摩擦，还全面升级与盟友的贸易摩擦，最终导致自身的货物贸易逆差不降反增、服务贸易顺差也有所收窄，而且关税增加的成本则主要由美国进口商和消费者承担，可谓“损人不利己”，其间还叠加新冠疫情的影响，美国经济的不确定性增加。2020年末，乔·拜登当选美国总统，拜登政府在大体延续特朗普政府财政、货币政策的同时，缓和与他国的贸易摩擦，加之疫情逐步得到控制，美国经济政策的不确定性逐渐走低。

2.1.4.2 产业结构

次贷危机后，美国产业结构持续向着高级化的方向迈进。

首先，美国作为全球农业最为发达的国家，第一产业产值占GDP比重呈下降趋势，至2019年已不足1%，与2005年相比降幅为18%（见图2-12）。一方面，在次贷危机爆发之后，由于银行等金融机构普遍惜贷，造成了农场主和农业企业借款变得困难，从而减少了对农业的生产投入，农产品供给出现下滑。另一方面，虽然农业机械化和化肥的施用极大地提高了种植农业生产力水平，但同时也给美国农业经济的可持续发展带来了问题，包括天然林地和牧场减少、水土流失和害虫抗药性等。美国政府对农产品价格损失补贴的力度一直呈加大态势，农业出口量依然保持世界第一。

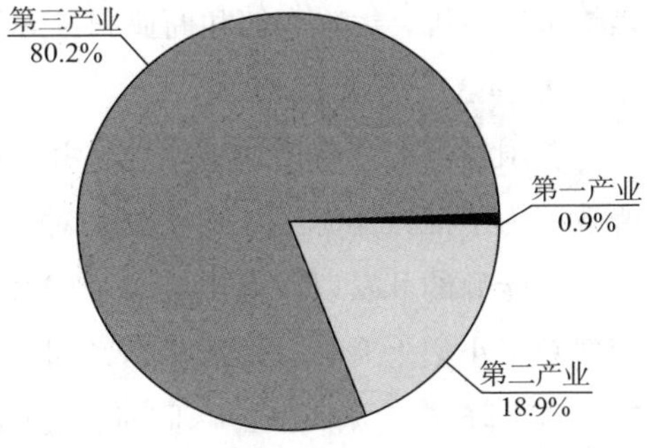

图 2-12　2019 年美国产业结构

数据来源：世界银行

其次，美国通过推动制造业回流政策，逐步改变后工业化时期产业空心化的趋势，从而重振实体经济、巩固国际竞争力。2007年，美国制造业的增加值为1.8万亿美元，2008—2010

年连续下降。自2012年以来，美国制造业的发展呈加快之势，至2019年已经达到2.3万亿美元，与2007年相比增幅为28%。据国际货币基金组织统计，美国制造业在全球制造业产值中所占的比重在该阶段逐步回升，目前已经稳定在20%左右。

由此可见，次贷危机后美国政府实施的“再工业化”“制造业回流”战略确有成效，其先进制造业有所回归，在全球竞争中重新获得了一定优势。然而，次贷危机后美国的产业结构调整并未从根本上扭转其虚拟经济和实体经济之间的失衡局面。第二产业产值在该阶段呈下降趋势，至2019年仅占GDP的18.9%，与2005年相比降幅为17%，而第三产业产值占GDP比重则不断上升至2019年的80.2%，与2005年相比增幅为5%（见图2-9和图2-12）。

同时，美国制造业增加值占GDP的比重在2008—2018年减少了1.4%。而金融业、保险业、房地产业和租赁业所占比重在这十年间增加了1.2%，说明美国纠正其虚拟经济和实体经济之间失衡的效果十分有限。此外，该阶段就业人员数量增长主要集中在第三产业。至2018年，第三产业的就业比重已上升至83%，而第一产业和第二产业的就业比重分别降至1%和16%。对照“再工业化”“制造业回流”的政策预期来看，美国政府不仅没有实现所期待的第二产业就业增长目标，而且面临着技术工人和劳动力短缺的中长期问题，制约着美国对制造业高地的抢占和国际竞争力的提升。

最后，从产业增加值角度来看，该阶段金融保险和房地产行业一直是美国服务业的重要支撑，其产值增加值占服务业增加值的比重一直在30%以上，虽然次贷危机爆发后造成震荡，但整体并没有下降。信息业产业增加值占服务业增加值的比重缓慢上升，至2019年已接近8%。由美国次贷危机引发的全球金融危机主要是给批发零售、运输仓储和商业服务等带来了行业增加值的显著减少。

2.1.4.3 能源结构

美国经济在该阶段的整体增长并未带动能源消费总量增长。除因2017年特朗普政府为了提振能源经济逐步放松对煤炭和油气资源开采的限制、发布新规加快对化石能源的开发以及退出应对全球气候变化的《巴黎协定》而导致2018年能源消费总量小幅上升外，能源消费总量整体稳中有降，2019年为94.9艾焦耳，相比2005年下降2%（见图2-2）。同时，美国于2015年解除了已实施长达近40年的原油出口禁令，并于2018年实现能源自给。

值得注意的是，这一阶段“页岩气革命”的成熟导致美国能源结构发生重大改变（见图2-13）。煤炭在能源消费中的比重迅速下降，至2019年已跌破12%，与2005年相比降幅达近50%。煤炭在能源消费市场的份额被天然气夺走，至2019年天然气所占比重已达32.2%，与2005年相比增幅超45%。石油所占比重于2008年跌破40%，随后进入平台期。此外，非化石能源所占比重至2019年已上升到16.7%，与2005年相比增幅为37%。其中，得益于美国政府在太阳能、风电、生物质燃料等可再生能源领域的税收抵免、直接补贴和金融政策支持，非水可再生能源所占比重由2005年的1.3%迅速增加至2019年的6.0%。核能、水能所占比重保持平稳，分别为8.0%、3%左右。

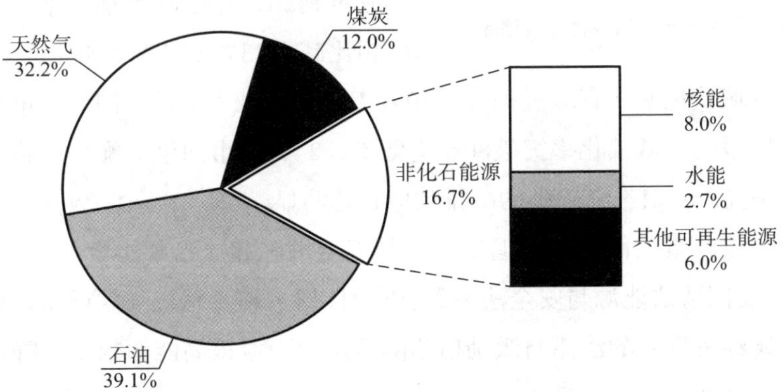

图 2-13　2019 年美国能源消费结构

数据来源：BP、美国能源信息署

2.1.4.4　二氧化碳排放

美国年度二氧化碳排放量在该阶段下降趋势也很明显。除因2010年美国经济恢复迅速、2013—2014年信息业引领经济加大用电需求、2018年特朗普政府出台政策鼓励对化石能源的开发并退出《巴黎协定》而导致小幅上升外，二氧化碳排放量均保持下降（见图2-4）。该阶段二氧化碳排放量年均降幅为1%，与3%以上的GDP年均增幅反差强烈，碳排放与经济发展整体上脱钩。

随着美国能源结构中煤改气的不断进行，在电力领域，碳排放高的燃煤发电迅速被碳排放相对低天然气发电所替代。燃煤发电占总发电量的比重由2007年的48%降至2019年的23%（见图2-2），同时天然气发电所占比重由22%升至38%。2019年，电力的二氧化碳排放贡献率降至33.3%，已略低于交通的贡献率（见图2-14）。因此，在美国能源消费总量趋于平稳的情况下，天然气迅速替代煤

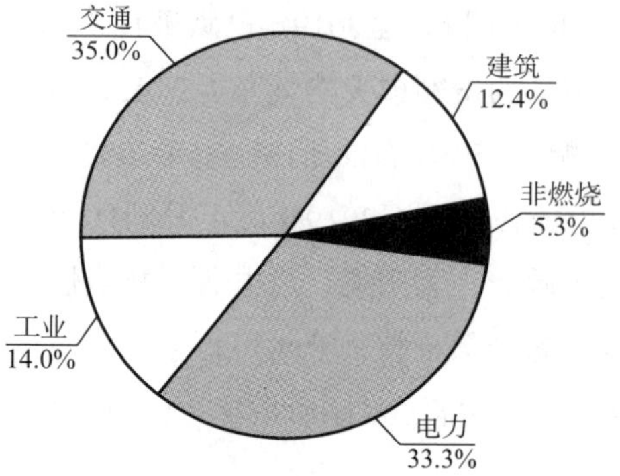

图 2-14　2019 年美国二氧化碳排放来源结构

数据来源：全球大气研究排放数据库

炭成为石油后的第二大能源是碳排放不断下降的主要驱动力。

此外，美国的人口增速在2007年后放缓，2019年人口增长率跌至0.47%的历史新低（见图2-2）。美国2007年后碳排放量得到较好控制，除了能源方面的改进和产业结构的调整，人口增长率下降的因素也不可忽视。人均二氧化碳排放量到2019年已降至15.5吨，与2007年相比减少23%（见图2-4）。与之相反的是，美国的城镇化率一直缓慢提升，2007年次贷危机并未对美国的城镇化率产生影响。该阶段美国城镇化率突破80%（见图2-2），城市的生活配套设施完善，能源利用效率高，其对二氧化碳的减排效应日趋凸显。

在碳排放政策层面，美国退出《京都议定书》和《巴黎协定》期间，《低碳经济法》《美国清洁能源与安全法案》《电力计划》和《总统气候行动计划》等系列有关低碳经济发展的法律与激励措施陆续出台，对提高能源效率、降低碳排放进行规划并明确了具体方案。

2021年，美国重返《巴黎协定》，拜登政府提出《清洁能源革命与环境正义计划》《建设现代化的、可持续的基础设施与公平清洁能源未来计划》和《关于应对国内外气候危机的行政命令》，经济上，新政府计划在交通、建筑和清洁能源等领域加大投入力度，投入两万亿美元；政治上，气候变化纳入美国外交政策和国家安全战略并加强国际合作；技术上，加速清洁能源技术创新，继续推动美国“35·50”碳中和进程，即2035年美国电力部门实现碳中和且建筑库存减少50%、2050年确保美国实现100%的清洁能源并达到净零排放。此外，2022年1月拜登签署了一份总金额为1.2万亿美元的基建法案，作为过去半个世纪以来美国最大规模的基建规划，这项法案共涵盖了六大领域，包括重建美国的基础设施、强化本土制造业、创造更多的高薪就业岗位、重整美国经济以及应对气候变化危机。

美国州政府层面在碳中和领域有着比联邦层面更为完善的约束。加利福尼亚州早在2006年便通过州层面的《全球变暖解决方案法》，法案明确在2050年将加州的碳排放规模压降到1990年的20%。2007年，加州政府和亚利桑那、华盛顿等州联合发起西部气候倡议，协议成员各自执行独立的总量管控和排放交易计划，包括制定逐年减少的温室气体排放上限，定期进行配额拍卖、储备和交易，以及排放抵消机制。美国州层面的碳交易较为活跃，具有较为成熟的交易机制，这起到了限制温室气体排放和鼓励能源创新技术发展的作用，同时促进了能源效率的提高和可持续能源发展的相关基础设施建设。加州碳交易制度下覆盖的碳排放量占总额的85%，主要通过碳交易制度下的额度上限管理实现减排目标。

在能源绿色低碳转型方面，美国先后颁布了《能源政策法案》（2005年）和《能源独立和安全法案》（2007年），明确要求销售的车用燃料中添加生物燃料，并设定了到2022年消费360亿加仑可再生燃料的目标。法案还要求每一个以石油为基础的汽油或柴油的炼油厂或进口商，必须履行可再生燃料义务数量。另外，在2004年的《美国就业法案》中推出了“生物质柴油税收抵免”条款，规定生物质柴油或可再生柴油每加仑享受1美元的税收抵免。2016年，美国联邦政府为此项政策提供的补贴为27亿美元。在法律的强制要求和优惠政策的刺激下，美国可再生燃料获得了长足的发展。据统计，2020年1月，美国燃料乙醇的生产能力高达113.4万桶/天，生物质柴油的生产能力为16.7万桶/天。

在环境治理方面，美国州政府有很大的自主性，且州政府对环境的要求更高，对推动全美的环境治理发挥了积极的推动作用。以加州为例，特朗普政府2018年宣布美国退出《巴黎协定》后，同年9月，加州州长布朗签署一项法案，宣布到2045年加州将实现电力100%由清洁能源供应，完全放弃煤电等传统化石能源。目前，加州正在积极推动立法，推进全州新建房屋停止使用天然气，转用电能，以成为全美第一个告别天然气的州。

2.2 欧盟

欧盟是应对全球气候变化、减少温室气体排放行动的先导者，其气候环境政策一直引领着世界范围内的风向。从历史碳排放数据看，欧盟27国作为整体早在其正式诞生的1993年前后就实现了碳排放达峰，但各成员国出现碳排放峰值的时间横跨20年，德国等9个成员国碳排放峰值出现于1990年，其余18个成员国碳排放峰值分布在1991—2008年近20年。目前，欧盟已经实现2020年的减排目标，并制定了相关法律以实现2030年（至少减少40%的温室气体排放）和2050年（实现碳中和）的目标。

2.2.1 战后经济快速恢复，环境政策侧重末端治理（1945—1972年）

二战结束后，美国和苏联以战胜国的身份并利用在二战中积累的财富和强大的军事实力，成为战后的“两极”。与此同时，欧洲在一战、二战中内耗巨大，百废待兴，在世界上的地位急剧下降。欧洲被分为美国控制的西欧和苏联控制的东欧，分别形成了两大联盟北约和华约相互制衡。

面对战后西欧经济的民生凋敝现状，美国国务卿马歇尔提出了帮助欧洲复兴的“马歇尔计划”，并在1948年4月正式得到了美国国会批准。“马歇尔计划”是在当时特殊政治环境格局下的产物，但也给欧洲经济注入了活力，“马歇尔计划”使欧洲经济快速恢复甚至超过了战前水平。

20世纪50—60年代是战后欧洲经济的重建与快速增长时期。这一期间，欧洲保持了20年的经济高速增长，进入了经济增长的黄金时代，具体表现在较高的经济增长率和较低的失业率。从经济结构角度来看，欧洲主要依赖从美国引进的先进技术以及以规模经济为特征的大工业。其间，经济一体化促成的标准化生产与市场扩大效应对工业繁荣起到了不可忽视的刺激作用。

随着重工业化的推进和经济的蓬勃发展，欧盟地区对石油、煤炭等化石能源需求明显上升。从1970年欧盟能源结构来看（见图2-15），石油、煤炭已经成为

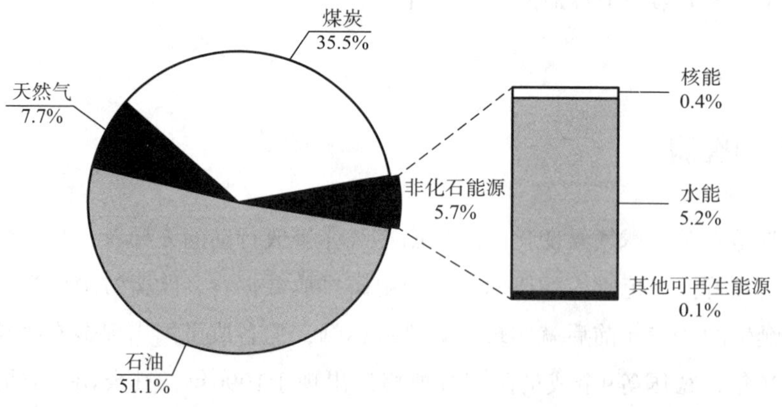

图 2-15　1970 年欧盟能源消费结构

数据来源：BP

重要的能源消费品种，占比分别达到51.1%和35.5%。这与战后欧盟快速恢复工业，增加第二产业占比的社会发展情况一致。

1960—1970年，此前支撑欧洲经济快速增长的基础发生了显著变化。在“马歇尔计划”的扶持下，欧洲前20年的经济保持着飞速增长的状态，但也掩盖了很多社会矛盾。许多社会问题在这一时间集中爆发，比如1968年法国的“五月风暴”和1969年意大利的“热秋大罢工”等一系列工人罢工运动，推动西欧各国劳动力成本普遍上升。1973年第一次石油危机爆发，石油价格在不到一年的时间内涨了4倍至12美元/桶，推动了生产成本的大幅上升。各国企业面对突如其来的额外成本，纷纷倒闭破产，进而触发了严重的全球经济危机。

在这一时间段内，欧洲在环境政策方面的内容较少。一是欧洲仍将重心放在经济恢复与重建上，二是20世纪环境保护等理念尚未深入人心。欧洲较早的环境政策可以追溯到1957年的《罗马条约》，除核能政策稍有提及，并未包含关于环境政策或环境法的内容。但是在20世纪60年代后，经济增长与环境问题产生了一定冲突，较高的经济增长也带来了严重的环境污染问题，威胁到了人民的正常生活。

各国政府开始意识到良好的环境不仅可以提供舒适的生存环境，而且会影响国家未来的长远发展。在这期间，欧共体虽然并无独立的环境政策，但出于实现统一内部市场的考虑已经开始制定一些环境标准法规。1973年11月通过了《欧共体第一个环境行动计划》，促成了共同体统一环境政策的形成与发展。这一行动计划具有里程碑式的意义，因为在此之前欧共体对环保的认识相对落后，侧重于对污染事件的应对，相对被动，停留于一种末端治理的概念，或者侧重于对资源的保护利用，防止过度开采等。

2.2.2 经济高质量增长，碳排放稳步上升并达峰（1973—1990年）

1973—1990年，欧洲经济进入了另一个增长阶段。这个阶段，欧盟的人均碳排放维持在9吨的水平，单位GDP碳排放从57.8吨/百美元快速下降到6.8吨/百美元，总体碳排放水平维持在40亿多吨，从1970年的42.0亿吨稳步增长到44.1亿吨，这一时间段内，有近20个欧洲国家实现碳达峰，欧盟于1990年实现了整体的碳达峰（见图2-16）。

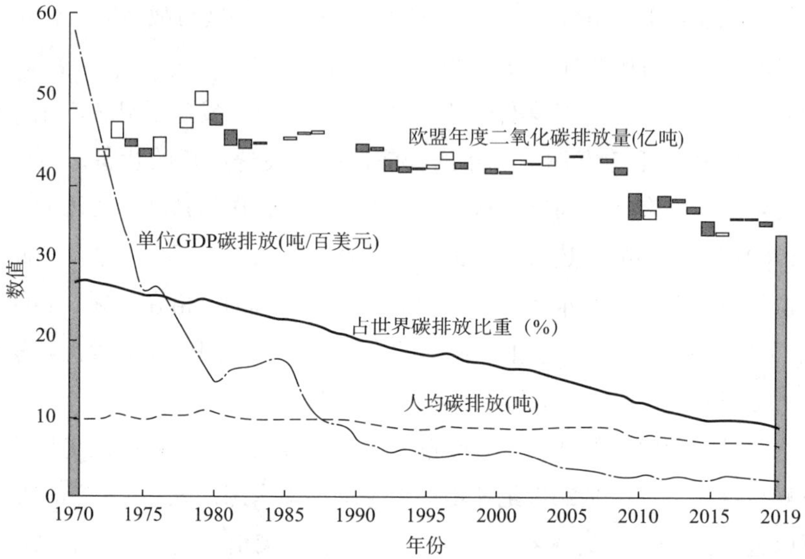

图 2-16 1970—2019 年欧盟宏观经济及能源消费情况

伴随着20世纪50—70年代初的经济快速增长，欧洲的生产结构与模式开始面临前所未有的挑战，主要体现在三个方面，一是以标准化、规模化生产为特点的“福特制”遭遇严重危机；二是此前依赖较低的能源和劳动力成本的生产模式难以为继；三是战后经济逐渐恢复的欧洲，在技术上面临着美国的直接竞争。

基于上述背景，欧洲开启了战后第一次产业结构大转型进程，这一进程几乎贯穿了1970—1990年这20年，具体来说主要体现在以下三个方面。

第一，从产业组织形式上看，欧洲各国在遭遇“福特制”的危机后，为了适应国际竞争环境，更好地扩大企业效益，尝试了新的生产模式。为寻找竞争和合作之间的新平衡，一些企业成立了相应的行业组织，如德国工业协会、意大利产业协会等。

第二，欧洲各国更加重视以信息技术、生物技术、新材料为代表的高新技术产业的崛起态势，试图努力把握这一轮技术革命的机遇，实现“复兴”。一方面，为缓解该阶段逐渐上升的劳动力成本，转变经济增长方式，实现经济的创新拉动转型，欧洲各国纷纷增加了对高新技术的需要；另一方面，欧洲经过十余年的快速发展，各领域的技术已经逐渐能够媲美美国，但如何利用这些技术推动欧洲产业结构升级成为一个难题。总体来看，在技术推动产业转型升级方面，欧洲取得了一些积极成果，但仍然落后于美国和日本，在整个20世纪80年代欧洲都未能走出滞涨困境。

第三，生产方式向节能环保转型。欧洲日益突出的经济发展和环境保护矛盾和20世纪70年代两次石油危机都为粗放型的经济发展模式敲响了警钟。由于传统化石能源短缺和成本日渐上升，欧洲环境保护理念得到了广泛传播，这带动了人民生活方式、工业生产方式等各个方面的转变，进而在欧洲国家的立法中得到了充分体现。例如，较为领先的德国和法国，他们率先在提高能源效率方面作出了改变，加大了对节能环保方面的投入，并出台了多部法律文件来保护环境。

这一阶段，天然气和核能的比例大幅上升，天然气上升了9.1个百分点，核能从1970年的0.4%增长到11.7%（见图2-16和图2-17）。

电力超越工业碳排放，成为最主要的碳排放来源部门，约占1990年碳排放的三分之一。由于产业结构和能源消费结构的变化，1990年，欧盟第一产业GDP仅占比约2.5%，第二产业GDP占比不足30%，第三产业GDP占比约60%。第三产业，服务贸易以及高精尖等行业成为拉动欧盟经济的主要增长点（见图2-18、图2-19）。

环境政策方面，欧盟构建起了环境治理的初步框架。1973—1986年的“开始形成阶段”是欧盟环境治理演变历程的一个关键时期，在此时期，欧盟陆续颁布实施了《第一环境行动规划》（1973—1976年）、《第二环境行动规划》（1977—1981年）和《第三环境行动规划》（1982—1987年），这三部行动规划为欧盟的环

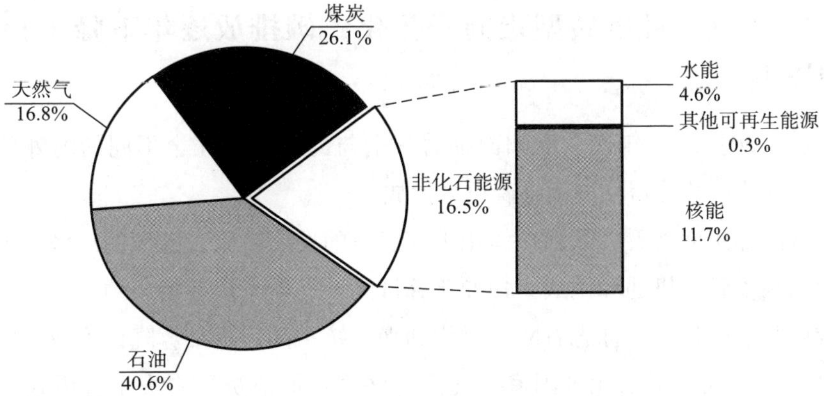

图 2-17　1990 年欧盟能源消费结构

数据来源：BP

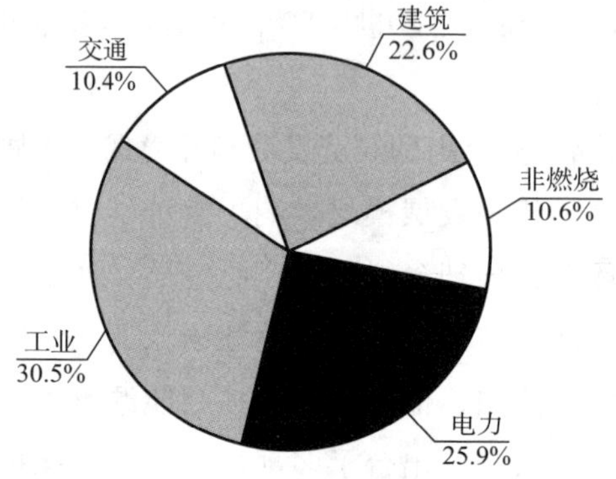

图 2-18　1970 年欧盟二氧化碳排放来源结构

数据来源：全球大气研究排放数据库

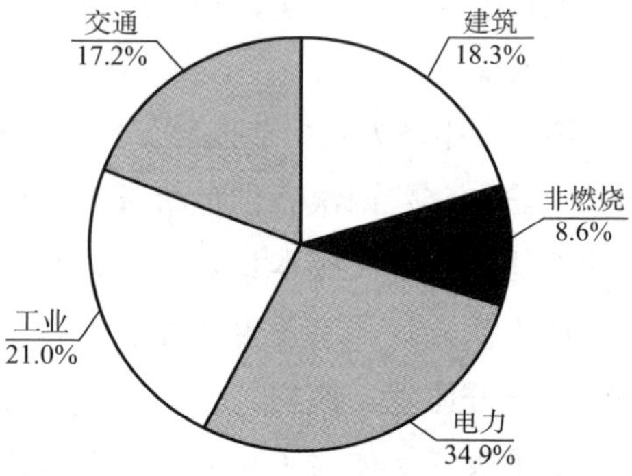

图 2-19　1990 年欧盟二氧化碳排放来源结构

数据来源：全球大气研究排放数据库

境治理构建了初步的框架，并为未来的治理政策指明了基本方向。同时，这一阶段的环境政策更加强调对经济发展、社会环境的影响，环境政策的主动性和与其他政策的互动性都明显增强。

另外，1986年2月签署的《单一欧洲法》成为欧洲环境法确立的基本法根据，对欧共体环境政策产生了重大影响。1992年2月，欧盟缔结的《欧洲联盟条约》明确规定，欧盟可以对环境问题进行立法。在欧盟委员会内部，委员有权依据“环境行动计划”负责起草立法草案，同时理事会享有对草案行使表决权。迄今为止，欧盟共实施了7个环境行动纲领、500多个指令、规定和决策，形成了一套成熟的环境治理体系，在环境保护方面引领全球风向和标准。

2.2.3　经济转型走向一体化，碳排放逐年下降（1990—2008年）

进入20世纪90年代，欧洲面临着一个与此前20年完全不同的内外部经济环境，全球化趋势使得欧洲面临着更大挑战。

从内部角度来看，欧洲一体化进入了新的发展阶段，欧洲的经济发展和产业结构遇到了新的机遇和挑战。1992年签订的《马斯特里赫特条约》确定了建立经济货币联盟的目标，标志着欧元时代到来。统一的货币结算降低了成员国之间的交易成本，加强了欧元区国家的交流与联系，但成员国丧失了货币政策的自主权，信贷扩张、货币贬值与公共支出的经济模式难以为继。欧元给欧元区国家带来便利的同时也带来了更加激烈的市场竞争、更大的市场和全新的市场格局。

从外部角度来看，新一轮经济全球化加速的大背景下，全球产业链和价值链迅速重构，对欧洲过去的生产模式产生了较大的冲击。同时，随着信息技术快速发展，信息化时代加速到来，美国进入“新经济周期”，而欧洲未能抢占此次先机，与美国的差距随之加大。

在这样的时代背景下，欧洲的产业结构转型承受着新的压力，同时也获得了新的动力，具体体现在以下四个方面。

第一，欧洲对工业地位的主流认识发生了转变。在20世纪的最后10年里，随着环境保护理念的快速发展，欧盟着手推动去工业化，并逐步提高服务业占GDP的比重。据统计，欧盟主要国家在20世纪末的工业增加值占GDP比重已普遍低于30%，制造业增加值比重降至20%以下，而服务业增加值的比重接近或超过70%。随着知识经济的兴起，欧盟各个成员国普遍出现了轻视工业，重视服务业、高新技术产业等新兴产业的现象。进入21世纪后，在新的国际竞争形势下，德国、英国、法国等国家开始反思工业的地位，对工业在产业政策上提供新的支持。

第二，产业组织形式上，大企业迎来“第二春”，各种新型的生产网络开始形成。经过近20年的产业结构变化，加上信息技术、自动化等新技术的快速发展，大企业的生产经营更具灵活性。但是，中小企业普遍面临着资金缺乏、市场敏感度不高等问题，在新的竞争环境下，开始了以开拓细分市场为导向的调整过程。

第三，欧盟层面与其成员国的环境保护政策联系进一步加强，绿色、清洁、节能的生产方式以及可再生能源迎来了更广阔的发展空间。欧盟出台的《马斯特里赫特条约》提出了保护环境、保护公民健康、合理利用自然资源促进解决地区和全球环境问题四大环境政策目标，并进一步指出“共同体政策必须结合有关环保要求来制定和实施”，将高层次的环境保护作为重要原则。近年来，欧洲生产企业已在绿色环保的生产领域取得了先入优势，在绿色能源产业、技能环保、技术专利等方面制定了引领性的标准。

第四，除节能环保与可再生能源领域外，欧洲在多数高新技术领域明显落后于美国。据统计，自1979年以来，欧盟制造业在高技术、中技术、低技术部门的附加值分布结构几乎未发生变化，进入新世纪后甚至出现了高技术部门附加值比重下降的趋势。2005年，欧盟的第三产业已经上升到64.29%，第二产业的GDP贡

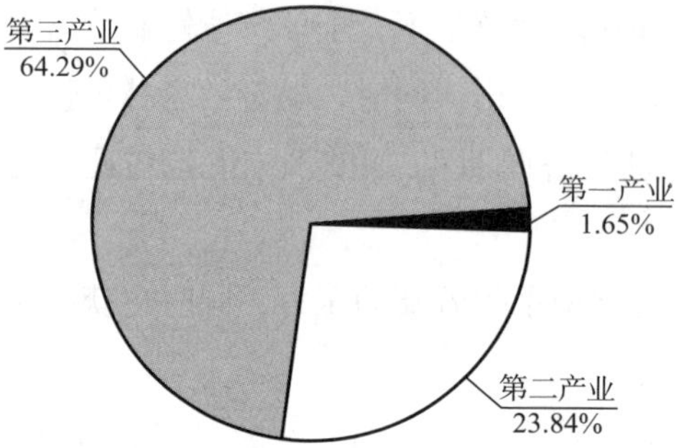

图 2-20　2005 年欧盟产业结构

数据来源：世界银行

献率降至23.84%（见图2-20）。

能源消费结构方面，欧盟此时的能源消费结构与1990年变化不大，但非化石细分上来看，其组成部分有了显著的改变，核能的占比大幅上升。碳排放方面，自1990年达峰后，欧盟碳排放开始逐年稳步下降（见图2-21），这主要得益于欧盟成员国碳税政策的实行。碳排放部门的组成结构也基本没有太大变化，交通部门碳排放上升了约5%，工业碳排放小幅下降，电力小幅上升（见图2-22）。

欧盟于2005年依据欧盟2003年第87号令建立了欧盟碳排放交易体系（European Union Emission Trading Scheme，EUETS）并投入运行。EUETS的运行机制、碳排放交易的不同阶段分别如图2-23和表2-1所示。欧洲的发达国家如荷兰、丹麦、芬兰等，将碳税作为独立的税种提出；德国、意大利和英国等国家则将碳排放纳入已有的能源税，形成潜在碳税。欧盟对不同阶段的碳交易机制范围进行了规定，其中能源、石化、钢铁、造纸等高耗能行业于第一阶段纳入交易与管控范围。

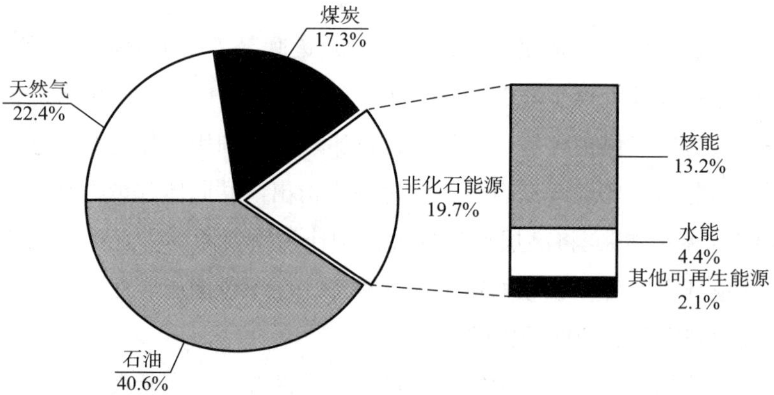

图 2-21　2005 年欧盟能源消费结构

数据来源：BP

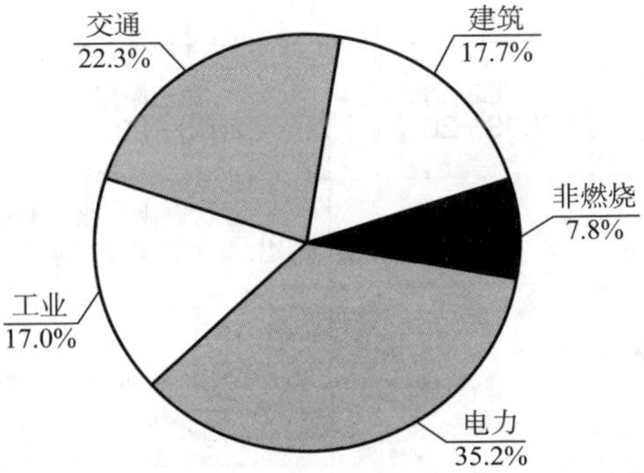

图 2-22　2005 年欧盟二氧化碳排放来源结构

数据来源：全球大气研究排放数据库

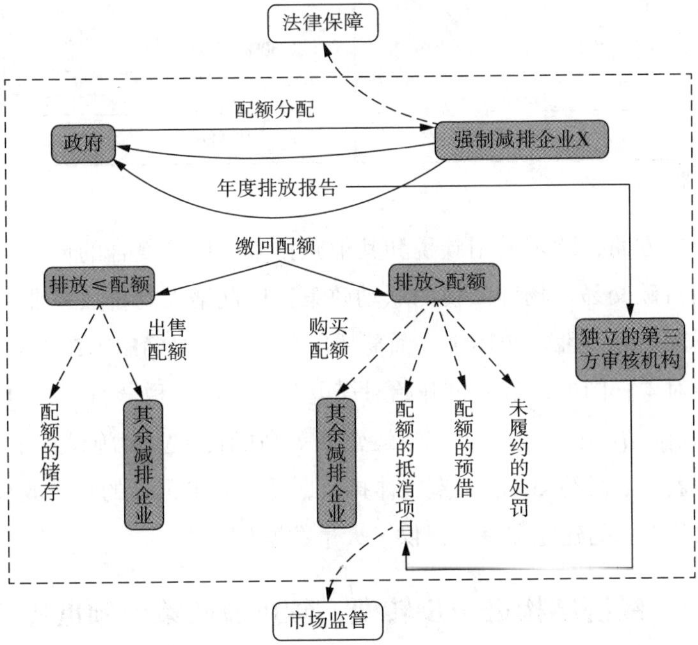

图 2-23　碳排放交易体系的运行机制

表 2-1　碳排放交易的不同阶段

阶段	第一阶段（2005—2007年）	第二阶段（2008—2012年）	第三阶段（2013—2020年）	第四阶段（2021—2030年）
成员组成	27个成员国	27个成员国	新增冰岛、挪威、克罗地亚、列支敦士登	新增涵盖北爱尔兰地区的发电排放，英国排放量不再计入

续表

阶段	第一阶段（2005—2007年）	第二阶段（2008—2012年）	第三阶段（2013—2020年）	第四阶段（2021—2030年）
覆盖行业	能源、石化、钢铁、造纸等	新增交通行业	新增航空业、化工和电解铝，各国可以适当调整	
减排目标	《京都议定书》目标	在2005年基础上减排6.5%	在1990年基础上减排20%	到2030年在2005年的基础上减排43%，在1990年的基础上减排40%
总量设定（亿吨/年）	22.36	20.98	2013年为19.74，比此后设定碳排放配额年降率为1.74%	减降率自2021年起升至2.2%
拍卖比例	最多5%	最多10%	最少30%，2020年70%	引入市场稳定储备（MSR）机制，到2023年之前可将24%的剩余分配放入MSR
分配方法	历史法	历史法	基线法	

资料来源：欧盟委员会

在碳定价方面，欧盟采用碳税和其他减排激励措施复合的形式。2018年后，欧盟陆续出台碳交易市场和碳税的联动政策，以此增大高排放企业的成本压力，提高碳税制度的有效性。2018年，葡萄牙出台政策，明确EUETS下的燃煤电厂属于碳税征纳对象；同期，瑞典也开始对煤电公司征收碳税。目前，EUETS为欧洲12000多座发电站、制造工厂及航空运营商等高能耗工业设施设置了二氧化碳排放上限，覆盖了欧盟约45%的温室气体排放，是世界上最大的碳排放权交易市场，为世界各国碳市场的建立和完善提供了大量数据与经验。

2.2.4 经济结构进一步转型，碳排放政策引领世界（2008年至今）

2008年金融危机爆发后，欧盟各成员国经济遭受了不同程度的冲击，至今未能脱离经济衰退的阴影，欧洲试图从振兴工业、产业调整优化等方面摆脱危机、实现复苏、寻觅新的可持续增长通道。

欧盟层面及西欧各国重新确立了工业的重要地位。金融危机后，欧盟委员会重新意识到，强大的工业对于提高欧洲竞争力具有重要意义，并且相较于服务业，工业对解决人口就业、经济持续良好发展有着更强大的推动力。因此，从产业政策到货币金融政策，欧盟都加大了对工业的扶持力度，并于2012年正式提出“新工业革命”的说法。近年，“工业4.0”在全球广泛兴起，欧盟试图抓住此次革命带来的新机遇，弥补此前未能搭上“IT革命”的损失，以期在未来全球产业竞争中获得更高的地位和更广泛的利益。

通过产业结构升级摆脱金融危机阴影，寻找新的经济增长点，实现经济复苏，成为欧盟考虑的重要任务之一。欧洲进入了产业结构调整的新阶段，并在2012年10月发布的“再工业化”战略中提出了“四大支柱”与“六大优先领域”的实施框架，旨在提升工业占欧盟GDP比重，推动一批新兴产业诞生与发展，重构工业与制造业产业链。英国、法国、西班牙等国在欧盟提出“再工业化”战略后，纷纷提出了各自的“再工业化”计划。

碳排放方面，此阶段欧盟的碳排放与工业发展实现脱钩。随着工业占欧盟GDP增加值比重的提升，碳排放反而实现了降低。一方面，碳排放的降低得益于欧盟自身工业基础较好，技术革新尤其是绿色、清洁、低碳类的技术发展迅速，为企业生产过程中降低碳排放提供了较好的支撑。另一方面，欧盟相对完善的环境政策体系、环保理念和环境保护政策法案发挥了积极的作用。经过多年的发展与完善，欧盟建立起了一整套环境保护的系统（见表2-2），碳关税等碳排放控制工具也陆续出现在公众眼前。

表 2-2　新时期欧盟碳减排政策梳理

政策名称	年份	政策内容
《2020年气候和能源一揽子计划》	2007	将欧盟温室气体排放量在1990年基础上降低20%，将可再生能源在终端消费中的比重增至20%，将能源效率提高20%
《2050年能源路线图》《2050年迈向具有竞争力的低碳经济路线图》	2011	提出欧盟2050年实现在1990年基础上减少温室气体排放量80%~95%的长远目标
《2030年气候与能源政策框架》	2014	初步确定欧盟2030年气候和能源发展目标，即将温室气体排放量在1990年基础上降低40%，将可再生能源在终端能源消费的比重增至27%，将能源效率提高27%，其中温室气体减排40%
《欧盟能源效率指令》	2019	到2030年可再生能源在终端能源消费中的比重增至32%，将能源效率提高至32.5%

续表

政策名称	年份	政策内容
《欧洲绿色协议》	2019	阐明欧洲迈向气候中性循环经济体的行动路线，提出提高欧盟2030年和2050年气候目标，即2030年温室气体排放量在1990年基础上减少50%~55%，2050年实现净零排放的碳中和目标
《欧洲气候法》	2020	从法律层面确保欧洲到2050年实现气候中和，该法案为欧盟所有政策设定了目标和努力方向
《Fit For 55》	2021	提案涉及交通、能源、建筑、农业和税收政策等方面，内容包括将收紧现有的碳排放交易体系；增加可再生能源的使用；减少对化石能源的依赖；提高能源效率；尽快推出低碳运输方式以及与之相配套的基础设施和燃料等

资料来源：欧盟委员会

欧盟碳关税调节机制不断更新完善，范围逐步扩大，为引领全球碳减排树立了标杆。2019年12月，欧盟发布《欧洲绿色新政》，旨在将欧盟碳排放交易体系延伸至“边境”。2021年7月14日，欧盟委员会发布了应对气候变化的一揽子提案，包括备受关注的碳边境调节机制（CBAM），该提案共分11章36条及5个附件，对碳边境调节机制的适用范围、申报主体、主管部门、进口流程、征税标准、审查、处罚和过渡条款等作出详细规定。

2022年6月，欧洲议会表决通过了CBAM，12月12日，欧盟委员会、欧盟理事会和欧洲议会就CBAM举行了第四轮三方协商，并于13日达成最终协议。CABM将从2023年10月1日起试运行，征税范围涉及钢铁、水泥、铝、化肥、电力和氢等6类产品。作为首个与气候变化相关的贸易措施，CBAM将成为国际贸易规则中的气候变化新议题，并逐渐成为全球碳定价政策的新风向标，对全球经贸秩序乃至政治秩序产生重大深远影响。

2.3 日本

日本曾享受了经济高速发展带来的繁荣，但也遭受过石油危机、经济泡沫带来的沉重打击，其发展之路并不一帆风顺。日本从二战结束时的一穷二白，到20世纪五六十年代重工业快速发展，一跃成为世界第二大经济体；从70年代历经两次石油危机之后的产业、能源结构转型，到90年代经济泡沫破裂导致“失去的二十年”。日本在经济发展的同时，产业结构不断优化、低碳清洁能源结构占比也不断增加不断转型，国内二氧化碳排放总量也经历了快速提高、平稳波动、追涨达峰和缓慢下降四个阶段，其走势与日本的实体经济、产业结构和能源结构调整紧密关联。

日本的二氧化碳排放总量于2013年达到顶峰，随后与经济发展实现脱钩，碳排放总量逐年下降（见图2-24）。2020年10月，时任日本首相菅义伟宣布，将努力在2050年实现“碳中和”目标，并与国际社会，共同应对气候变化挑战。本节按照日本经济发展的不同阶段，分别从实体经济、产业结构、能源结构和二氧化碳排放四部分进行阐述。

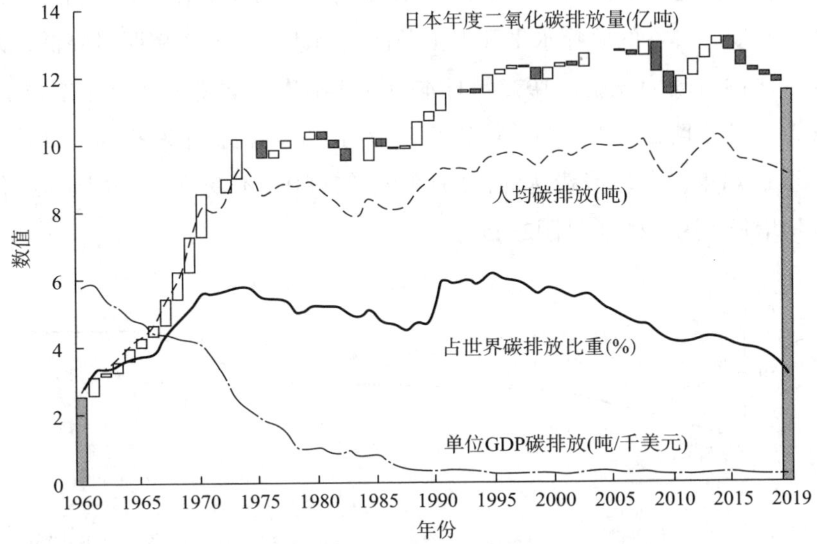

图 2-24　1960—2019 年日本二氧化碳排放情况

数据来源：世界银行、全球大气研究排放数据库

2.3.1　经济增长提速，碳排放逐步增加（1960—1972年）

2.3.1.1　实体经济

冷战开始后，美国转变了此前对日本的态度，企图通过扶持日本对抗苏联，并给日本提供贷款援助。在朝鲜战争期间，美国对日采购了100多亿美元军需，

从而为日本引进先进技术提供了急需的大笔外汇，并为日本经济发展提供了良好的外部环境。经过战后十多年的恢复和重建，到了20世纪50年代中期，日本经济已全面恢复并超过二战时的最高水平。

这一时期日本全力发展经济，在20世纪60年代陆续发布了《国民收入倍增计划》（1960年）、《中期经济计划》（1965年）、《经济社会发展计划》（1967年），并在20世纪70年代推行《新经济社会发展计划》（1970年）以及《经济社会基本计划》（1973年），利用超额贷款、产业低息贷款等方式，扶持重化学工业发展。1960—1972年，日本GDP年均增长率高达9.3%，1968年日本GDP总量超过西德，一跃成为世界第二大经济体，这样长时间地保持经济高速增长，不仅在日本历史上是罕见的，并且在发达国家历史上也绝无仅有。经济发展带动了日本的城市化进程加快，城镇化率从1960年的63.3%快速提高至1972年的73.5%（见图2-25）。

这一时期，日本的医疗水平和卫生条件逐渐改善，死亡率明显降低，人口较快增长，国内劳动力充足。1973年日本劳动年龄人口数量比1955年增长了27%，为5326万人，并且劳动力素质普遍较高，带动了人均消费不断提高，推动了经济繁荣。至1973年，人均消费达到14051美元（2000年不变价），约为1960年的2.3倍，年均增长率为7.2%（见图2-25）。

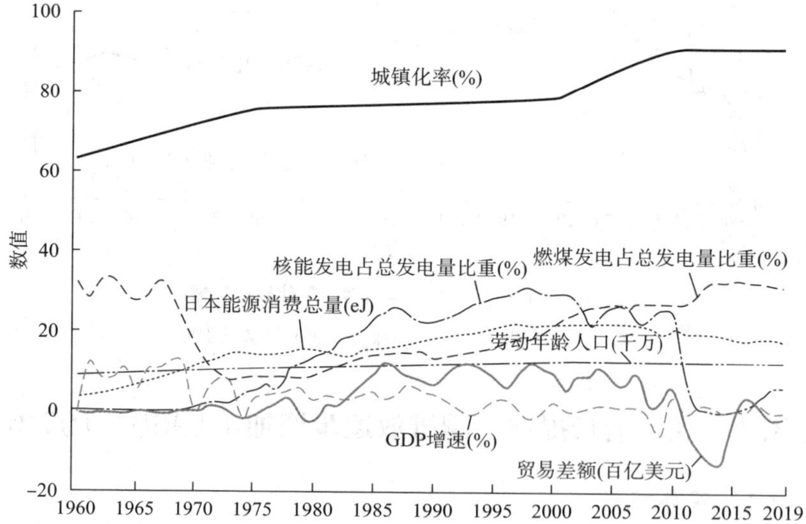

图 2-25　1960—2019 年日本宏观经济指标及能源消费情况

数据来源：世界银行、全球大气研究排放数据库

2.3.1.2　产业结构

战后日本首先实施了“倾斜生产方式”，即将物资、资金、劳动力等生产要素向重点扶持的煤炭、钢铁、石化等基础工业部门倾斜，利用国内外资源集中优势，开启重工业化进程，拉动经济发展。20世纪60年代是日本工业和农业快速发展时期，其中第二产业产值以每年17.3%的速度迅速提高，到1970年达到44.1%的峰值（见图2-26）。除了煤炭行业以外，日本还通过引进欧美发达国家的先进技术，大力发展钢铁、石化等重化学工业，并形成以重化学工业为主导的产业结构，轻工业比重下降。1960年重化学工业在工业中占比为56.4%，而到了1970年提高到62.1%。1968年日本的电力、石油制品、合成橡胶产量跃居世界第二，到70年代初期，日本的水泥、塑料、彩电产量已跃居世界第一，实现了以重工业为主的产业现代化。

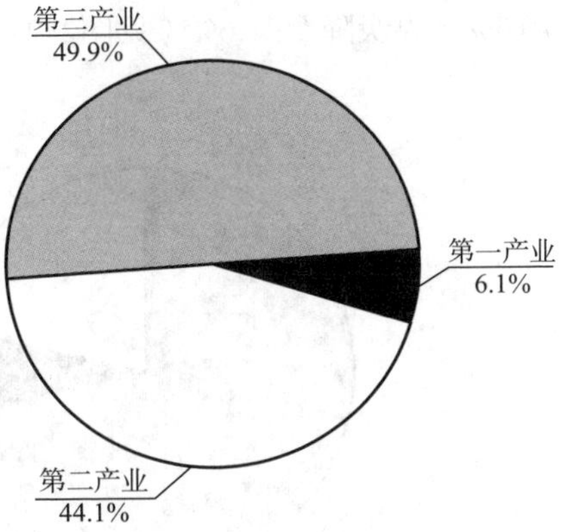

图2-26　1970年日本产业结构

数据来源：世界银行

为促进经济进一步发展，日本政府制定了“贸易立国”的基本国策，引进国外先进技术、加大投资力度，并扩大重化学工业产品出口。1960—1965年出口额年均增长17.9%，1965—1970年出口额年均增长15.1%，几乎是同一时期世界贸易增长速度的两倍。重化学工业产品在出口中所占比重由1961年的43.7%上升至1972年的77%。出口产品增加使日本出现贸易顺差并逐年增长。1960—1965年日本一直保持贸易逆差，而到1965年，日本出现19亿美元的贸易顺差，到了1972年顺差已达90亿美元，表明日本的国际竞争力不断增强（见图2-25）。

2.3.1.3　能源结构

随着经济的高速发展和重工业化的推进，日本的能源需求迅速增加，这一时期能源消费量年均增长率为11.5%，超过了GDP的增长速度。20世纪50年代日本能源结构以煤炭为主，煤炭对日本经济复苏发挥了重大作用，但大幅增长的电力需求导致出现煤炭供应不足的现象，并且以煤炭为主要能源不利于产业结构升级。为了解决能源稳定供应的问题，日本开始调整其能源结构，采取“油主煤辅”政策，大幅提高石油占一次能源的比重。由于日本国内的石油资源十分匮乏，因此主要采用进口石油的方式弥补国内需求，并建立了有序的石油供给体制。

日本于1962年实施《石油工业法》，主要通过国际石油公司进口石油，并积极开发海外油田。这一时期国际石油价格保持相对稳定，也保证了日本能以相对较低的成本进口大量石油。1960—1972年，日本的石油进口量增加了近10倍，成为仅次于美国的第二大石油消费国。至1970年，石油占能源消费比重已高达70.5%，煤炭降至21.6%（见图2-27）。

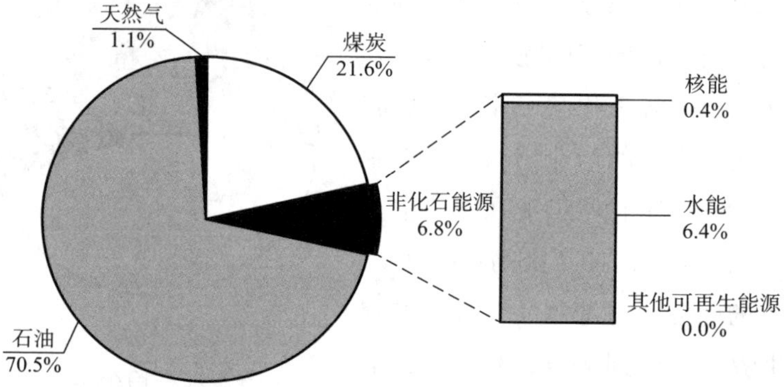

图2-27　1970年日本能源消费结构

数据来源：BP

在进口大量廉价石油基础上，日本还在国内沿海地区大力发展炼油工业，提高炼油能力。除此以外，日本政府还分别制定了《电气事业法》（1964年）、《综合能源调查会设置法》（1965年）、《动力反应堆与核燃料开发事业团法》（1967年）、《煤矿业重建和完善临时措施法》（1967年）等，以促进能源结构主体从煤炭向石油等其他能源品种平稳过渡。通过转变能源结构，不仅促进了日本重化学工业的高速发展，也保证了在此阶段经济的高速增长。

2.3.1.4　二氧化碳排放

伴随着日本重化学工业的高速发展，二氧化碳排放总量迅速增加，变化趋势与经济发展紧密挂钩，由1960年的2.6亿吨增加至1972年的9亿吨，其中工业占碳排放总量的比重最高，在1970年为34.6%，其次是电力，占比为31.0%（见图2-28）。人均碳排放从1960年的2.7吨增加至1972年的8.4吨（见图2-24）。

与此同时，重工业高能耗、高污染引发的环境问题开始显现。20世纪60年代末，日本出现了严重的水污染和大气污染，如1967年在四日市发生的哮喘病事件、1969年发生在熊本县的“水俣病”事件，以及1971年发生在富山县的“疼痛病”事件等。面对日益严重的环境问题，日本政府于1970年成立“公害对策本部”，提出并通过了14项法规，对企业环境保护的责任进行了明确规定。在随后的1971年，日本成立环境厅，推出制定了一系列环境保护政策。

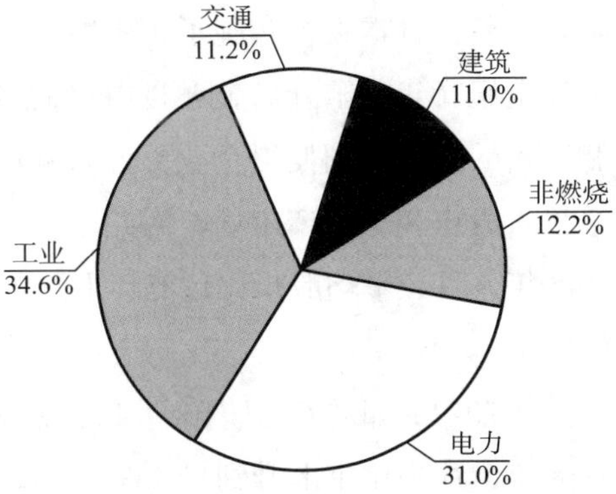

图 2-28　1970 年日本二氧化碳排放来源结构

数据来源：全球大气研究排放数据库

2.3.2　经济增速下滑，碳排放随之波动（1973—1990年）

2.3.2.1　实体经济

1973年第一次石油危机爆发，石油进口价格大幅上涨。当时日本是世界上对石油依赖程度最高的国家，且绝大部分来自进口。石油危机发生前，石油占能源消费总量的77.1%。石油危机发生后，暴涨的石油价格导致日本国内生产成本大幅提高，对日本经济造成严重影响，日本出现了战后第一次经济负增长，增长率为-1.2%，结束了长达20年的经济高速增长期（见图2-25）。第一次石油危机爆发后，日本出现了严重的通货膨胀。据统计，1974年批发物价、零售物价分别上涨了31.3%和24.5%，日本经济开始从粗放式增长方式向集约式增长方式转变。虽然在1975年日本经济由负转正，但增长率再也没超过6%，进入了低速增长期。石油危机使日本的产业结构和能源结构发生了巨大变化，促使日本转型升级，并降低石油依存度。

20世纪70年代后，全球贸易自由化快速发展，日本出口产品竞争力进一步增强。但进入80年代，面对更加复杂的国际经济环境，日美贸易摩擦日益加剧。1980年日本对美国的贸易顺差为69.6亿美元（见图2-25）。以汽车行业为例，日本汽车在技术和省油方面占据优势，且成本较低，十分畅销。1980年日本出口到美国的汽车占到了21%的市场份额，这直接导致了大量美国汽车工人失业。1981年，迫于美国压力，日本将对美国汽车出口量调整到了168万辆。

为解决美国巨额贸易赤字，1985年9月美国召集日本、联邦德国、法国以及英国，签署了“广场协议”，使得日元大幅升值，日本出口产品的竞争力随之下降。之后，日本央行实施了扩张性货币政策，以扩大国内需求，减少出口。日本于20世纪70年代末开启金融自由化道路，提高了直接融资的便利性，利率自由化和宽松的管制机制使得企业更容易融资。在日元升值带动投资的背景下，大量资金投入股市和房地产市场，因此股价和地价大幅上涨，导致高杠杆率的形成。到1989年，日经平均股指比1985年上涨了1.7倍，全国地价上涨了近七成，形成了泡沫经济。

1970年，日本65岁以上人口占总人口的7.1%，开始进入老龄化社会，到了1990年，这一比重上升到12.1%。随着人口老龄化，劳动年龄人口增速开始放缓，人口红利消失也成为导致日本经济增速放缓的重要原因之一。

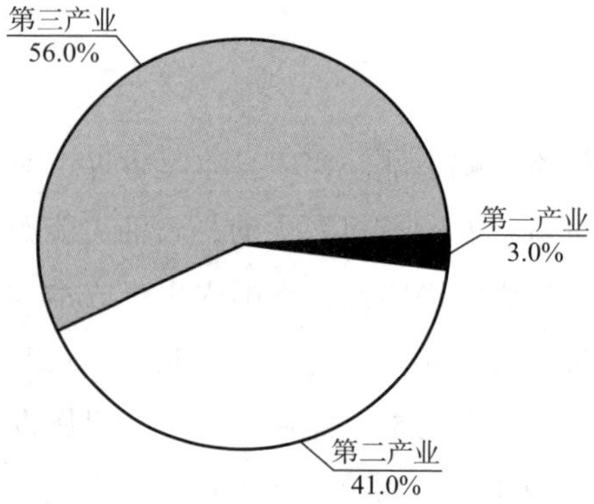

图 2-29　1985 年日本产业结构

数据来源：世界银行

2.3.2.2　产业结构

第一次石油危机后，由于能源价格上涨，日本支柱行业，如钢铁、化工等行业失去了竞争力。为应对石油危机，提振经济，日本开始调整产业结构，第二产业比重在1970年达到44.1%的峰值后呈下降趋势，到1985年下降至41.0%；第三产业比重持续上升，由1970年的49.9%上升至1985年的56.0%（见图2-26和图2-29）。制造业的转型升级促使能源密集型重工业逐渐向低能耗、低污染、高附加价值的技术密集型产业迈进，电子计算机、飞机、汽车、集成电路、原子能等行业进入快速发展期。

进入20世纪80年代，以微电子技术为中心的新技术革命在全球兴起。为适应国际形势，1980年，日本制定了“科学技术立国”的基本国策，高技术产业得到快速发展。至1990年，高技术产业比例已由1973年的42%上升至50%，占比超过制造业的一半。随着经济增长和居民收入水平的提高，日本居民的消费结构也发生了较大变化，其中，汽车、家用电器等消费品迅速增长。

日本政府还通过调整出口贸易产品结构带动国内产业结构升级，由以重化学工业产品出口为主向技术密集型产品出口为主转变。1973—1990年，日本的家电、电子仪器、电力设备、普通机械出口增长幅度保持领先地位，并在全球具有较强的竞争力。尽管20世纪70年代之后，日元几次大幅度升值，但出口增速仍快于经济增长速度，贸易收支基本保持顺差。

在基本完成工业化进程后，面对人口老龄化带来的劳动力短缺，居民环保意识增强，经济发展成本逐渐增高等问题，日本开始向海外转移制造业生产基地，国内制造业产值和从业人数比例不断下降。至1990年，日本制造业的海外生产比率为6.4%，比1985年提高了约3个百分点。日本希望通过“去工业化”，将制造业生产基地转移至生产成本较低的国家，国内只保留核心的技术研发部门，并将金融业、旅游业等现代服务业作为经济发展重心。

2.3.2.3　能源结构

由于日本经济增速下降、产业结构转型升级以及两次石油危机造成的重大影响，能源的利用效率不断提高，日本的能源消费出现波动，这一时期年均增长率仅为0.8%，远远低于上一阶段的11.5%（见图2-25）。

日本国内资源短缺，1972年其国内72%的石油消费是从中东进口的。石油危机的爆发对日本经济造成了严重打击，也暴露了日本过度依赖进口化石能源的问题，尤其是对石油的高度依赖。

针对石油高度依赖进口的情况，日本采取了一系列的能源政策，以确保能源稳定供应。一是通过立法以保证能源政策的贯彻执行。1974年以来，日本建立了规范的能源管理制度和机构，先后出台了《石油储备法》《能源使用合理化法规》《代替石油能源法》等能源政策。二是开始寻求利用并发展可再生能源，努力实现能源多样化。1974年，日本开始实施“新能源开发计划”（也称“阳光计划”），该计划旨在开发利用包括太阳能、地热能、氢能等新能源缓解对石油的过度依赖。三是加强对能源的科学研究，积极引进国外先进技术，与美国、西德等国开展核聚变、煤液化等技术合作。日本的核电站建设发展迅速，虽然在此期间发生了美国三里岛核电站和苏联切尔诺贝利核电站事故，但日本坚持新建核电站，在切尔诺贝利核电站事故后10年间，新建成15座核电堆。四是节约能源与提高能源利用效率。石油危机后，日本把节约能源列为国策。1978年制定了有关节能的“月光计划”，开展提高能源利用效率，回收未利用能源等研究，并于次年发布了《能源使用合理化法规》，制定了能源消费判断标准，在金融税制上对符合标准的投资予以资金支持，进一步推进了日本的节能减排。

总之，日本顺利地渡过了两次石油危机，并在推动能源转型和节能方面取得了较大成功。到1985年，石油占能源消费比重已减少至56.4%，天然气比重提高至9%，非化石能源从1970年的6.8%提高至15.9%，其中核能比重由0.4%提高至10%，核能发电占总发电量比重在1978年超过燃煤发电，至1990年核能发电比重已达23%（见图2-30）。

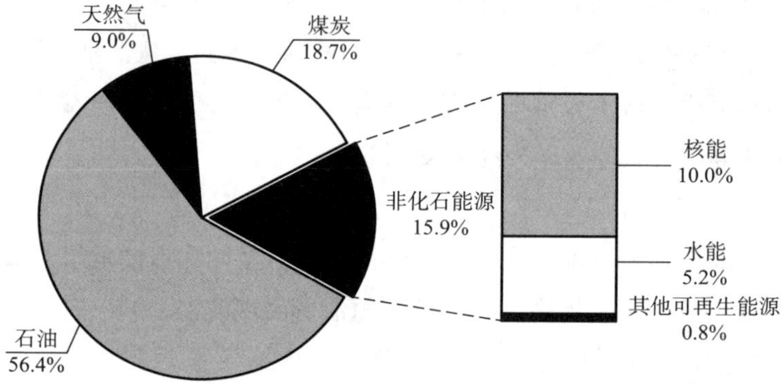

图 2-30　1985 年日本能源消费结构

数据来源：BP

2.3.2.4　二氧化碳排放

1973—1990年，日本二氧化碳排放总量和人均碳排放与能源消费总量吻合，与经济发展“挂钩”波动，结束了此前上涨趋势。由于能源利用效率提高，单位GDP碳排放持续下降，由2.3吨/千美元大幅减少至0.4吨/千美元。1985年，电力占碳排放总量比重上升至第一位，占比达到了29.8%，工业所占比重大幅减少至28.2%（见图2-24、图2-31）。

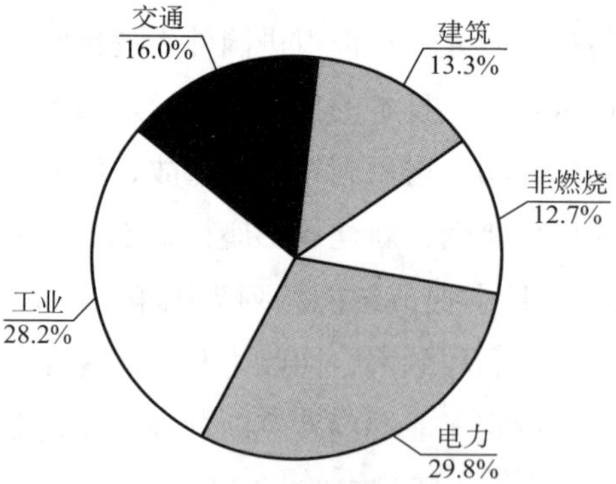

图 2-31　1985 年日本二氧化碳排放来源结构

数据来源：全球大气研究排放数据库

2.3.3 经济长期低迷，碳排放渐进达峰（1991—2012年）

2.3.3.1 实体经济

为应对经济泡沫，日本政府采取了征收地价税、严控房地产融资总量、限制土地直接买卖等方式控制房地产市场。同时，日本银行采取了紧缩的货币政策，并通过扩大资产规模，以降低杠杆率。1989年后，日本政府先后5次大幅提高基准利率，增加了房地产投资成本，日本的房价和股价开始暴跌。至1992年，日经平均股指比1989年的最高值跌幅达60%。1990—1994年，东京、大阪的房价跌幅超过50%。泡沫破裂后，日本经济长期停滞不前，进入了“失去的20年”，1991—2012年，日本GDP年均增长率仅为0.9%，低于同期其他发达国家水平。

这一时期日本人口出生率不断下降，65岁以上人口比重由1990年的12.1%升至2005年的20.2%，进入中度老龄化社会。2008年，日本人口达到1.28亿的峰值，随后缓慢下降。日本总人口数量的减少也导致劳动年龄人口数量减少，1992—2000年，日本劳动年龄人口年均减少0.1%，而2001—2009年，日本劳动年龄人口年均减少0.7%，严重制约着日本的经济复苏。

为刺激经济，日本政府提出了“科学领先、技术救国”的方针，并制定了《面向21世纪的日本经济结构改革思路》（1995年）、《经济结构改革行动计划》（1998年）等一系列经济政策，以实现产业结构升级，并提出以信息产业为主导产业，实现“IT立国”。1997年亚洲金融危机爆发后，日本政府实行扩张性的货币政策以刺激经济，并采取加大基础设施建设投资、减税等措施扩大内需。

2.3.3.2 产业结构

经济低迷时期，日本产业进入新一轮的调整阶段。随着产业政策向服务业、信息化产业倾斜，第三产业比重继续上升，第一产业和第二产业比重持续下降。服务业、批发零售、政府服务、金融服务等第三产业占GDP比重上升最快，2005年第三产业比重为68.96%，成为拉动GDP增长的积极因素（见图2-32）。日本制造业的技术水平继续上升，由普通电子为主导的机械制造业转向通信、计

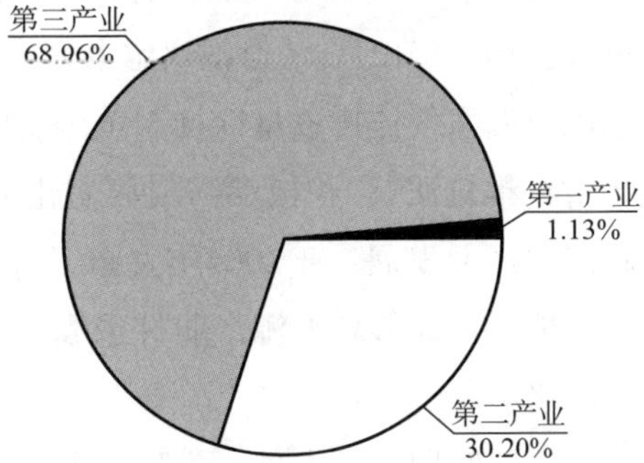

图 2-32　2005 年日本产业结构

数据来源：世界银行

算机等高端制造业，产业结构由技术密集型向知识密集型转变。

到2006年，日本高技术产业占制造业比重已达到56%，制造业能源消费趋于平稳。但与此同时，日本的“去工业化”进程逐渐加快。日本制造业海外生产比重从1995年的9.1%上升至2001年的16.7%，这为制造业开拓了广阔的市场空间，但也导致了日本产业的“空心化”。2006年“财富世界500强”中日本企业上榜数量从1996年的99家减少至70家，且多家制造业企业排名有所下降。

这一时期，新兴发展中国家经济飞速发展，美国和西欧等发达国家开始限制日本产品进口，日本产品出口竞争力开始下降。20世纪90年代以来，美国抓住了信息技术革命浪潮，推动美国经济走向繁荣。据统计，1999年美国电脑普及率为48.3%，互联网普及率为30%，而日本电脑普及率仅为29.5%，互联网普及率仅为13.4%。日本信息技术水平和国际竞争力落后于美国，信息产业的主导地位没有得到充分发挥，使其对其他产业的带动能力减弱，导致第二产业占GDP比重继续下降。

2.3.3.3　能源结构

在此经济低迷时期，日本的能源消费量稳中有降。日本的能源消费量在1995—2007年保持基本稳定，随后呈缓慢下降趋势。此阶段日本能源消费保持相对稳定的主要原因：一是日本经济增长停滞，降低了能源使用量；二是日本产业结构持续调整，以服务业和信息产业为主，降低了能源消耗；三是由于科技的不断进步，提高了生产效率和能源利用效率。

虽然这一时期日本经济长期低迷，但仍通过调整能源结构，以提高能源利用效率和环境保护力度，并出台了一系列政策。1997年，日本出台《促进新能源特别措施法》，提出大力发展太阳能、地热、风电等新能源，促进了新能源技术的进步。1997年12月，《京都议定书》在日本签署并于2005年正式生效，旨在限制发达国家温室气体排放量以抑制全球变暖。之后，日本于1998年公布《全球气候变暖对策推进法》，积极参与气候变化治理。进入21世纪以来，日本政府加速推进新能源产业发展，于2004年发布了《新能源产业化远景构想》，提出2030年前将太阳能、风能等新能源产业打造成为支柱产业。同年日本政府公布了《新国家能源战略》。

这一时期，日本进一步降低了石油依赖度，2005年石油占能源消费总量的比重由1985年的56.4%减少到48.1%，天然气比重提高到13.3%，非化石能源比重提高到17.1%，其中大部分为核能，占比提高到了12.7%（见图2-33）。

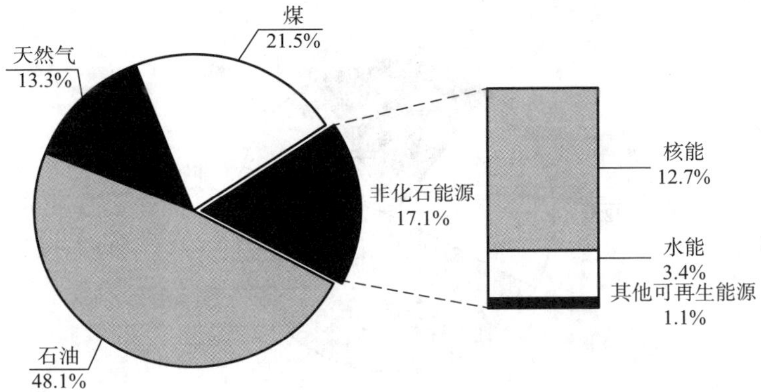

图 2-33　2005 年日本能源消费结构

数据来源：BP

2011年3月11日，日本发生里氏9.0级特大地震，引发福岛核电站核泄漏事故，深刻地影响了日本能源消费结构。事故发生前，核能一直是日本第一大非化石能源，并且作为主要的供电来源，核电占总发电量的比重高达25.3%。事故发生后，日本走上了"去核"道路，到2012年核电占总发电量的比重已大幅降至1.5%。为保证电力供应，日本加大了新能源开发和化石能源进口力度。

2.3.3.4　二氧化碳排放

《京都协议书》中引入市场机制作为解决二氧化碳等温室气体排放的新路径，以促进节能减排。2005年后，国际碳交易市场快速发展，成为推动低碳经济发展的重要机制。2008年，日本环境省提出并试行碳交易体系（J-VETS），11月提出抵消信贷计划（J-VER），但主要是企业自愿参与，缺乏强制性。2010年，东京都总量交易限制体系（TCTP）成立，这是日本第一个地方总量限制交易体系，该体系覆盖东京1400个场所（包括1100个商业设施和300个工厂），占到东京总排放的20%。该体系实施后的第一年，就实现了13%的二氧化碳减排量，随后的2011年和2014年分别实现了22%和25%的减排量，起到了良好的减排效果。

与上一阶段相比，此阶段日本年度二氧化碳排放量小幅上升，并保持小幅波动。福岛核电站泄漏事故之后，为保证能源供应稳定，日本在短期内加大了对化石燃料的消费量，最终于2013年实现碳达峰，排放总量为13.1亿吨，人均碳排放为10.2吨（见图2-24）。这一时期电力继续保持着碳排放第一的位置，工业占比继续下降，由1985年的28.2%减少至2005年的22.5%（见图2-34）。

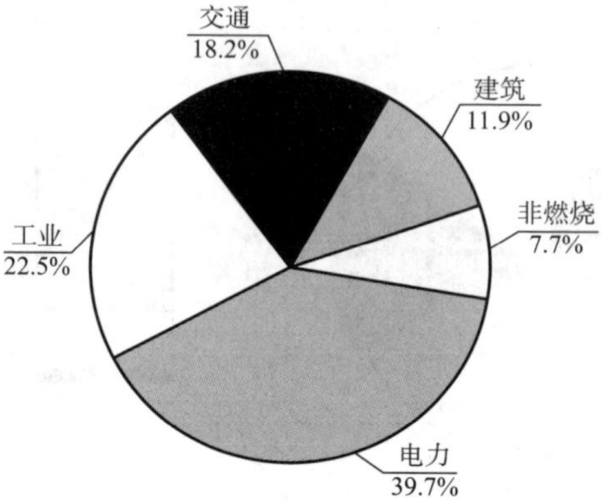

图 2-34　2005 年日本二氧化碳排放来源结构

数据来源：全球大气研究排放数据库

2.3.4　经济低迷延续，碳排放逐渐下降（2013年至今）

2.3.4.1　实体经济

2013—2017年，日本GDP年均增速为1.3%，仍维持低速增长。自2008年人口达到峰值后，日本人口缓慢下降，人口增长率持续为负，据日本厚生劳动省预测，到2025年，日本65岁老人占比将超过30.0%，成为重度老龄化社会。2040年将进一步上升至36.1%，未来日本国内劳动力供给短缺问题将越发严峻。

面对长期低迷的经济形势，2012年底，时任日本首相安倍晋三提出“安倍经济学”，即以宽松的货币政策、灵活的财政政策以及经济结构改革刺激经济增长。2013年6月，安倍政府公布《日本复兴战略》，开始推行产业复兴计划、战略市场创造计划和国际市场扩展战略三项行动计划。

产业复兴计划的主要目的是让制造业复苏，并鼓励科学技术创新，加大对中小企业创新支持力度，建立世界领先的信息技术社会。战略市场创造计划主要围绕四个社会性课题，即发展健康医疗护理产业，实现清洁、经济的能源供给与需求，构建安全、便利且低成本的新一代基础设施，实现区域资源自给自足的区域社会，开辟新的经济增长点。国际市场扩展战略旨在通过积极开拓世界市场，构建战略性贸易关系，并不断完善资金、人才等体系，提高日本的全球化水平。

2.3.4.2　产业结构

日本的产业结构进一步优化，但变化趋势相比前一阶段不明显。第三产业比重由2005年的68.96%缓慢增加至2019年的69.31%，第一产业和第二产业比重继续缓慢下降，2019年的占比分别为29.07%和1.24%（见图2-35）。

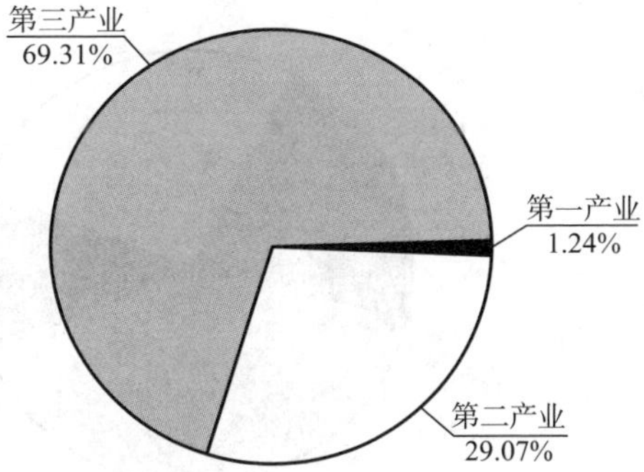

图 2-35 2019 年日本产业结构

数据来源：世界银行

近年来日本制造业竞争力逐渐下降，面对美国“再工业化”政策、德国“工业4.0”以及中国制造2025的压力，日本政府决心努力重振制造业。2015年，日本政府公布《推进成长战略的方针》，提出利用大数据、人工智能和物联网技术，对日本制造业的生产、流通、销售等环节进行升级。

2016年1月，日本政府出台了第五个《科学技术基本计划》，提出将率先构建高度融合网络空间和物理空间的“超智能社会”。同年5月，日本政府出台《科学技术创新综合战略2016》，对“超智能社会”的内涵和框架进行进一步阐述，这一构想将覆盖交通、能源、制造业、服务业、医疗等多个领域。6月初，日本政府又宣布将大力发展机器人等新兴产业，以在未来制造业竞争中保持优势。

2.3.4.3 能源结构

日本能源消费总量呈缓慢下降趋势。此阶段，日本加大了对传统化石能源和新能源的利用，2005—2019年，煤炭占总能源消费比重由21.5%上升至26.7%，天然气消费比重由13.3%上升至21.2%，其他可再生能源消费比重由1.1%上升至5.5%。日本能源消费总量由2013年的19.7艾焦耳峰值下降至2019年的18.4艾焦耳。自1973年第一次石油危机后，日本逐渐减少了对石油的依赖程度，2019年石油消费比重由2005年的48.1%进一步减少至39.9%（见图2-36）。

福岛核电站泄漏事故发生后，日本通过增加燃煤发电来弥补核电暂停后的供应缺口。2019年燃煤发电占总发电量的比重由2011年的27.1%上升至31.6%（见图2-25）。2014年4月，日本政府在发布的《能源基本计划》中指出，与其他化石能源相比，煤炭的地缘政治风险最小，且单位热量的单价最低廉，煤炭拥有优异的稳定性和经济效益，煤炭是重要的基荷电源燃料。可以预见，近20年内煤炭在日本国内仍具有竞争力。

2020年10月，日本时任首相菅义伟在第203次临时国会上宣布，日本力争在2050年实现碳中和。当年12月，日本政府成立“实现脱碳社会国家与地方协调

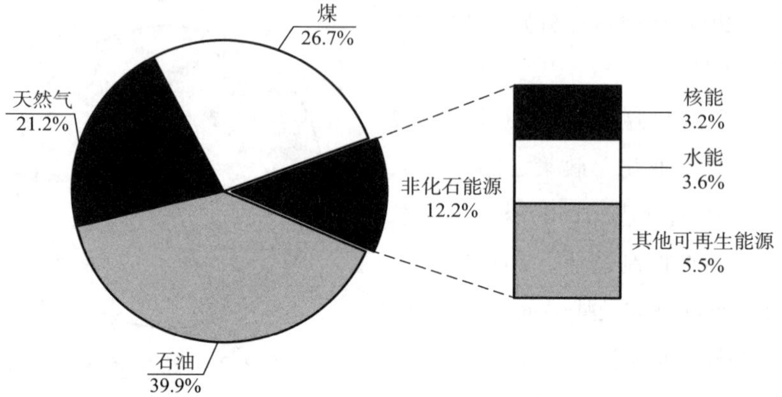

图 2-36　2019 年日本能源消费结构

数据来源：BP

会”，旨在制定实现碳中和路线图和行动方案。

2020年12月25日，日本政府发布了《2050年实现碳中和的绿色成长战略》，计划2030年二氧化碳排放总量比2018年减少25%，2050年达到净零排放。该战略确定了能源产业、运输与制造产业、家庭与办公相关产业下的14个重点发展领域，其中以海上风电产业和储能电池产业为核心。作为岛国，日本发展海上风电产业具有先天优势，根据国际能源署的统计数据，其海上风电潜能超过用电总需求的8倍。日本发展海上风电将采取的主要措施包括以下几个方面，一是建立具有吸引力的国内海上风电市场，以吸引国内外投资；二是发展具有竞争力的国内供应链；三是加强国际合作。其发展目标是2030年前实现1000万千瓦的海上风电装机量，2040年前实现3000万~4000万千瓦的海上风电装机量。

另外，在成长战略中，日本政府计划大力发展氢能，并着重聚焦氢能发电、氢燃料电池、氢还原炼铁等领域。日本政府于2017年出台《氢能源基本战略》，是最早制定氢能发展战略的国家，并在氢能领域处于世界领先水平，其氢能发展目标是2030年前达到300万吨的实际应用规模，并将售价降至约30日元/标准立方米，为目前的三分之一；2050年前达到2000万吨的实际应用规模，并将售价降至约20日元/标准立方米以下。

为实现碳中和，日本通过财政、税收、金融等产业政策扶持重点产业发展。财政政策方面，日本政府提出由中央财政预算特别拨款来支持能源转型项目，并创立“绿色创新基金”，规模为2万亿日元，其主要资助对象为发展碳中和、提高产业竞争力的重点产业企业，如绿色电力、二氧化碳封存与再利用、氢能利用等。税收政策方面，日本政府计划通过创新税制，如创设碳中和投资促进税制、提高研发试验经费抵扣法人税等，鼓励企业进行研发投资。金融政策方面，日本政府计划实施三大融资支持政策，即低碳转型融资支持政策、绿色融资支持政策和技术创新融资支持政策，以金融手段支持低碳转型和低碳技术创新。

2.3.4.4　二氧化碳排放

日本碳排放量在2013年达峰后缓慢下降，与经济发展实现脱钩。2019年日本碳排放总量为11.5亿吨，比2013年减少了1.6亿吨，人均碳排放从10.2吨减少至9.1吨（见图2–24）。近年来，日本大力发展可再生能源和推动产业结构优化升级，持续推动碳排放降低。同时，日本人口自2008年以后呈负增长趋势，能源需求减少，也促进了碳排放下降。这一阶段电力占碳排放的比重大幅增加，2019年占比提高到45.5%，而工业占比进一步下降至20.9%（见图2–37）。

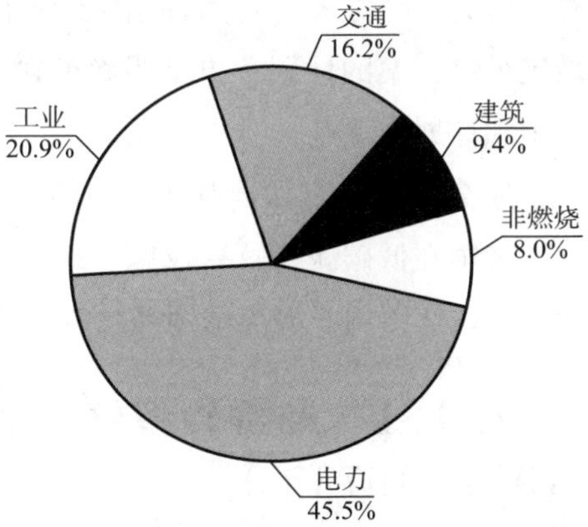

图 2–37　2019 年日本二氧化碳排放来源结构

数据来源：全球大气研究排放数据库

2.4　韩国

2020年10月28日，紧随中国和日本的步伐，时任韩国总统文在寅在国会讲话中首次宣布了韩国碳中和目标，承诺到2050年实现碳中和，并在2030年前淘汰煤电，力争形成以可再生能源为主的能源供应结构。

文在寅的这一承诺立刻引起了国际社会的强烈反响。原本对低碳、碳中和并不上心的韩国竟然态度180度大转弯，做出了一个相当激进的碳中和承诺。尽管韩国从21世纪伊始便多次对低碳、减碳、清洁能源等问题进行表态，但韩国却因为未兑现这些承诺且未严格履行《巴黎协定》而受到广泛批评，并没有在应对气候变化问题上展现出一个经济合作与发展组织成员国的实力。同时，由于文在寅并没有公布具体的淘汰煤电路线图，国际社会对韩国的2050年碳中和目标也多有质疑。

然而，这一次韩国似乎展示出了他们谋求新的经济增长点、助力全球应对气候问题的决心。2021年8月5日，仅成立不足三个月的韩国“2050碳中和”委员会便公布了三个较为详细的碳中和路径和方案。三个方案分别要求到2050年，韩国的温室气体净排放量相比2018年降低96.3%、97.3%、100%，与文在寅的2050年碳中和承诺保持了一致。这一激进的碳中和路径立刻引起了韩国工商界的强烈反对，认为三个方案都背离韩国实际；但韩国政府雄心勃勃，并未推迟原定于10月敲定最终方案的计划，更是明确了到2030年基本或全部退出煤电以及LNG发电是碳中和计划的重点。

那么韩国政府如此强推2050年碳中和计划究竟是不是一次不切实际的豪赌呢？韩国在低碳减排这一议题上坎坷的历程又是怎样呢？本节将通过韩国的经济发展、产业结构、能源结构和二氧化碳排放历史来解答这些疑问。

2.4.1 经济转型缔造了“汉江奇迹”，碳排放稳步上升（1953—1973年）

2.4.1.1 实体经济

20世纪50年代韩国的主要目标是稳定和恢复经济。1953年7月27日，朝鲜停战协定签署，朝鲜战争结束。日本在10年的经济体制改革和恢复后，于朝鲜战争期间进入了经济高速发展的快车道，成为东北亚第一个经济奇迹。但从战火中走出来的韩国并没有像周边的国家一样经历快速的经济复苏与发展，始终被贫困和饥饿所困扰。

20世纪60年代韩国经济持续低速增长。尽管西方国家从二战后总计无偿援助了韩国32亿美元，但李承晚政府并没有任何明确有效的经济体制改革与经济发展战略，同时也拒绝采取美国提供的方案，韩国政府没能挽回自朝鲜战争以来农业崩溃、工商业凋敝、金融资本市场无法立足的问题，最终导致政府支持率极低，党派之间相互攻讦，民众示威层出不穷，军事政变频繁发生，政局动荡不安，美国等西方国家对韩国的经济前景也不抱任何期望。

1961年5月16日，朴正熙发动军事政变，推翻了张勉政府并解散国会，成立军政府，开始了韩国的军事独裁时代。由于之前采取的进口替代策略并不奏效，为了挽救韩国经济，朴正熙政府与肯尼迪政府决定把经济发展作为韩国的第一要务。据此，朴正熙提出了专注于经济建设的“五年计划”，试图依靠政府干预来发展经济。

韩国政府采取了集中发展重工业和振兴农村的办法，为重工业提供低息贷款乃至巨额补贴，为农村提供免费的水泥等基建材料，建设农村基础设施，同时开展货币改革，低估韩元的价值，为出口创汇提供有利条件。虽然在第一个五年计划（1962—1967年）期间韩国经济发展速度并不快，仅仅是通过货币改革创造了大量流动性和通货膨胀，并且没有解决农村金融薄弱的问题，但韩国确立起了工业立国、走外向型经济路线的战略，为后续的五年计划奠定了发展基础。

从第二个五年计划（1968—1972年）开始，随着重工业投资的到位和“新村运动”的稳步推进，韩国经济进入了迅猛发展的上升通道，1971年和1972年的GDP年增速分别高达11%和7%（见图2-38）。韩国城镇化也进入快速发展阶段，城镇化率逐年提升。韩国城镇化率从1965年的32.4%快速增长到1973年的45.1%（见图2-38）。

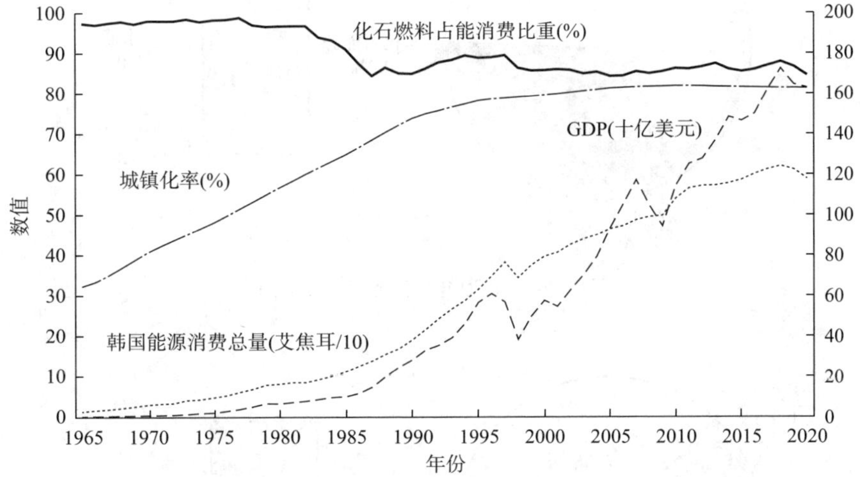

图 2-38　1965—2020 年韩国部分宏观经济与能源消费指标

数据来源：世界银行、全球大气研究排放数据库、BP

2.4.1.2　产业结构

从产业结构来看，在这一时期，韩国的经济基本处于从小农经济向工业化转型的时代。韩国在朴正熙当政以后将着眼点放在经济建设上，大力发展冶金、化工、机械制造等重工业，推动农业机械化。

另外，在20世纪60年代末美国、欧洲等西方国家经过快速发展，开始着手产业结构调整，陆续将劳动密集型产业移往海外，集中资本发展技术密集型产业。在此背景下，韩国大力推进社会基础设施建设，并采取出口导向战略，通过经济手段刺激发展外贸出口。韩国开始向重化学工业侧重，钢铁、石化、有色金属等被国家列为重点发展的战略性产业。到1973年第一次石油危机前，韩国产业结构已经发生了较大变化。

2.4.1.3　能源结构

随着韩国经济发展战略的改变，韩国能源消费快速增长。从能源消费结构（见图2-39和图2-40）上看，这段时期韩国电力消费快速攀升，能源消耗量急剧加大，尤其是对石油的需求量高速增长。1965年，石油在韩国能源结构中的占比是约

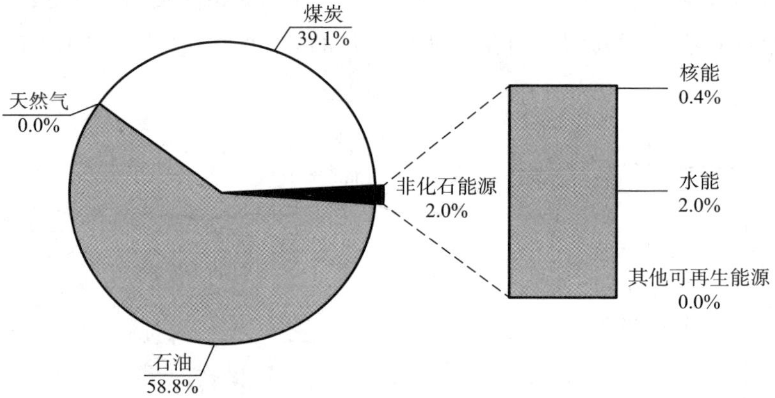

图 2-39　1970 年韩国能源消费结构

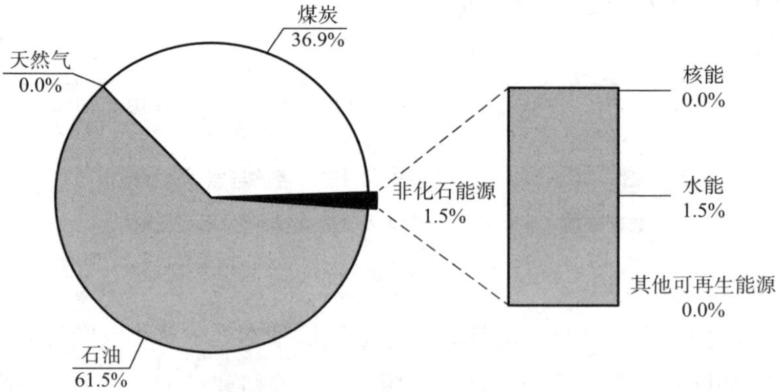

图 2-40　1973 年韩国能源消费结构

20%；到了1970年，这一百分比便已增长到约60%，远超煤炭需求量的增长，表明韩国正在进行快速的工业化。

从1970年韩国能源结构、碳排放源组成来看，从20世纪70年代开始，石油便成为韩国能源的命脉，煤炭的消费占比也有所上升，而非化石能源在能源消费中占比较少。此时，清洁能源水能还具备一定影响力，成为韩国大规模工业化之前的一种额外能源补充。1970年，水能在能源消费结构中占比为2.0%，随着石油、煤炭消费的增长，到1973年时，水能在能源消费结构中占比已下降为1.5%。但是从水能的消费量来看，水能的装机规模从1965年的0.007艾焦耳增长到1973年的0.013艾焦耳，增长了93%，接近翻倍。在此阶段水能仍是对全局能源消费的补充。

2.4.1.4　二氧化碳排放

随着韩国社会政治逐步稳定，20世纪70年代开始，韩国碳排放量进入快速上扬阶段。图2-41给出了韩国碳排放、单位GDP碳排放和人均碳排放的历史数据。从图中可以看出，进入20世纪70年代韩国碳排放总量、人均碳排放便逐年递增。1973年韩国碳排放量达到8047万吨，相比1972年上升了23%。1971年、1972年和1973碳排放三年平均增长率为9%（见图2-42）。人均碳排放也从1970年的1.95吨增长到1973年的2.36吨，三年增长了近21%。与碳排放总量、人均碳排放相反的是，韩国单位GDP碳排放开始进入下降趋势。

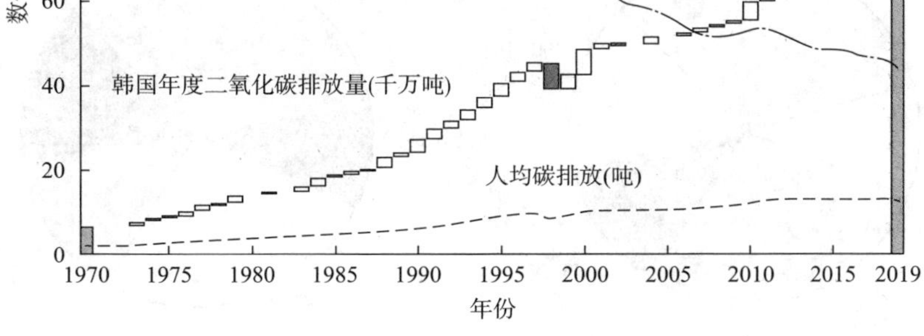

图2-41　1970—2019年韩国各项碳排放宏观指标

数据来源：世界银行、全球大气研究排放数据库、BP

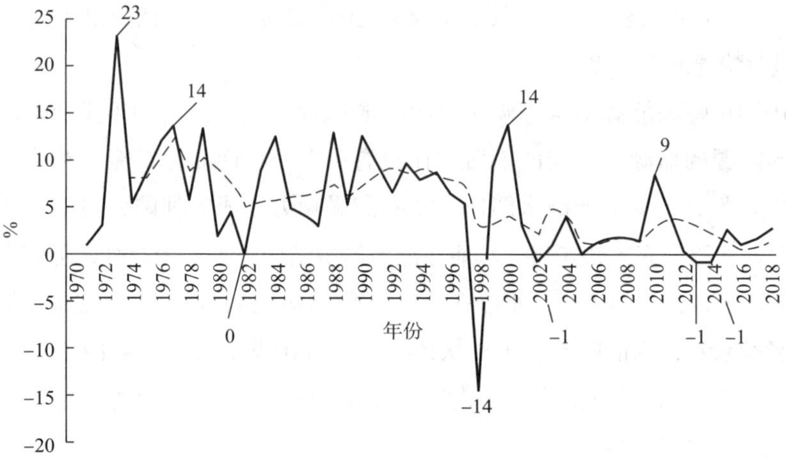

图 2-42　1970—2018 年韩国碳排放增长率情况

数据来源：全球大气研究排放数据库

1970年建筑是最大的排放源（见图2-43）。此时，建筑在韩国碳排放中所占的比例达到33.3%，远高于交通、电力等其他部门。这从另外一个角度说明，进入第二个“五年计划”，随着韩国城镇化的推进，人民对于建筑行业的需求拉动了建筑行业的碳排放增长。

与1970年相比，1973年电力和建筑导致的碳排放占比分别从12.6%、33.3%增长到14.2%、34.8%（见图2-44）。这一历史数据表明，自20世纪70年代开始韩国把钢铁、石化、有色金属等部门作为重点发展产业，持续推进城镇化，这就造成了电力和建筑碳排放的持续快速增长。

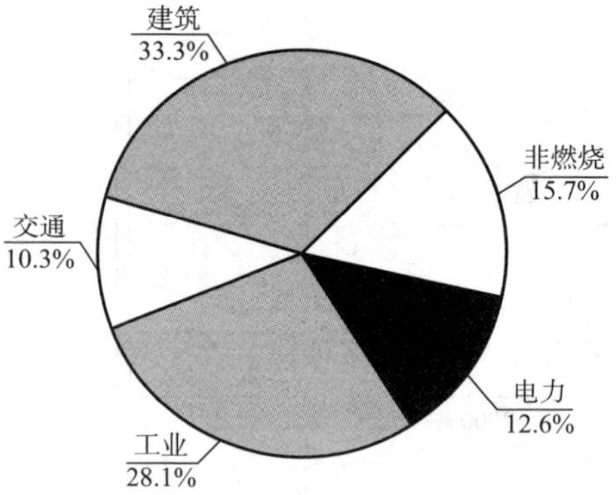

图 2-43　1970 年韩国碳排放来源组成

数据来源：全球大气研究排放数据库

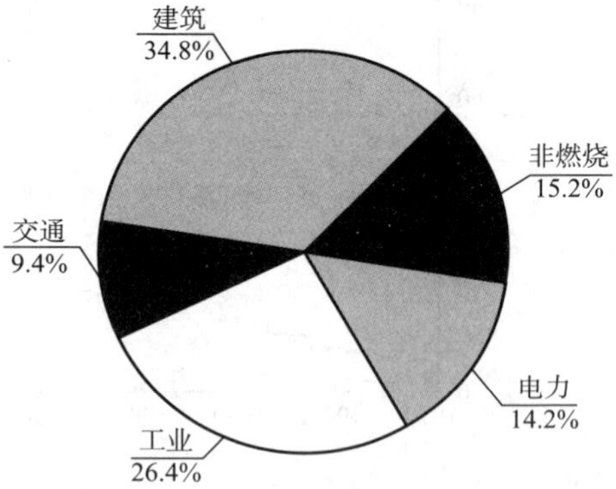

图 2-44　1973 年韩国碳排放来源组成

数据来源：全球大气研究排放数据库

2.4.2 成功应对经济危机，再造“汉江奇迹”，碳排放继续增长（1973—1997年）

从上一阶段发展情况来看，韩国的经济发展似乎一帆风顺，有外国提供的低息贷款，有坚决果断的经济发展计划，也有韩国人希望改变命运的强烈意愿，三者合一造就了韩国极高的GDP增长率和高速的工业化。然而事实上现代韩国的经济史也充满了坎坷，大致上经历了三次规模大、影响广的国际经济金融危机，分别是1973年的第一次石油危机，1978年的第二次石油危机，以及1997年的亚洲金融危机。在此期间韩国经济出现了反复，但没有打破快速增长的趋势，经济仍保持了较快增长，产业结构逐步实现了优化升级，碳排放基本保持稳步快速增长。

2.4.2.1　实体经济

在韩国经济刚刚开始腾飞的1973年，第四次中东战争爆发，石油输出国组织（OPEC）中的阿拉伯国家为了在经济上给予以色列重创，宣布提高油价，导致国际油价从3美元/桶突破至10美元/桶，造成了全球范围内巨大的经济危机，一度形成了工厂无法开工、加油站无油可加的局面。这一时期美国的GDP负增长14%，日本更是负增长20%，发达国家一片哀嚎。

幸运的是，韩国在这次危机中并没有受到严重的影响，依然保持了8.6%的GDP增长。一方面是由于韩国的经济结构还没有达到发达国家易受国际油价影响的程度，另一方面是因为韩国在中东地区有不少工程建设项目，不仅利用了当地廉价的石油资源，也创造了外汇收入，平衡了因高国际油价导致的赤字。

然而韩国经济在1978年第二次石油危机中遭遇了重创。1978年伊朗发生伊斯兰革命，巴列维王朝倒台，外国石油公司要么撤离，要么被伊朗收归国有；萨达姆眼见伊朗国内局势动荡，悍然发动战争侵略伊朗。在中东乱局的影响下，原油产量剧烈下跌为先前的约1/6，国际油价再次高企，从13美元/桶上升到34美元/桶。这一危机直接导致了西方国家在20世纪70年代末、80年代初的集体衰退。不幸的是，韩国这一次未能躲过石油危机的冲击。由于第一次石油危机对韩国的经济没有过多负面冲击，韩国政府忽视了作为能源进口国是极易因宏观环境调整而受到负面影响的，并没有准备任何的政策或预备措施来应对未来可能发生的能源危机。

同时，韩国在“五年计划”中继续积极发展冶金、化工等高耗能产业，到第二次石油危机时，经济结构已经与第一次石油危机时截然不同。最后，由于发达国家普遍陷入经济衰退，韩国作为出口导向型经济体的情况更是雪上加霜。1980

年韩国名义GDP负增长1.65%，而实际GDP由于长期的通货膨胀高企负增长6.2%，是开始“五年计划”之后的首次负增长。此时韩国经济出现衰退，1981年经常项目贸易赤字达44.8亿美元。

1985年签订“广场协议”后，日本出口受到限制，并且叠加石油及原材料价格下调等因素，韩国等国家取代日本出口急剧增加，韩国迎来了历史上最大的经济繁荣。但是，随着出口的繁荣，拉动了轻工业的发展，轻工业投资逐步增大，生产设备、产能过剩也越来越严重。就在韩国成功完成经济转型、靠着制造业实现经济稳增长的时候，一场破坏性远超石油危机的经济衰退很快波及了韩国。

由于日本在经济泡沫破裂后鼓励资本流向国外，尤其是东南亚新兴市场国家进行投资，在解决本国通货紧缩问题的同时却制造了东南亚国家的经济泡沫；同时，因为东南亚国家普遍采用固定汇率制度，将本国货币与美元的汇率锁定在某一数值，普遍的经济泡沫就造成了本国货币的实际价值被远远高估了；利用实际利率与现行固定利率间有套利空间这一漏洞，国际金融投机客通过日元汇率走弱和东南亚国家普遍对外国短期资本监管松懈的这两大条件，在国际汇率市场上频繁套利，使得本来习惯于高举外债发展经济的东南亚国家的外汇储备急速消耗一空。

东南亚金融危机就此爆发并波及韩国。与泰国、印尼等国家的企业所面临的情况类似，依赖外国资本投资和本国银行（这些商业银行实际上也是各个财阀自己开办的，属于子公司之间互相借贷和担保）无底线贷款的韩国财阀面对外汇储备告急的危机自然遭到了重创，直至年末，韩元累计贬值约44%，大量外资停止向韩国财团放贷；由于韩国的金融监管对于外国游资长期采取放任自流的态度，直接导致韩国存在大量进行短期投资的外资和国际热钱，它们在金融危机爆发时立刻逃走，换取了巨额的外汇，致使韩国外汇储备很快见底。

这场金融风暴迅速地斩断了韩国经济高速发展的势头，导致大量企业破产倒闭，尤其是杠杆率高、仍在扩张中的制造业企业，因为外汇不够还债而陷入全国性的财务危机。除了当时已经跻身世界100强的大宇集团破产清算外，还有国人耳熟能详的起亚汽车宣布破产。由于韩国自身脆弱的金融体系，企业的经营困境使银行出现大量呆账坏账和不良资产，再加上韩国的债务违约事件数量自进入20世纪90年代以来就已经出现持续激增并维持在高位的问题，因此经过金融危机的洗礼，破产、倒闭的金融机构也不计其数，更加剧了韩国资本市场的消极情绪。

为了挽救经济，韩国政府被迫向国际货币基金组织（IMF）求助，希望提供紧急贷款来偿还即将到期的债务。但所有的贷款都是有条件的，IMF要求韩国政府必须提高利率、关闭财阀控制的商业银行、调整金融监管政策等。这些要求时至今日也会被认为是侵犯了一国的金融主权，但面对国家陷入危难的非常时期，韩国只能接受非常办法来解决问题。

时任韩国总统金大中号召全国人民团结一致应对危机，并开诚布公地向全国展示了改革方案，誓言解决腐败和民生问题。这一真诚的行动使金大中得到了韩国人民的强烈支持，随即一场“献金爱国运动”席卷韩国，民众纷纷将自己的金饰和美元出售给政府以充实国家的外汇储备；虽然最终募集的金额并不能很快改变韩元在国际市场上的状况，但筹集的21亿美元也解了韩国的燃眉之急，更向世界展现了韩国上下共克时艰的爱国热情和奉献精神。

得益于韩国政府与国民的同舟共济，韩元的汇率以较快的速度稳定了下来。随着韩国持续深化对金融系统的改革，外国长期资本进入韩国，向困境中的财阀们提供了资金，并运用股东地位向财阀们施压，要求改革管理体制、与国际接轨。这在一定程度上也盘活了日渐僵化的韩国大财阀体制机制。1996年，韩国人均收入达到8356美元，凭借着高GDP增长率，韩国加入了经济合作与发展组织。

2.4.2.2 产业结构

出于第二次石油危机的巨大负面影响，韩国政府痛定思痛，积极改革“五年计划”中各产业部门的结构，学习日本和中国台湾的成功经验，致力于推动经济向技术导向型转型，通过限制贷款金额、提高利率、减少补贴等手段阻止化工等高耗能行业无序扩张，并将优惠政策转移至机械制造、半导体设计等产业，鼓励资本向高新技术行业倾斜。

正是在第二次石油危机的冲击后，韩国著名的两大财团三星和大宇完成了业务转型和产业升级。三星集团开始向韩国和世界市场推出自行研发的芯片，大宇集团也从化工企业摇身一变，成为拥有汽车、重型装备、通信设备等研发和制造能力的综合型制造业集团。随着一些改革措施的成功推行，韩国用20年时间逐渐实现了从高耗能产业向低能耗、高附加值产业转型。

第二次石油危机后韩国重新回到了高速发展的道路上，产业结构从生产低端外贸商品逐渐升级到生产较高附加值的机械设备、电子产品等。第三产业在韩国经济中的比重稳步上升。与1990年的46.5%相比，1997年韩国第三产业占比已经突破50%，达到了50.8%，增长了4.3个百分点（见图2-45）。1997年城镇化率也已经达到80%，此后便一直稳定在这一水平。

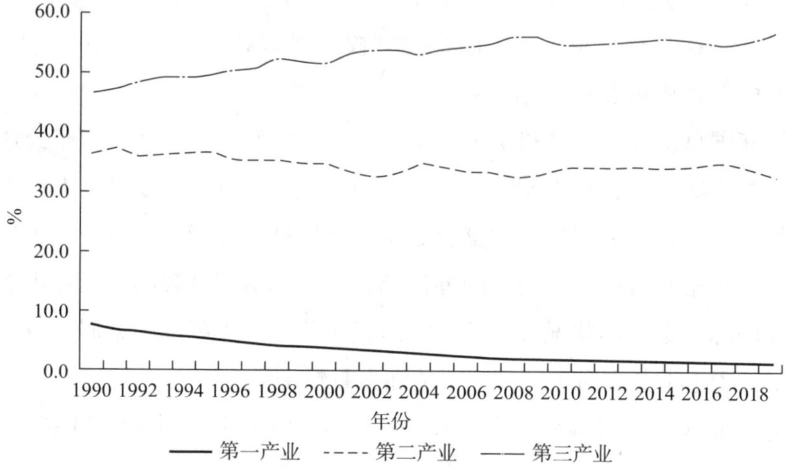

图 2-45　1990—2018 年韩国产业结构变化情况

数据来源：世界银行

2.4.2.3　能源结构

随着韩国快速工业化的推进，石油、煤炭在能源消费中的占比进一步提升。1973年开始，韩国政府大力推进化学工业的发展，韩国石化、纺织轻工业等石油相关产业不断发展壮大。到1978年第二次石油危机发生时，石油在能源中的消费占比已经从1973年的61.5%提升到了66.9%。石油占据了韩国能源消费总量的三分之二，因此第二次石油危机对韩国经济造成巨大冲击成为必然。另外，韩国的核能产业于1977年起步，第二年就已超过水能（见图2-46）。

韩国逐步降低石油在能源消费中的占比，天然气实现了从无到有的突破，核能成为重要的能源组成部分。第二次石油危机后，韩国政府开始推进天然气、核能等能源来达到能源结构调整的目的。从1977年推进核电建设，经过十余年的发展，到1989年时核能在能源消费中的比重已经达到14.0%，成为韩国人生产生活中不可或缺的环节之一。此时，天然气在能源消费中的比重也已经达到2.9%（见图2-47）。

到1997年能源消费结构中石油占比猛增，煤炭占比剧烈下降。天然气的占比稳步上升，且在清洁能源中首次出现了核能与水能之外的可再生能源（见图2-48）。石油占比的上升与“广岛协议”签订后，韩国替代日本大量出口石油相关制品。天然气城镇化基础设施的不断完善，消费量也逐步提升，成为化石能源消费中的有力补充。

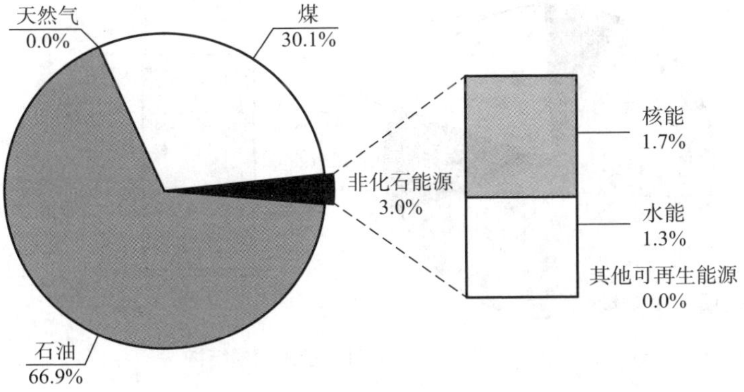

图 2-46 1978 年韩国能源消费结构

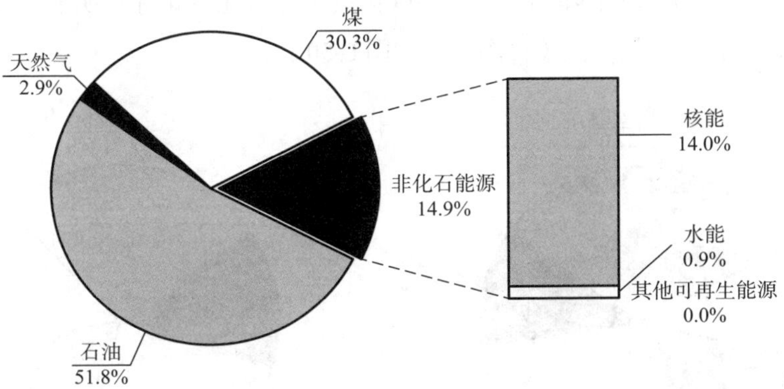

图 2-47 1989 年韩国能源消费结构

2.4.2.4 二氧化碳排放

经过20年的持续城镇化，韩国的城镇化率从1960年的27%快速增长到1978年的55%。1978年韩国碳排放达到1.23亿吨（见图2-41）。此时，碳排放结构中，建筑行业碳排放量占比降低至32.0%，降幅约为每年0.6个百分点；与此同时，随着工业部门的发展，电力则以每年约一个百分点的速度增长。

第二次石油危机后，1982年韩国迎来有记录以来第一次年均碳排放零增长。这主要是因为20世纪70年代以来韩国对重化学工业的过度投资，造成了产业结构的失衡，受轻工业出口不足、重工业生产能力过剩影响，项目贸易经常出现赤字，韩国经济出现衰退，碳排放也随之停止增长（见图2-41）。1982年后，碳排放又进入快速增长期，一直持续到1997年，在其他年份中超过或接近10%的增长也屡见不鲜，见图2-48。1989年韩国碳排放达到2.41亿吨（见图2-41和图2-42）。

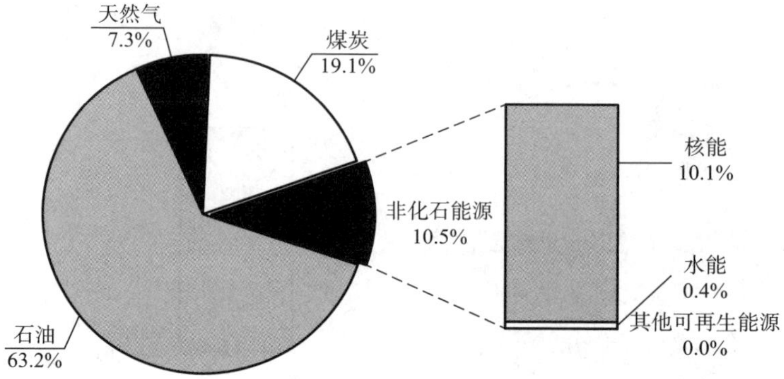

图 2-48　1997 年韩国能源消费结构

总体而言，从1978年至1989年，韩国交通、电力及非燃烧排放的占比增加了，其余三项均呈现下降趋势，但各碳排放来源占比变化并不明显，这与韩国快速增长的碳排放总量有关（见图2-49、图2-50）。

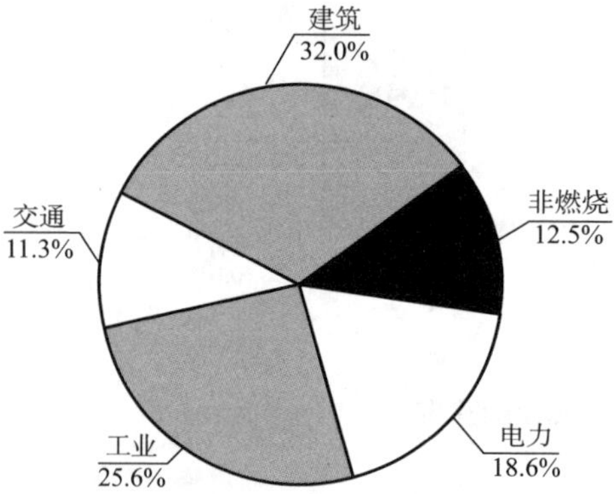

图 2-49　1978 年韩国碳排放来源组成

数据来源：全球大气研究排放数据库

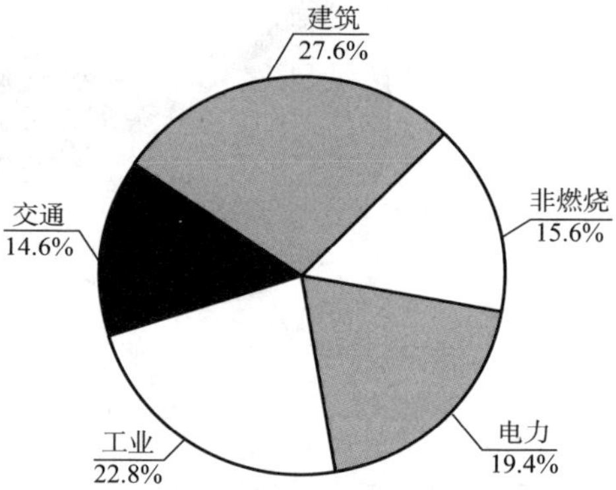

图 2-50　1989 年韩国碳排放来源组成

数据来源：全球大气研究排放数据库

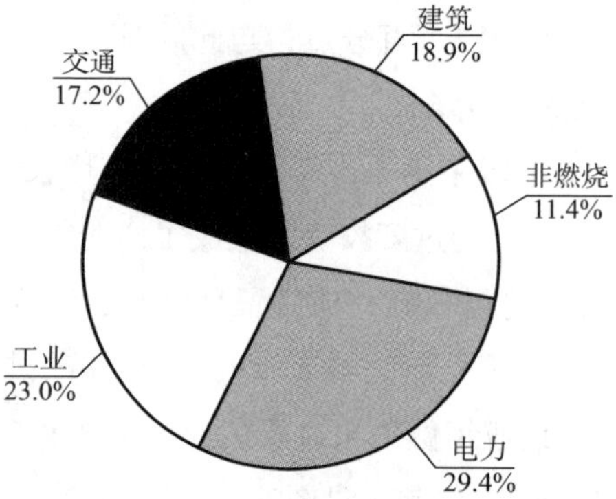

图 2-51　1997 年韩国碳排放来源组成

数据来源：全球大气研究排放数据库

图2-51给出了1997年韩国碳排放来源组成情况。相比1989年，电力由约占全部消费的1/5增加到了约1/3，而建筑产生的碳排放正好相反，从全部消费的约1/3降到了1/5以下，交通的碳排放量同样有年均约0.3个百分点的增长。这表明随着快速工业化、城镇化的推进电力需求呈现持续快速增长的态势，相比于工业化进程，城镇化增长速度有所放缓。

2.4.3 未来，韩国碳中和之路依然任重道远（1997年至今）

经过半个多世纪的发展，韩国于21世纪初跨过发达国家门槛，于2021年7月2日召开的联合国贸易和发展会议上被正式认定为发达国家。韩国碳排放于2018年实现达峰，展望未来，韩国2050年碳中和之路依然任重道远。

2.4.3.1 实体经济

亚洲金融危机中，韩国大量的传统制造业破产，过去靠传统制造业推动经济发展已经行不通。此时，信息产业则方兴未艾，在全球范围内有巨大的市场和发展空间。同时，随着全球文化艺术市场的融合发展，新兴市场国家中文娱产业发展迅猛，好莱坞、日本动漫快速进入这些国家的国民生活中。面对传统制造业不景气的困境，韩国政府在进一步深化实施经济改革政策，持续淘汰高耗能产业，并向文娱、高科技等产业发展。

"文化立国"战略推高韩国经济中第三产业占比。1998年，韩国制定了"文化立国"战略，并成立了政府机构指导、推行这一战略。随着实质性举措的推进，韩国在流行音乐、偶像剧、电影、特色餐饮等诸多文娱产业中得到了世界各国的广泛认可，成为继日本之后少数的几个可以向全球市场进行文娱产业输出的亚洲国家，这有力地推高了韩国经济中第三产业的占比。

"科技立国"战略使得韩国电子产业竞争力不断增强。2002年韩国中高端技术产业在制造业产值中占比突破60%，在此基础上，2003年，韩国确立了科技立国的发展战略，大力扶持三星、LG等技术导向型企业发展。加之韩国电子产品品质良好、性价比高，韩国电子制品迅速抢占了大量全球市场份额。韩国电子产业不断适应市场需求，开展技术革新，至今在竞争日益激烈的国际市场上始终保持领先地位。得益于对核心技术的掌握和第三产业受金融危机影响较小，2008年全球金融危机中韩国受影响较小，表现出了不凡的韧性，虽然GDP增长率明显下降，但未出现负增长，经济到2011年又恢复了较快增长。

2.4.3.2 产业结构

进入21世纪后，韩国对传统制造业、新技术产业和服务业采取差异化的发展战略。传统制造业方面，精选扶持核心制造业，将相对过剩或落后的产业转移到周边国家；新技术产业方面，通过政策等激励不断提升其在整个产业中的比重；服务业方面，不断优化市场配置，促进知识型服务业发展。

经过优化调整，韩国产品进出口结构发生明显变化。20世纪90年代韩国加工贸易特征明显，重化学工业品、电子信息产品等存在大进大出现象。随着“科技立国”战略的推进，21世纪初韩国逐步成长为世界第三大半导体生产国，电子信息产业成为主导产业。从2000年韩国出口结构来看，重化学工业品仍占据最大份额，占比为80.8%，但细分来看，电子电器类产品达40.0%，其中，电子电器中工业用电子品、电子附品分别为14.0%和20.1%。从2000年进口结构来看，重化学工业品也占据最大份额，占比为67.8%，细分来看，电子电器类产品达28%，其中，电子电器中工业用电子品、电子附品分别为8.3%和16.6%。随后，为进一步优化产业结构，韩国政府在2001年后5年内累计投入10兆韩元，用于信息、生物、纳米、环境和文化产业的研发，到2010年韩国产业结构优化改善效果显著。

2.4.3.3 能源结构

化石能源长期占据能源消费的主体地位，韩国能源转型之路任重道远。韩国是一个自然资源贫瘠的国家，其本土所拥有的煤炭油气资源难以支撑其完成工业化。进入冷战时期后，韩国便成为能源净进口国，对外能源依存度一度高达90%。由于国家能源安全保障程度较低，并且第二次石油危机冲击巨大，此后韩国政府一直谋求摆脱对进口煤炭和石油的依赖，希望在清洁能源上寻找突破，但至今，其清洁能源占比与世界先进水平仍有较大差距。

为保障能源安全，韩国持续提升能源消费中非化石能源占比。1995年后，随着产业转型和技术进步，石油在能源消费结构中的占比逐渐下降，天然气消费量持续增长。近年来韩国逐渐发力新能源，但效果仍不明显（见图2-52）。

非化石能源利用中，核能发挥了举足轻重的作用。在美国的支持下，韩国在核电领域起步较早，1977年便拥有了第一座核电站，到1984年，核电在能源中占比突破了5%，两年后达到了10%。核电的快速发展让韩国成为全球核反应堆密度最高的国家，同时是第三个可以自行研发、生产第三代核电的国家，核电市场成为韩国一项重要的产业。但是，由于安全性保障及政府监管不足，韩国核电多次被爆质量安全问题，甚至一度引发国际纠纷。出于一连串的核电企业经济犯罪丑闻和核电站技术安全问题，时任韩国总统文在寅宣布停止建造一切核电站，并不再延长现有核电站的使用寿命。核电在能源结构中的占比从15%的高点逐渐降低到2017年的10%左右。

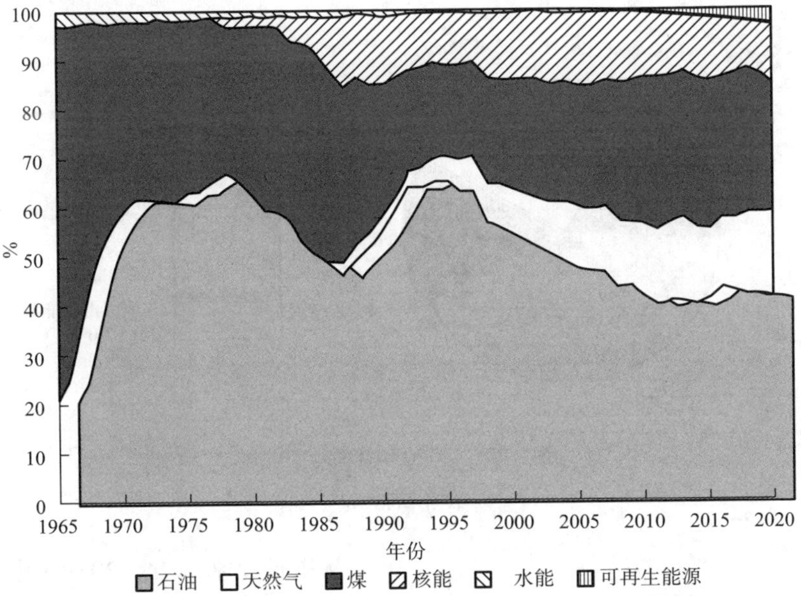

图 2-52 1965 年以来韩国的能源消费结构

数据来源：BP

与核电相比，韩国新能源发展较为滞后。鉴于核电在韩国的能源结构中占比较大，非核非水可再生能源政策支持力度相对较少，这也体现在了韩国对待国际限制碳排放的协议的态度上。《京都协定书》中，韩国并不是缔约国，也一直未声明加入该协议的计划。2009年，韩国参与了哥本哈根世界气候大会并成为《哥本哈根协定》的缔约国，但韩国始终未就减排、新能源等问题做出任何实质性的承诺。直到哥本哈根世界气候大会结束的四年后的2013年，韩国才提出了缺乏实现路径的减排目标，提出通过减少化石燃料消耗、发展新能源的方式，计划到2020年减排30%。最终，韩国没能实现所做的承诺，现今，非核非水可再生能源仅占全国能源消耗量的3%左右，煤炭在能源中再次回到了30%左右的比例，化石燃料能源占比仍高居八成以上（见图2-53）。

2.4.3.4　二氧化碳排放

进入21世纪后，韩国碳排放增长持续放缓。与快速工业化时期持续10%以上的年均增长率相比，进入新世纪后，韩国碳排放增长率放缓至5%左右，这一数值在2005年后降至了约3%，仅为快速工业化、电气化时期的1/3左右。这表明韩国的经济结构发生了显著的变化，从能源集中、能源依赖的模式转变为了技术集中、资本集中的新模式，经济增长与碳排放增长持续脱钩发展。

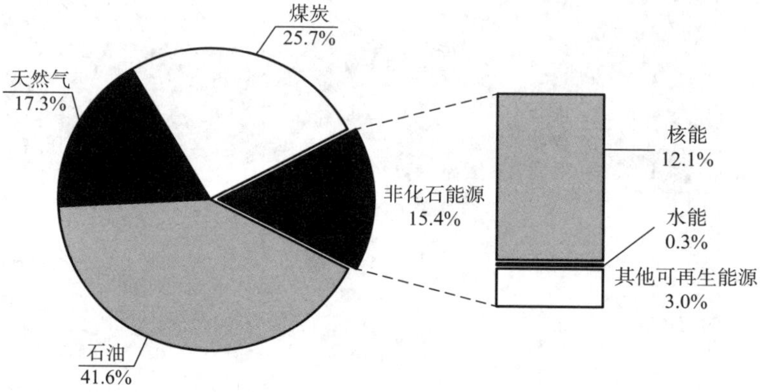

图 2-53　2020 年韩国能源结构

数据来源：BP

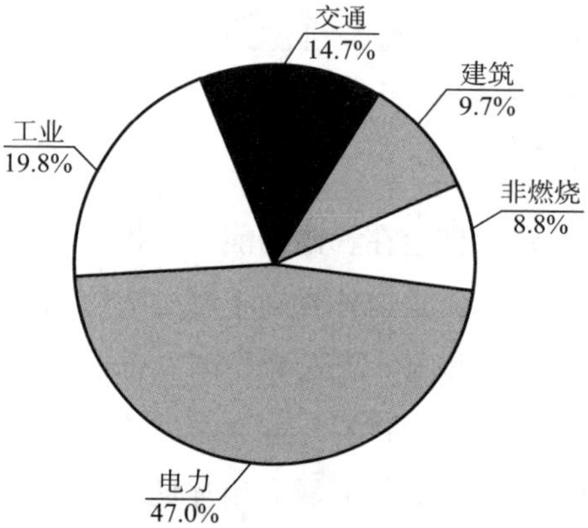

图 2-54　2019 年韩国碳排放来源

数据来源：全球大气研究排放数据库

从碳排放来源看，2019年电力行业排放从1997年的29.4%提升至47.0%，建筑行业碳排放占比降至10%以下，工业部分和交通部分的碳排放分别达到19.8%和14.7%。电力行业成为韩国碳排放的最大组成部分（见图2-54）。

总体来看，韩国的经济结构、能源结构和生活方式注定了韩国的碳中和之路任重道远。从经济结构的角度看，韩国依然是工业大国，部分工业部门与企业对能量密度高的传统能源有技术和工艺上的依赖，短时间内也不能切换至新能源。从能源结构的角度看，韩国非化石能源仅占15%，占比相对较小，并且文在寅时期持续推进放弃核电的政策，能源转型推动实现2050年碳中和目标压力较大。从生活传统上看，韩国有冬季供暖需求，仍需直接燃烧化石燃料取暖。综合来看，韩国实现碳中和目标道远且复杂。

2.5 碳达峰前后各国经济社会特征分析

表2-3对比分析了上述典型发达国家碳达峰前后经济、三产比例、能源结构、碳排放来源组成的情况，通过以上综述以及下方数据对比，总结出了碳达峰后各国经济社会的几点特征。

表 2-3 美国、日本、韩国碳达峰前后主要经济发展特征

国家	达峰年份	总碳排放量/亿吨	经济平均增速/%		人均GDP/万美元	城镇化率/%	三产比例/%
			达峰前五年	达峰后五年			
美国	2005	59.5	5.5	2.4	4.7	79.9	1.1：21.2：74.0
日本	2013	13.1	-1.0	0.7	3.8	91.2	1.1：21.2：74.0
韩国	2018	6.7	3.0	0.6*	3.2	81.5	1.8：34.1：55.4

注：*2018年经济增长率。

数据来源：世界银行、全球大气研究排放数据库、BP

一是碳达峰后典型发达国家经济增速趋于回落，基本实现了经济发展与碳排放增长的脱钩。碳达峰前五年，美国的经济平均增速为5.5%，达峰后五年降至2.4%的水平，经济增速明显放缓，人均GDP达到4.7万美元；对于韩国而言，达峰前五年经济平均增速达到3.0%，而达峰当年也降至0.6%，经济增长放缓明显，碳达峰时人均GDP为3.2万美元。与美国、韩国不同，日本在碳达峰之后经济增速轻微上升，这可能是由于2008年经济危机后日本经济长期低迷，2013年日本推行“安倍经济学”刺激经济，经济有所缓慢回升，碳达峰时人均GDP为3.8万美元。从以上结果可以看出，随着经济的持续发展，碳排放增速逐步放缓并达峰，另外，经济发展到一定程度后，人均GDP达到2万~4万美元时，国家大多会采取更加严格的气候政策，碳排放逐步或快速进入下行通道，经济增长放缓的同时与碳排放脱钩。

二是碳达峰前城镇化率进程逐步放缓，碳达峰时城镇化率普遍超75%。美国、日本和韩国碳达峰时城镇化率均超过75%，日本更是达到了91.2%，并且，在碳达峰前五年，上述国家的城镇化率增长明显放缓，达峰前五年城镇化率与达峰年城镇化率比，增长均小于1.5个百分点。在经济社会发展过程中，城镇化与工业化相伴相生，随着城镇化、工业化进程的推进，城市人口规模逐步扩张，大规模基础设施建设结束，城镇化后居民消费模式逐步改变，国家迈入后工业化时期，碳排放随传统工业的转型升级、比重降低而稳步下降。

三是从产业结构看，碳达峰时三产比例明显上升并超过第二产业占比。美国、日本碳达峰时第三产业占比均为74.0%，高于韩国的55.4%。一方面，这些国家均已经进入后工业化阶段，主导产业从制造业切换至生产性服务业，产业结构调整基本完成，工业占比的降低直接促进了碳排放的下降；另一方面，随着国内传统产业的转移，服务业规模逐步增长，贸易隐含碳规模也不断增长，即进出口结构中，逐步降低高碳排放行业出口，扩大服务行业进出口比重，用以提升净进口隐含碳占国内碳排放需求比重，通过贸易形式将部分碳排放转移到国外欠发达地区。总之，上述典型国家通过提升第三产业占比、推动高碳排放产业转移等方式实现了碳达峰并持续推动碳排放下降。

四是碳达峰前高碳能源已达或已过峰值，低碳清洁的可再生能源比例逐步提升。从能源消费结构看，碳达峰时，上述典型国家或地区能源消费结构中石油占比在40%左右，天然气占比为15%~25%，煤炭占比在23%~30%，化石能源占能源消费比重为12%~17%（见表2-4）。其中，日本化石能源占比偏高，非化石能源占比偏低的原因主要是福岛核电站泄漏事故之后，日本大规模停运核电机组造成的。从以上结果可以看出，化石能源仍然是能源消费的主体，但峰值已过，可再生能源比例逐步增加。与能源消费结构相对应，碳排放源中能源燃烧类占比超过90%，不同国家由于能源结构、资源条件的差异，碳排放结构、碳达峰的进程上也存在一定的差异。

表2-4　美国、欧盟、日本、韩国碳达峰能源消费结构和碳排放来源组成的情况

国家	达峰年	能源品种消费占比/%				碳排放源占比/%				
						燃烧				非燃烧
		石油	天然气	煤炭	非化石	电力	建筑	交通	其他工业燃烧	
美国	2005	41.9	22.2	23.7	12.2	42.4	10.5	30.4	12.5	4.2
欧盟	1988	39.6	15.4	28.6	16.4	32.4	20.5	15.7	22.6	8.8
日本	2013	45.4	22.5	25.7	6.4	46.1	9.7	16.4	21.4	6.4
韩国	2018	42.0	16.7	29.2	12.1	47.7	9.6	14.4	19.8	8.5

数据来源：全球大气研究排放数据库、BP

第三章

碳达峰碳中和下的政策梳理

PART 3

《京都议定书》签订后，气候变化成为世界范围内的重要议题，减少温室气体的排放以应对气候变暖逐步成为世界范围内的共识，各大经济体均提出碳减排、碳中和目标，如美国、日本和欧盟提出2050年达到碳中和。中国作出承诺，力争2030年前达到二氧化碳排放峰值，并努力争取2060年前实现碳中和。这一目标提出后，各相关部委、行业协会、地区相继出台碳达峰碳中和政策，相关工作快速推进，政策引导能够为“双碳”目标的实现制定清晰的实现路径。

目前碳中和相关政策主要包括减少碳排放、提高碳消除两个方面。减少碳排放方面，从供给侧来看，一是构建清洁低碳安全高效的能源体系，二是实施重点行业领域内节能减污降碳行动；从需求侧来看，则是要推广绿色交通，倡导绿色出行，推动绿色金融产业发展，并推行碳排放权交易等配套机制。提高碳消除方面，则是要加强二氧化碳捕集（利用）与封存技术开发与提高生态和地质碳汇能力。

3.1 “双碳”目标下的宏观政策

目前我国已建立起碳达峰碳中和政策体系，并逐步实现政策体系的完善。2021年3月以来，碳达峰碳中和“1+N”政策体系被官方反复提及，国家发展改革委在2021年8月的新闻发布会上提到，抓紧制定完善碳达峰碳中和“1+N”政策体系。10月12日，在《生物多样性公约》第十五次缔约方大会领导人峰会上，国家主席习近平发表主旨讲话指出，中国将构建起碳达峰碳中和“1+N”政策体系。这个“1”就是要出台一个实现碳达峰目标与碳中和愿景的指导性文件，“N”就是根据不同的领域，出台一系列指导性的政策和方案。

2021年10月24日，中共中央、国务院正式发布《关于完整准确全面贯彻新发展理念做好碳达峰碳中和工作的意见》（以下简称《意见》），对碳达峰碳中和工作作出了系统谋划，明确了总体要求、主要目标和重大举措，是指导做好碳达峰碳中和这项重大工作的纲领性文件。各相关部委、行业协会、地方政府相继出台政策，本节对相关文件整理总结如下。

3.1.1 构建“双碳”“1+N”政策体系，扎实有序推进碳达峰碳中和工作

“十四五”规划提出单位国内生产总值二氧化碳排放降低18%的目标，落实2030年应对气候变化国家自主贡献目标，锚定努力争取2060年前实现碳中和。2020年12月，中央经济工作会议确定将做好“双碳”工作列为2021年八项重点任务之一。2021年10月26日，国务院发布《2030年前碳达峰行动方案》，提出将碳达峰贯穿于经济社会发展全过程和各方面，重点实施“碳达峰十大行动”，具体如下：

一是能源绿色低碳转型行动。推进煤炭消费替代和转型升级，大力发展新能源，因地制宜开发水电，积极安全有序发展核电，合理调控油气消费，加快建设新型电力系统。

二是节能降碳增效行动。全面提升节能管理能力，实施节能降碳重点工程，推进重点用能设备节能增效，加强新型基础设施节能降碳。

三是工业领域碳达峰行动。推动工业领域绿色低碳发展，实现钢铁、有色金属、建材、石化化工等行业碳达峰，坚决遏制高耗能高排放项目盲目发展。

四是城乡建设碳达峰行动。推进城乡建设绿色低碳转型，加快提升建筑能效水平，加快优化建筑用能结构，推进农村建设和用能低碳转型。

五是交通运输绿色低碳行动。推动运输工具装备低碳转型，构建绿色高效交通运输体系，加快绿色交通基础设施建设。

六是循环经济助力降碳行动。推进产业园区循环化发展，加强大宗固废综合利用，健全资源循环利用体系，大力推进生活垃圾减量化资源化。

七是绿色低碳科技创新行动。完善创新体制机制，加强创新能力建设和人才培养，强化应用基础研究，加快先进适用技术研发和推广应用。

八是碳汇能力巩固提升行动。巩固生态系统固碳作用，提升生态系统碳汇能力，加强生态系统碳汇基础支撑，推进农业农村减排固碳。

九是绿色低碳全民行动。加强生态文明宣传教育，推广绿色低碳生活方式，引导企业履行社会责任，强化领导干部培训。

十是各地区梯次有序碳达峰行动。科学合理确定有序达峰目标，因地制宜推

进绿色低碳发展，上下联动制定地方达峰方案，组织开展碳达峰试点建设。

3.1.2 构建“双碳”“1+N”政策体系，瞄准聚焦重点工作

截至目前，国家发展改革委、科学技术部、生态环境部等部委均已就未来减排工作作出了安排，其中国家发展改革委在2021年年初提出的六大发力领域或可视为统领性安排，为碳达峰碳中和工作做了总体布局，具体包括调整能源结构、产业结构转型、提升能源利用效率、低碳技术研发推广、健全低碳发展体制机制、生态碳汇六大领域。总体上看，减排压力最大的能源和工业领域是政策主体和关注的重点，提高清洁能源占比、推动高耗能行业供给侧结构性改革、发展绿色交通、完善财税支撑成为了政策主要聚焦的重点工作方向。

3.1.2.1 推动能源清洁升级和节能减排

我国是一个“富煤贫油少气”的国家，能源消费结构以煤炭为主，其中煤炭又是碳排放的最主要贡献来源之一。所以降低煤炭在能源消费结构中的比重，提高清洁能源的比例对于实现碳达峰碳中和具有重要意义。在政策上，针对新能源发展，国家能源局通过储能标准化工作方案引领储能技术与产业发展，并鼓励风电、光伏等清洁能源健康发展，提出了清洁能源开发建设的具体安排。部分省份也就减少煤炭消费和新能源发展制定了相关政策与目标。表3-1列出了部分节能减排相关政策，这些政策为节能减排指明路径，为各行业、各地区进一步出台节能减排政策奠定了坚实基础。

表3-1 节能减排相关政策（部分）

部门	时间	政策	内容
国家发展改革委	2019.11	《产业结构调整指导目录（2019年本）》	目录分为鼓励类（增加60项）、限制类（减少8项）和淘汰类（增加17项）；以供给侧结构性改革为主线，以构建现代产业体系为目标，以制造业高质量发展为重点
国家发展改革委等七部门	2019.3	《绿色产业指导目录（2019年版）》	将有限的政策和资金引导到对推动绿色发展最重要、最关键、最紧迫的产业，包括节能环保、清洁生产、清洁能源、生态环境产业、基础设施绿色升级和绿色服务等六大类
国家发展改革委、司法部	2020.3	《关于加快建立绿色生产和消费法规政策体系的意见》	到2025年，绿色生产和消费相关的法规、标准、政策进一步健全，激励约束到位的制度框架基本建立，绿色生产和消费方式在重点领域、重点行业、重点环节全面推行，我国绿色发展水平实现总体提升

续表

部门	时间	政策	内容
国家发展改革委等六部门	2020.5	《关于营造更好发展环境支持民营节能环保企业健康发展的实施意见》	围绕营造公平开放的市场环境、完善稳定普惠的产业支持政策、推动提升企业经营水平、畅通信息沟通反馈机制等四个方面，提出了十二条支持民营节能环保企业健康发展的政策措施
科学技术部	2021.2	《国家高新区绿色发展专项行动实施方案》	在国家高新区率先实现联合国2030年可持续发展议程、工业废水近零排放、碳达峰、园区绿色发展治理能力现代化等目标，部分高新区率先实现碳中和
生态环境部	2021.3	《企业温室气体排放报告核查指南（试行）》	确定了省级重点排放单位温室气体检查的原则、工作方式和要点
生态环境部	2021.3	《关于加强企业温室气体排放报告管理相关工作的通知》	明确了温室气体排放报告的规范；具体行业、企业的排放配额
国务院	2022.1	《"十四五"节能减排综合工作方案》	到2025年，全国单位国内生产总值能源消耗比2020年下降13.5%、非化石能源占能源消费总量比重达到20%左右
国家发展改革委、国家能源局	2022.1	《"十四五"现代能源体系规划》	到2025年，国内能源年综合生产能力达到46亿吨标准煤以上；单位GDP二氧化碳排放五年累计下降18%；节能降耗成效显著，单位GDP能耗五年累计下降13.5%
国家发展改革委等九部门	2022.6	《"十四五"可再生能源发展规划》	到2025年，可再生能源消费总量达到10亿吨标准煤左右，"十四五"期间可再生能源消费增量在一次能源消费增量中的占比超过50%；可再生能源年发电量达到3.3万亿千瓦时左右，"十四五"期间发电量增量在全社会用电量增量中的占比超过50%，风电和太阳能发电量实现翻倍
国家能源局	2022.10	《能源碳达峰碳中和标准化提升行动计划》	到2025年，初步建立起较为完善、可有力支撑和引领能源绿色低碳转型的能源标准体系，能源标准从数量规模型向质量效益型转变，标准组织体系进一步完善，能源标准与技术创新和产业发展良好互动，有效推动能源绿色低碳转型、节能降碳、技术创新、产业链碳减排

3.1.2.2　高耗能行业的供给侧改革

高耗能行业的产业结构调整是碳中和的重要实现方式之一。针对高耗能行业的碳达峰碳中和实现，相关部委和行业协会发布了许多政策以控制高耗能产业的规模和二氧化碳排放限制。2021年2月，中国钢铁工业协会发布《推进钢铁行业低碳行动倡议书》，强调中国是世界最大的钢铁生产国和消费国，将面临从碳排放强度的"相对约束"到碳排放总量的"绝对约束"。2021年1月工业和信息化部更新了《铝行业规范条件》等有色金属行业规范，加快铝工业的结构调整，抑制铝炼产能的无序扩张。建筑行业方面，城乡建设领域是碳排放的大户，而且随着城镇化过程的推进和人民生活不断改善，碳排放占比将持续保持上升趋势。住房和城乡建设部提出，到2022年城镇新建建筑中绿色建筑面积占比达到70%的目标，下一步，将把继续推动高水平绿色建筑发展，作为实现城乡建设领域碳达峰的重要举措。表3-2列出了部分促进高耗能产业转型升级的相关政策。

表 3-2　促进高耗能产业转型升级的相关政策（部分）

部门/地区	时间	政策	内容
中国钢铁工业协会	2021.2	《钢铁担当，开启低碳新征程——推进钢铁行业低碳行动倡议书》	通过积极参与碳达峰，实现行业转型升级、高质量发展
生态环境部等三部门	2021.4	《钢铁行业碳达峰及降碳行动方案（审批中）》	2025年前，钢铁行业实现碳排放达峰；2030年，钢铁行业碳排放量较峰值降低30%，预计将实现碳减排量4.2亿吨
工业和信息化部	2021.4	新版《钢铁行业产能置换实施办法》	为巩固钢铁行业化解过剩产能工作成效，推动行业高质量发展，修订后的产能实施办法将大幅提高置换比例，扩大敏感区域，并进一步对特定区域改扩建范围加大限制
国家发展改革委、国家能源局	2021.10	《全国煤电机组改造升级实施方案》	到2025年，全国火电平均供电煤耗降至300克标准煤/千瓦时以下
工业和信息化部等三部门	2022.2	《关于促进钢铁工业高质量发展的指导意见》	到2025年，80%以上钢铁产能完成超低排放改造，吨钢综合能耗降低2%以上，水资源消耗强度降低10%以上，确保2030年前碳达峰
国家发展改革委等四部门	2022.2	《高耗能行业重点领域节能降碳改造升级实施指南（2022年版）》	涉及炼油、乙烯、对二甲苯、现代煤化工、合成氨、电石、烧碱、纯碱、磷铵、黄磷、水泥、平板玻璃、建筑与卫生陶瓷、钢铁、焦化、铁合金、有色金属冶炼等17个行业
工业和信息化部等六部门	2022.4	《关于“十四五”推动石化化工行业高质量发展的指导意见》	到2025年，石化化工行业要基本形成自主创新能力强、结构布局合理、绿色安全低碳的高质量发展格局，高端产品保障能力大幅提高，核心竞争能力明显增强，高水平自立自强迈出坚实步伐

3.1.2.3　推广新能源汽车，助力绿色交通

交通运输是社会发展的血脉，根据国际能源署数据，2018年中国交通运输碳排放占社会总碳排放比重达9.7%，较1990年提升5个百分点。随着人均GDP增

长，预测未来2060年交通运输周转量会翻倍，交通运输碳排放压力较大。2020年7月，交通运输部会同国家发展改革委制定了《绿色出行创建行动方案》，明确到2022年，力争60%以上的创建城市绿色出行比例达到70%以上，绿色出行服务满意率不低于80%。2020年11月，国务院办公厅发布《新能源汽车产业发展规划（2021—2035年）》，提出到2025年，纯电动乘用车新车平均电耗降至12.0千瓦时/百公里，新能源汽车新车销售量达到汽车新车销售总量的20%左右，高度自动驾驶汽车实现限定区域和特定场景商业化应用。到2035年，纯电动汽车成为新销售车辆的主流，公共领域用车全面电动化，燃料电池汽车实现商业化应用，高度自动驾驶汽车实现规模化应用，有效促进节能减排水平和社会运行效率的提升。新能源汽车替代传统燃油车能够有效降低交通运输行业碳排放量，政策上主要从供给与需求两侧共同驱动新能源汽车推广。供给侧实施双积分政策，促使车企布局新能源汽车，完成积分要求，从而推动新能源汽车市场的快速发展；消费侧，财政部等通过税收政策引导消费者购买新能源车。

在各部委政策引导下，各地区相继推出新能源汽车发展规划。各地发展规划设定了新能源汽车保有量目标，同时加大充电桩、加氢站建设的政策力度，优化新能源汽车的基础配套设施。表3–3列出了部分推广新能源汽车相关政策。

表3–3　推广新能源汽车相关政策（部分）

部门/地区	时间	政策	内容
国务院办公厅	2020.11	《新能源汽车产业发展规划（2021—2035年）》	到2025年，纯电动乘用车新车平均电耗降至12.0千瓦时/百公里，新能源汽车新车销售量达到汽车新车销售总量的20%左右。到2035年，纯电动汽车成为新销售车辆的主流，公共领域用车全面电动化，燃料电池汽车实现商业化应用，高度自动驾驶汽车实现规模化应用，有效促进节能减排水平和社会运行效率的提升
市场监督管理总局	2021.2	《乘用车燃料消耗量限值》	旨在降低汽车碳排放，促进汽车行业健康有序、绿色发展
工业和信息化部等三部门	2021.2	《国家车联网产业标准体系建设指南（智能交通相关）》	到2025年，制修订智能管理和服务、车路协同等领域智能交通关键标准20项以上，系统形成能够支撑车联网应用、满足交通运输管理和服务需求的标准体系
国家发展改革委等十部门	2022.1	《关于进一步提升电动汽车充电基础设施服务保障能力的实施意见》	到"十四五"末，我国电动汽车充电保障能力进一步提升，形成适度超前、布局均衡、智能高效的充电基础设施体系，能够满足超过2000万辆电动汽车充电需求

续表

部门/地区	时间	政策	内容
国务院办公厅	2022.4	《关于进一步释放消费潜力促进消费持续恢复的意见》	提出大力发展绿色消费。倡导绿色出行，提高城市公共汽电车、轨道交通出行占比，推动公共服务车辆电动化。支持新能源汽车加快发展

3.1.2.4 不断完善绿色金融与碳排放交易等配套机制

伴随《京都议定书》正式生效，碳排放权的商品属性正式确立。目前，欧盟、美国、新西兰、韩国等都建立了国家或地区性的碳排放权交易市场，中国也从2011年开始在北京、上海、广东、湖北等7个省市开展了碳排放权交易试点。2016年，在首批7个试点后，福建也启动建设本省碳排放权交易试点工作。2020年12月，生态环境部正式发布《碳排放权交易管理办法（试行）》，对全国碳排放权交易及相关活动进行了规范，对全国碳交易市场建设进行了进一步指导。2021年7月16日，全国碳排放交易市场正式开始交易，首批被纳入管理的是两千多家发电行业重点排放单位，覆盖碳排放总量超过40亿吨/年。

同时，碳排放交易的地域限制被打破，碳交易的统一性、流动性和灵活性增强。全国性碳交易市场由上海环交所负责交易系统建设，湖北武汉负责登记结算系统建设。交易标的目前主要由碳排放配额（CEA）和国家核证自愿减排量（CCER）组成。配额市场主要针对高排放企业，国家根据其碳排放情况向其分配碳排放配额，盈余的碳排放配额可以作为商品在高排放企业间流通，实现碳排放的合理分配，激励高排放企业减排。

在全国碳排放交易市场推进并最终落地的过程中，多地地方政府也出台了相应促进碳排放交易的政策。如2020年6月天津出台《天津市碳排放权交易管理暂行办法》，从碳排放配额管理、碳排放的检测、报告与核查、碳排放权交易、监管与激励等方向对碳排放市场制定了较为详细的政策规定，上海、天津、湖北、重庆等地均在2021年政府工作报告中提及加快碳排放交易。主要碳排放交易政策如表3-4所示。

表 3-4 主要碳排放交易政策

部门/地区	时间	政策	内容
生态环境部	2020.12	《碳排放权交易管理办法（试行）》	在应对气候变化和促进绿色低碳发展中充分发挥市场机制作用，进一步加强对温室气体排放的控制和管理，推动温室气体减排，规范全国碳排放权交易及相关活动

部门/地区	时间	政策	内容
生态环境部	2021.5	《碳排放权登记管理规则（试行）》《碳排放权交易管理规则（试行）》和《碳排放权结算管理规则（试行）》	一是全国碳排放权注册登记机构成立前，由湖北碳排放权交易中心有限公司承担全国碳排放权注册登记系统账户开立和运行维护等具体工作。二是全国碳排放权交易机构成立前，由上海环境能源交易所股份有限公司承担全国碳排放权交易系统账户开立和运行维护等具体工作。三是《碳排放权登记管理规则（试行）》《碳排放权交易管理规则（试行）》和《碳排放权结算管理规则（试行）》自本公告发布之日起施行
上海环境交易所	2021.6	《关于全国碳排放权交易相关事项的公告》	碳排放配额（CEA）交易应当通过交易系统进行，可以采取协议转让、单向竞价或者其他符合规定的方式，协议转让包括挂牌协议交易和大宗协议交易等
生态环境部	2021.10	《关于做好全国碳排放权交易市场数据质量监督管理相关工作的通知》	切实提高对做好全国碳市场数据质量监督管理工作重要性的认识；迅速开展数据质量自查工作；配合做好发电行业控排企业温室气体排放报告专项监督执法；建立碳市场排放数据质量管理长效机制
生态环境部	2022.3	《关于做好2022年企业温室气体排放报告管理相关重点工作的通知》	与上一年相比，控排企业纳入门槛没有发生变化。制定了发电行业和其他行业重点排放单位的重点任务。数据质量将是全国碳市场第二个履约期的重中之重

加大政策支持力度，推广绿色金融。“双碳”目标的实现需要大量投资。政策能够有效引导资金流向绿色产品和服务。2020年1月，生态环境部提出应对气候变化的投融资指导意见，引导社会资本投向环保相关领域。2021年4月，中国人民银行、国家发展改革委、中国证券监督管理委员会印发《绿色债券支持项目目录（2021年版）》，指出进一步规范国内绿色债券市场，充分发挥绿色金融在调结构、转方式、促进生态文明建设、推动经济可持续发展等方面的积极作用，助力实现碳达峰碳中和目标。上海证券交易所、深圳证券交易所发布《绿色公司债券上市的业务指引》，细化了绿色债券应用规则。2021年7月，央行表示人民银行正有序推进碳减排支持工具设立工作，以精准直达方式支持清洁能源、节能环保、碳减排技术的发展，并撬动更多社会资金促进碳减排，碳减排支持工具的设计按照市场化、法治化、国际化原则，充分体现公开透明，做到“可操作、可计算、可验证”，确保工具的精准性和直达性。

目前，我国绿色金融已取得一定进展，尤其是绿色债券增长较快。仅2021年起至6月末，共发行绿色债券109只，其中有34只资产支持证券，42只中期票据，27只公司债，6只超短期融资券，相关募集资金主要用于清洁能源、节能环保、污染防治、生态保护等绿色产业领域。表3–5列出了绿色金融相关政策。

表 3-5　绿色金融相关政策

部门	时间	政策	内容
国家发展改革委等五部门	2021.2	《关于引导加大金融支持力度促进风电和光伏发电等行业健康有序发展的通知》	旨在加大金融支持力度，促进风电和光伏发电等行业健康有序发展
中国人民银行等三部门	2021.4	《绿色债券支持项目目录（2021年版）》	统一了绿色债券的标准及用途，对分类进行了细化；新增了绿色装备制造、绿色服务等产业，剔除了煤炭等化石能源清洁利用等高碳排放项目
上海证券交易所、深圳证券交易所	2020.11	《绿色公司债券上市的业务指引》	要求申报发行绿色公司债券募集说明书，确定用于绿色产业项目的金额应不低于债券募集资金总额的70%
中国人民银行	2021.5	《银行业金融机构绿色金融评价方案》	将绿色债券纳入评价体系，将绿色金融评价结果纳入央行金融机构评级等中国人民银行政策和审慎管理工具
中国人民银行、市场监管总局、中国银行保险监督管理委员会、中国证券监督管理委员会	2022.2	《金融标准化“十四五”发展规划》	加快完善绿色金融标准体系，统一绿色债券标准，制定绿色债券募集资金用途、环境信息披露和相关监管标准，完善绿色债券评估认证标准
财政部	2022.5	《财政支持做好碳达峰碳中和工作的意见》	到2025年，财政政策工具不断丰富，有利于绿色低碳发展的财税政策框架初步建立，有力支持各地区各行业加快绿色低碳转型。2030年前，有利于绿色低碳发展的财税政策体系基本形成，促进绿色低碳发展的长效机制逐步建立，推动碳达峰目标顺利实现。2060年前，财政支持绿色低碳发展政策体系成熟健全，推动碳中和目标顺利实现

政府旨在提高生态碳汇为主要政策落脚点，着力提升碳吸收能力。碳吸收路径主要包括提高生态碳汇能力和研发碳捕捉技术，目前，政策主要以前者为主要落脚点，提升自然生态系统的吸碳固碳能力，中和二氧化碳排放。针对生态碳汇，2020年6月，国家发展改革委、自然资源部发布《全国重要生态系统保护和修复重大工程总体规划（2021—2035年）》，提出近年修复具体指标。部分地方政府建立明确植树造林、生态修复目标，推行长林制，提高地区生态碳汇能力。

3.1.2.5　夯实碳达峰碳中和工作的科技支撑

2022年8月，中国科学技术部联合国家发展改革委、工业和信息化部、生态环境部等九部门印发了《科技支撑碳达峰碳中和实施方案（2022—2030年）》，统筹提出支撑2030年前实现碳达峰目标的科技创新行动和保障举措，并为2060年前实现碳中和目标做好技术研发储备，为全国科技界以及相关行业、领域、地方和企业开展碳达峰碳中和科技创新工作的开展起到了指导作用。

该方案内容涵盖基础研究、技术研发、应用示范、成果推广、人才培养、国际合作等多个方面，针对我国各重点行业碳排放基数和到2060年的减排需求预测，系统提出了科技支撑碳达峰碳中和的创新方向，并明确了10项具体行动，具体为能源绿色低碳转型科技支撑行动、低碳与零碳工业流程再造技术突破行动、建筑交通低碳零碳技术攻关行动、负碳及非二氧化碳温室气体减排技术能力提升行动、前沿颠覆性低碳技术创新行动、低碳零碳技术示范行动、碳达峰碳中和管理决策支撑行动、绿色低碳科技企业培育与服务行动、碳达峰碳中和科技创新国际合作行动以及碳达峰碳中和创新项目、基地、人才协同增效行动。

3.2 “双碳”目标下的金融政策

根据国内外文献，绿色金融的概念源自于“环境金融”，根据《美国传统词典》，“环境金融”和“可持续金融”收录为一个词条，定义为“利用多样化金融工具来保护环境”，因国外文献多用“环境金融”，因此绿色金融的内涵应追溯于环境金融。绿色金融是利用多种多样的金融工具，来解决传统金融一直所忽略的环境外部性问题，使资源有效分配到具有正外部性的经济活动上，减少具有负外部性的经济活动。国际金融公司和世界著名银行共同发起建立了“赤道原则”，将“环境要素考量”作为国际项目融资的新标准与规范。

2015年，《生态文明体制改革总体方案》首次提出“建立绿色金融体系”总体目标。2016年8月，中国人民银行、财政部、生态环境部等七部委联合发布《关于构建绿色金融体系的指导意见》，首次对绿色金融的概念进行了官方定义，明确绿色金融是指为支持环境改善、应对气候变化和资源节约高效利用的经济活动。

以下内容从国内外绿色金融体系发展历程入手，对国际绿色金融体系和我国相关绿色金融政策和工具进行了介绍，具体如下。

3.2.1 国际绿色金融体系

世界上各个国家的绿色金融制度体系建设，大部分是通过法律法规的形式推动金融市场来增加对相关项目的投资。在国际社会中，绿色金融政策的制定主要集中于开发性金融机构，如世界银行及其下属的国际金融公司、亚洲开发银行、非洲开发银行、泛美开发银行等。以下内容通过从绿色金融相关国际金融机构以及不同国家入手，对国际绿色金融体系进行了介绍。

3.2.1.1 国际开发性金融机构

国际开发性金融机构在制定和实施环境和社会保障政策时，能够制定较高标准，主要是由于这些金融机构强调信息公开透明和利益相关方的多方参与，在对政策和标准进行修订时，会召开论坛等形式听取各方意见。国际开发性金融机构的绿色金融政策和实践会对其成员国或项目所在地国家的政府和商业性金融机构的绿色金融政策产生积极影响。比如，国际商业银行所制定并自愿执行的项目融资环境和社会标准“赤道原则”就是在世界银行集团下属的国际金融公司的推动和支持下形成并不断完善的。绿色信贷政策制定相关的国际金融机构包括亚洲开发银行、泛美开发银行和国际金融公司等。

（1）亚洲开发银行

作为亚洲地区最大的区域性政府间开发金融机构，亚洲开发银行（Asia Development Bank，ADB）于1966年成立，其主旨在于促进亚洲及太平洋地区减贫困、经济发展以及区域合作。亚洲开发银行绿色金融政策体现在2009年发布的《保障政策声明》中，该声明文件提出了一系列旨在避免亚洲开发银行项目在设计、实施、管理过程中产生的环境和社会方面的潜在影响，其政策的重点基本原则包括以下三项。

一是环境评价嵌入项目的投资审批决策。所有拟定项目都要进行梳理，决定恰当的环境评价范围和类型，并对潜在的环境影响和风险进行深入分析。二是环境评价是项目投资审批的重要依据。对每个拟定项目都要进行环境评价，以识别项目对于环境、生态、社会、经济等方面直接、间接以及累积的影响，若有必要，应启动战略环境评价。三是项目应准备合理的替代方案。针对项目的地点、设计、技术、结构及其对环境和社会可能造成的影响，制定替代方法，包括选择取消项目。

（2）泛美开发银行

泛美开发银行（Inter-American Development Bank）是以发展中国家为主发起的跨国开发银行，较早关注经济增长以外的社会发展、社会公平、环境保护、气候变化等可持续性议题，是第一个引入环境条款的多边发展银行。

泛美开发银行的环境条款主要包括以下三方面的内容。一是提高银行在各个项目和活动中的环境保护管理能力，并提升借款国的环境保护能力，向所有银行明确环境保护的重要意义，以提高其长期收益水平。二是确保所有银行正在进行的项目和开展的活动都具有环境可持续性。三是支持企业在银行的限制下积极履行环境保护责任。在银行开展的相关活动中强调环境的重要性，并推动环境意识成为社会的主流。

（3）国际金融公司

国际金融公司（International Finance Corporation）是世界银行集团的两大附属机构之一。国际金融公司的宗旨是协助世界银行，通过发放贷款和投资股权等方式，向其成员国特别是发展中国家的私营部门提供可持续贷款，以促进成员国经济的可持续发展。

国际金融公司在其制定的《可持续性框架》中明确了对于可持续性战略的承诺，并视可持续发展为一种关键的风险管理方法。国际金融公司还针对金融机构所投资的客户制定了《绩效标准》，按照标准对其进行环境和社会评估，界定客户在管理其环境和社会风险方面的责任，为其如何识别风险和影响提供相应的指导，旨在帮助客户避免、减缓和管理风险的影响，实现可持续经营。

3.2.1.2　欧盟

欧盟的金融政策体系以《可持续发展融资行动计划》为指导性文件，目前已经形成了比较完整成熟的政策体系。欧洲绿色金融的发展过程主要有以下几个重要节点。2015年，在联合国《巴黎协会》和《2030年可持续发展议程》的推动下，欧盟确立了2030年气候和能源目标，即到2030年温室气体排放比1990年降低55%，据欧盟估算，要实现这一目标，每年需要投入约1800亿欧元，所以金融业就显得尤为重要；2018年3月，欧盟委员会发布《可持续发展融资行动计划》，旨在建立可持续性的综合金融体系，制定了欧盟委员会的行动计划及实施时间表，并作为欧盟可持续金融发展的路线图；2018年5月，组建了欧盟委员会技术专家组，以协助实施行动计划；2019年6月，欧盟委员会技术专家组发布了《欧盟可持续金融分类方案》《欧盟绿色债券标准》等报告；2019年12月，欧盟委员会推出《欧洲绿色协议》，确立了欧洲绿色发展的总体框架。《欧洲绿色协议》是欧盟可持续发展的纲领性文件。该协议的战略目标是到2050年，欧盟实现温室气体净零排放，实现经济增长与资源消耗脱钩，成为一个公平、繁荣的社会，和富有竞争力的资源节约型现代化经济体。

《欧洲绿色协议》主要包括三部分内容。一是促进可持续发展转型，具体措施包括设计一套转型政策和将可持续性纳入所有欧盟政策。该部分是协议的核心内容。在转型政策设计方面，提出在2020年3月出台《气候法》，从清洁能源转型，工业、建筑、交通和农业转型方面提出了可持续发展政策的方向。二是推动欧盟成为可持续发展的领导者。具体措施包括与全球伙伴共同发展全球碳市场，制定支持欧盟生态转型的贸易政策，利用经济地位建立与欧盟环境和气候目标一致的全球标准，率先建立财政体系以支持全球可持续性发展等。三是鼓励公众和利益相关者参与政策制定。

3.2.1.3 美国

美国的绿色金融体系发展较为完善，有着比较成熟的法律体系并已取得显著成效。美国绿色金融立法起源于“美国爱河事件”。20世纪40年代，美国胡克电化学公司在一处居民区掩埋了大量高毒性和致癌性的化学废弃物，对公众健康造成严重损害，导致1980年美国国会通过了《综合环境处理、赔偿和责任法》（简称“超级基金法案”），建立了资金总量极大的超级基金，旨在减轻污染场地对公众健康和环境产生的危害，并规定了基金的资金来源、可以投资支持的项目等，明确了绿色金融的实施准则。

“超级基金法案”通过以来，美国逐步建立起了自己的绿色金融体系，包括美国联邦政府和州政府制定的绿色金融法，各州政府在制定相关政策时更具有针对性和可操作性。例如，加州颁布了世界上第一部针对汽车排放的法律《强制装置法》，该法要求所有新生产的汽车都必须配备净化装置。受这一政策影响，美国汽车行业对大气污染减排设备的市场需求不断增加。

为了推动绿色金融法律的广泛应用，美国还成立了专门的绿色金融组织，其包括国家环境金融中心、环境顾问委员会和环境金融中心网络三个部门，以支撑绿色金融的推广与管理，推动绿色金融法律和政策的实施。

此后，越来越多的大型金融机构开始在投资中引入绿色金融的概念。1999

年，道琼斯推出了道琼斯可持续发展指数（Dow Jones Sustainability Index），该指数同时评价上市公司的财务绩效和环境绩效。环境表现更好的上市公司通常也被认为具有更强的可持续发展能力。2001年，富时指数推出了富时社会责任指数（FTSE Social Responsibility Index）。2006年，高盛集团明确提出了以绿色金融为核心的ESCG（Environment, Society and Corporate Governance）投资理念，将投资者最关注的公司治理因素纳入到投资理念中。这一理念一经推出就引起了金融市场上的极大关注，标志着绿色金融融入主流，而后，绿色金融的市场规模随之越来越大。

美国金融市场健全，有丰富的绿色金融创新产品。绿色基金方面，设立了多种市场运作的绿色基金，如清洁水、饮用水循环基金和地下储油罐防泄漏基金等。

绿色债券方面，根据环境保护项目的特点，美国创新了多种多样的债券类型。近年来，绿色债券愈发受到追捧。2013年，美国银行发行了5亿美元的绿色债券，旨在支持银行提升可再生能源业务；苹果公司2016年到2019年共发行47亿美元的绿色债券用于支持绿色技术创新。

绿色信贷方面，美国推出了各种具有创新性的绿色项目贷款产品，以及绿色消费金融产品，推出各种方法以优化绿色项目信贷，降低信贷成本。比如美国银行开发出无担保优惠贷款，以支持节油技术的发展，纽约、夏威夷、康涅狄格等州建立了绿色银行，以吸引民间资本投资具备潜力的绿色产业。

绿色保险方面，美国早在1988年就成立了专门的环保保险公司，随后，美国在保险的设计上不断推陈出新，形成了包括绿色贷款保险在内的多种绿色金融保险。

为发展绿色金融，美国投入了大量的财政资金，开拓创新了各类融资渠道。各类绿色金融产品的创新和发展推动了项目融资的可获得性，二者相辅相成，共同推动着绿色金融在美国蓬勃发展。

3.2.1.4 日本

日本在绿色金融领域的发展走在世界前列。发展绿色金融是日本进行环境保护的重要途径之一，为日本绿色经济和社会的可持续发展提供了有力支持。早在1993年，日本通产省就大幅度增加了与保护生态环境相关的各类金融投资，提高了贷款总额，以推动节能减排产业的发展，当年发放的贷款总额高达9700亿日元，比1992年翻了一番。2004年，日本政策投资银行（JPPB）开始旨在促进环境友好经营的融资业务，以支持企业对环保产业进行投资，减少环境污染。2006年，JPPB在既有的环境评级融资业务的框架内，创新性地引入了“促进京都议定书目标实现”的新评价项目。2007年，JPPB推出了环境评级贴息贷款业务。除了通过政策性银行支持绿色信贷之外，日本政府还通过制定一系列政策，引导各商业金融机构开展绿色金融业务。例如，政府推出投资银行与商业银行分享企业环境评级报告的政策，来鼓励商业银行为环境友好型企业提供信贷。同时，监管机构采取奖惩相结合的方式，帮助商业银行规避相关风险，加强监管。

日本主要采取两种模式来实现环境保护产业与金融市场的互动。第一种是将资金用于环境保护的投融资。1993年，日本的国际贸易和工业部将与能源和环境相关的金融投资和贷款的总量从上一年的5600亿日元提高至9700亿日元。第二种是为环保低碳型企业融资提供更多便利政策。日本政府一直在积极推动绿色信贷的发展，鼓励企业和个人参与到绿色金融中来。

为进一步提高金融部门的环保意识，日本政府于2011年制定了《21世纪金融行动原则》，要求金融部门制定具体的行动准则并设置改革组织结构，以支持日本向可持续发展社会转型。2013年，为了促进金融机构对环境友好型企业的融资，日本环境协会建立了环境友好型融资的利息补贴基金制度，通过对碳排放设备进行贷款利息补贴以促进投资。日本环境部还推出环境补贴计划。该计划旨在为符合一定标准的可再生能源设备等低碳设备提供设备总值3%至5%的补贴，以推进可再生能源设备的推广使用。此外，日本政府还实施了绿色汽车减税制度、太阳能余电购买制度等，为绿色环保产业提供积极的财政支持。

日本银行在为绿色企业提供金融支持中发挥了关键作用。为减轻环境压力、促进企业环境投资，2004年4月，JPPB启动了针对环保企业的融资服务。对于申请环保贷款的企业，银行通过自主开发的环境管理评价体系，对其环境绩效进行评估评价，并根据评估结果提供专项低息贷款。例如，三菱东京日联银行积极推动“公私伙伴融资”，积极参与政策性金融机构对地球保护项目的融资，为具有积极环境影响的可再生能源项目提供资金。

日本政策投资银行与商业银行开展合作共同推动环境友好型业务的融资。双方合作内容包括项目信息共享、贷款发行和股权债券融资等业务。商业银行在收到贷款申请后，可第一时间将企业信息共享给政策投资银行，政策投资银行再通过商业银行共享的信息，对贷款企业进行评估，并将结果反馈给商业银行，双方根据评估结果决定是否共同投资目标企业。在合作中，日本政策投资银行与商业银行充分发挥各自业务优势，共同作出投资决策，推动环境友好型企业的投融资活动。

3.2.2 我国绿色金融政策体系

我国绿色金融政策的制定主要基于三个方面的考虑。一是绿色金融服务实体经济的发展目标。二是绿色金融政策作为一项创新金融业务，无论是更好地服务于环保、新能源等新兴产业，还是弥补绿色投融资的巨大缺口，需具有鲜明的创新特征。三是绿色金融以金融市场自身的完善和其他非金融领域的改革为前提，需要整体的设计、联动和协调。

根据政策制定的演变历程，我国绿色金融政策体系可以分为初期（2006—2010）、发展期（2011—2013年）和飞跃期（2013年至今）三个阶段。我国绿色金融政策体系发展历程及主要政策汇总如下。

3.2.2.1 我国绿色金融发展历程

在初期阶段，中国人民银行于1995年发布了《关于贯彻信贷政策与加强环境保护相关问题的通知》，要求各级金融机构将信贷与环境保护结合起来，发放贷款需要考虑环境污染防治的效果。这是我国第一个直接与绿色金融相关的文件，但由于当时政策大环境与配套政策的缺失，导致当时未产生显著的市场效果。直至2007年6月，中国人民银行发布了《关于改进和加强节能环保领域金融服务的指导意见》，而后绿色信贷、绿色保险、绿色证券的相关政策陆续出台，我国绿色金融政策正式启动。

绿色信贷政策首先出台。2007年7月，中国人民银行、国家环保总局、中国银行保险监督管理委员会三部门联合发布了《关于落实环境保护政策法规防范信贷风险的意见》，规定了银行发放贷款必须严格遵守国家产业政策分类发放，对违规排放企业需要严格限制流动资金贷款。

随后绿色保险制度正式启动。2007年12月，环保部门与金融部门的合作范围继续扩大，由环保总局和中国保险监督管理委员会联合发布了《关于环境污染责任保险工作的指导意见》，在一些环境危害较大、易发生污染事故和损失容易确定的行业、企业和地区开展环境污染责任保险试点工作，这也标志着绿色保险制度的正式启动，成为绿色信贷后的重要金融政策。

最后绿色证券制度得到创建。2008年1月，证监会发布了《关于重污染企业生产经营公司IPO申请申报文件的通知》，指出在火电、钢铁、水泥、省内电解铝行业申请首次公开募股，申请文件必须经过国家环境保护总局核实。2008年2月，国家环保总局发布了《关于加强上市公司环境保护监管工作的指导意见》，规定未来公司申请首发上市或再融券，必须进行环保核查，以上两个文件标志着绿色证券制度的创建。

绿色金融发展阶段中，我国对环境保护的重视程度进一步提高。2011年专项规划《全国环境保护法规和环境经济政策建设规划》出台，其中重点论述了绿色金融政策对环保资金募集、激励企业减排等方面的主要作用。绿色金融作为环境经济政策的重要组成部分，与价格政策、财税政策、环境价值评估政策等相辅相成。2012年银监会发布了《绿色信贷指引》，对银行业金融机构开展绿色信贷业务、大力促进节能减排等提出了明确要求，并从组织流程、政策制度、内控管理和信息披露等方面对金融机构的节能减排、环境保护、防范环境与社会风险提出了具体要求。

3.2.2.2 我国绿色金融政策概述

2013年以来我国已经形成了较完整的绿色金融政策体系，从基本框架角度分析来看，内容主要包括绿色金融自身发展的系列政策和配套的外部政策两方面。

一是中国银行保险监督管理委员会、中国证券监督管理委员会等金融主管部门在政策层面明确了金融的绿色导向和措施。另外，环保部门和金融监管部门合作，搭建了绿色信贷、绿色证券和绿色保险的政策框架，并且在各自范围内不断完善相关制度建设。例如，2013年中国银行保险监督管理委员会制定了《绿色信贷统计制度》，对银行业金融机构开展绿色信贷业务进一步加以规范。

二是与绿色金融政策相关的环境经济政策体系中配套制度建设与完善。环境经济政策体系内容十分广泛，包括财税政策、价格改革政策、基础设施建设等。绿色金融的发展需要上位法等其他法律制度的配合。例如，2015年1月，《环境保护法》将环境污染责任险制度正式纳入，明确鼓励企业投保环境污染责任险。同时，2018年正式开征环境税，取代排污费，更有针对性地对企业污染超标进行收费。表3–6列出了我国部分绿色金融政策。

表 3-6　我国部分绿色金融政策汇总

政策文件	发布时间	发布部门	主要政策内容
《关于落实环境保护政策法规防范信贷风险的意见》	2007年7月	国家环保总局、中国人民银行、中国银行业监督管理委员会	未通过环评审批或环保设施验收不可新增授信支持；建立信息沟通渠道；依据国家产业政策分类放款；对排污企业实行严格限制流动资金
《关于环境污染责任保险工作的指导意见》	2007年12月	国家环保总局和中国保险监督管理委员会	选择一些环境危害大、最易发生污染事故和损失容易确定的行业、企业和地区，最先开展环境污染责任保险试点工作
《关于重污染行业生产经营公司IPO申请申报文件的通知》	2008年1月	中国证券监督管理委员会	重污染行业生产经营活动的企业申请首次公开发行股票的，申请文件中应当提供国家环保总局的核查意见
《关于加强上市公司环境保护监督管理工作的指导意见》	2008年2月	国家环保总局	公司申请首次上市或再融资时，环保核查将变为强制性要求
《绿色信贷指引》	2012年2月	中国银行业监督管理委员会	明确银行业对绿色信贷支持方向和重点领域，要求实行有差别、动态的授信政策，实施风险敞口管理制度，建立相关统计制度
《关于开展环境污染强制责任保险试点工作的指导意见》	2013年2月	生态环境部和中国保险监督管理委员会	涉重金属企业和石油化工等高环境风险行业推进环境污染强制责任保险试点
《生态文明体制改革总体方案》	2015年9月	国务院	明确提出建立绿色金融体系
《关于构建绿色金融体系的指导意见》	2016年8月	中国人民银行、财政部等七部委	顶层设计我国绿色金融的发展路线和发展框架
《国务院关于加快建立健全绿色低碳循环发展经济体系的指导意见》	2021年2月	国务院	明确绿色金融支持循环经济发展的具体路径
《关于引导加大金融支持力度促进风电和光伏发电等行业健康有序发展的通知》	2021年3月	国家发展改革委、财政部、中国人民银行、银保监会、国家能源局	支持可再生能源融资
《银行业金融机构绿色金融评价方案》	2021年6月	中国人民银行	优化绿色金融激励措施
《金融机构环境披露指南》《环境权益融资工具》	2021年7月	中国人民银行	编制绿色金融行业标准

3.2.3 我国绿色金融工具

3.2.3.1 绿色信贷

绿色信贷政策在财政政策的支持下快速发展。2007年7月，生态环境部、中国人民银行、中国银行保险监督管理委员会三部门联合提出创新的信贷政策，主要包括绿色信贷指引、统计体系、评估评价体系、外部激励措施等，通过政策鼓励各机构积极推广绿色信贷业务，促进我国绿色信贷市场发展，为绿色信贷项目提供利息补贴，以遏制高能耗、高污染产业的盲目扩张。

绿色信贷引导方面，生态环境部环境与经济政策研究中心与中国银行保险监督管理委员会、钢铁工业协会等机构于2011年发布《中国钢铁行业绿色信贷指南》，建立了定性和定量指标体系，从政策和环境风险的角度对钢铁企业的环境行为进行评分，根据评分将绿色信用分为三个等级，以帮助银行信贷人员开展信贷评估、批准和跟踪工作。2012年后，中国银行保险监督管理委员会陆续发布了《绿色信贷指引》《绿色信贷实施情况关键评价指标》，对各银行业金融机构绿色信贷项目开展提出了要求，并印发了绿色信贷实施自我评价模板，要求各银行业金融机构按照指标进行自我评价。2019年，工业和信息化部和国家开发银行发布了《关于加快推进工业节能与绿色发展的通知》，鼓励地方主管部门与国家开发银行利用信贷政策，帮助企业提升能效和进行清洁生产改造。

为推动银行等金融机构参与绿色信贷，监管部门采取了考核评价机制。2017年，中国银行业协会印发《中国银行业绿色银行评价实施方案（试行）》，将绿色信贷和绿色债券业绩纳入宏观审慎评估体系考核。2018年，中国人民银行发布《关于开展银行存款类业金融机构绿色信贷业绩评价的通知》，要求银行等存款性金融机构定期开展绿色信贷业绩评价工作。

在中国银行保险监督管理委员会和中国人民银行逐步加强对金融机构发展绿色信贷激励下，绿色信贷形成了多层次的监管体系，绿色信贷规模不断增长。截至2020年末，全国上市银行绿色信贷余额总计89540.90亿元，同比增长24%。绿色信贷业务发展过程中，部分银行取得了特色发展成果。例如苏州银行出台《苏州银行2020年授信政策指引》，优先支持环保产业；上海银行发布《上海银行绿色金融服务方案》，提供“绿色金融+”一站式综合金融服务，持续为绿色产业注入发展动力。

绿色信贷投放领域方面，上市银行投放领域主要集中在生态保护、节能减排、清洁能源、清洁交通以及污染防治5个领域，其中节能减排是投放最多的领域。相对而言，上市银行对农村及城市水项目、绿色农业、绿色林业和绿色建筑等领域涉及较少。

3.2.3.2 绿色债券

绿色债券这一概念由世界银行和欧洲投资银行于2007年提出。随后，为减缓和适应气候变化的项目募集资金，世界银行发行了全球第一只绿色债券。自此以来，越来越多的多边机构、政府和企业参与发行绿色债券。

2015年底，中国人民银行、国家发展和改革委员会先后推出绿色债券的相关发行政策，正式启动了中国绿色债券市场。其中，中国人民银行发布了《绿色债券支持项目目录》，鼓励银行间债券市场发行绿色金融债券，明确绿色债券认定和资金投向的有关适用范围，指导各金融机构制定和落实配套支持政策。国家发改委发布了《绿色债券发行指引》，明确绿色债券应对节能减排技术改造、绿色城镇化、能源清洁高效利用等12个领域进行重点支持。

2016年1月，兴业银行和浦发银行分别获准发行不超过500亿元人民币的绿色金融债券。自此我国国内债券市场的绿色债券发行正式启动。同年，绿色债券发行规模达到362亿美元，占全球绿色债券发行规模的39%。

2016年3月和4月，上海证券交易所、深圳证券交易所分别发布了《上海证券交易所关于开展绿色公司债券试点的通知》和《深圳证券交易所关于开展绿色公司债券业务试点的通知》，明确对绿色公司债设立申报受理及审核的绿色通道，并对绿色公司债进行统一标识，适时与证券指数编制机构合作发布绿色债券指数、设立绿色债券板块。

2016年8月31日，中国人民银行、财政部等七部门发布《关于构建绿色金融体系的指导意见》，提出要完善绿色债券的相关规章制度，统一绿色债券定义标准；支持推进绿色债券指数、绿色股票指数以及相关产品的发展；鼓励相关金融机构以绿色指数为基础，开发公募、私募基金等绿色金融产品。该指导意见为中国绿色金融体系发展提供了顶层设计，构建了操作框架，并为所有参与者提供了丰富的产品工具和市场机会。

2017年3月22日，中国银行间市场交易商协会发布《非金融企业绿色债券融资工具业务指引》，明确了银行间绿色债务融资市场中资金用途、遴选机制、专户管理和信息披露四项核心机制，并通过绿色债券融资工具配套表格明确了相关要点，同时对绿色评估报告提出了最低信息披露要求。

"双碳"目标提出后绿色债券相关政策随之出台。2020年7月，中国人民银行与国家发展改革委、中国证券监督管理委员会联合出台《关于印发〈绿色债券支持项目目录（2020年版）〉的通知（征求意见稿）》，统一了国内绿色债券支持项目和领域。2020年11月27日，上海证券交易所、深圳证券交易所先后发布公告，对绿色企业债券上市申请相关业务活动进行了规范。根据央行披露的数据，截至2020年末，我国累计发行绿色债券约1.2万亿元，规模位居世界第二，仅次于美国。

随后，中国人民银行、国家发展改革委、中国证券监督管理委员会于2021年4月联合发布《绿色债券支持项目目录（2021年版）》。新版目录统一了国内绿色债券的标准及用途，细化和扩大了债券的分类，取消了煤炭等化石能源清洁利用等高碳排放项目，增加了绿色设备制造、绿色服务产业等支持项目，并采用了国际通用的"无重大损害"碳排放原则。2021年，我国绿色债券发行数量和发行规模都有极大增长，2021年共发行债券670只，比2019年翻了一番，发行规模为6469亿元，是2019年的2.19倍，见表3-7。

表3-7　绿色债券法律法规

发布时间	发布者	规范名称	内容要点
2015年12月22日	中国人民银行	《中国人民银行公告〔2015〕第39号》	主要规范银行间债券市场中金融机构绿色债券的发行；发行人需开立专门账户或建立专项台账，保证资金专款专用；发行人应当按季度向市场披露募集资金使用情况；绿色金融债券可以按照规定纳入中国人民银行相关货币政策操作的抵（质）押品范围；发布《绿色债券支持项目目录》
2015年12月31日	国家发展和改革委员会	《绿色债券发行指引》	规范企业债发行主体发行绿色债券，定义了十二类绿色项目
2016年3月16日	上海证券交易所	《关于开展绿色公司债券试点的通知》	对发行的报送材料提出要求；设立绿色公司债券绿色通道并予以统一的标识
2016年4月22日	深圳证券交易所	《关于开展绿色公司债券业务试点的通知》	内容与上海证券交易所的通知基本相同

续表

发布时间	发布者	规范名称	内容要点
2016年8月31日	财政部、国家发展改革委、环保部、一行三会	《关于构建绿色金融体系的指导意见》	大力推动证券市场支持绿色投资；组织设立绿色发展基金；发展绿色保险等
2017年3月22日	中国银行间市场交易商协会	《非金融企业绿色债券融资工具业务指引》	明确了绿色债务融资工具的四大核心机制，提出了一系列鼓励措施
2021年4月2日	中国人民银行	《绿色债券支持项目目录（2021年版）》	统一了绿色债的标准及用途，对分类进行了细化，新增绿色装备制造等产业，剔除了部分高碳排放项目

从债券募集资金的规模来看，2020年，中国银行承销境内绿色债券发行规模145.87亿人民币，在商业银行中排名第一；境外绿色债券承销量折合人民币约370亿元，在中资离岸绿色债券市场中位列主承销商首位。2021年初，中国银行协助中国长江三峡集团有限公司、国家电力投资集团有限公司、华能国际电力股份有限公司成功发行国内首批碳中和债券。

从债券募集资金去向来看，2020年各大银行绿色金融工具的承销发行募集的资金，流向实体企业公司的比例有所上升，重点投向了光伏、风电、水电等清洁能源、清洁交通等绿色业务，实现了支持绿色项目、保护生态环境的目标。其中，2020年，披露绿色债券主要投放领域的上市银行共七家，主要投放领域覆盖生态保护、节能减排、循环经济、清洁能源、清洁交通、污染防治和绿色建筑七类。

绿色债券投放领域范围有待进一步拓展。整体上来看，上市银行绿色债券主要投放领域集中在清洁能源、清洁交通和污染防治3大领域，仅有少数银行涉及生态保护、节能减排、循环经济、绿色建筑。投资范围有待进一步拓展，以实现均衡化发展。

绿色债券在促进国际合作、帮助我国生态环境保护方面展现出巨大潜力。2020年，中国银行、招商银行、兴业银行分别发行了中资商业机构首支蓝色债券、境外绿色债券和“绿色防疫债”，以帮助企业降低筹资成本。在境外发行绿色债券成为我国上市银行绿色金融实践走向全球范围发展的重要标志之一。

3.2.3.3 绿色信托

随着绿色发展理念和责任主体投资意识的不断增强，绿色信托的实践不断深入，成为绿色金融市场重要的服务主体之一。信托公司采用资产证券化、产业基金、股权投资、可转债投资等多种方式，为绿色产业企业提供金融服务。

中国信托业协会从2013年起开始发布信托公司履行社会责任的行业报告，目前已有12家信托公司成立了绿色信托业务部，积极发展绿色投资项目，不断丰富和拓展绿色信托的业务类型、服务领域及产品内涵，在支持大气污染治理、推进生态环境保护、促进资源循环利用、助力清洁能源开发等方面均有作为。经过持续的研究与实践探索，绿色信托逐渐形成了多元化金融工具运用的新局面，业务模式日益丰富，创新推出了多种绿色信托产品。

目前绿色信托的发展模式主要分为四类。第一类是由政府与社会资本共同参与，以生态治理、环境保护、市政服务等为主要领域的信托型政府和社会资本合作绿色产业资金，如政府和社会资本合作模式的信托绿色产业基金。第二类主要面向企业，包括金融企业和绿色产业企业等，向其提供绿色信贷、绿色股权投资、绿色债券等融资服务。第三类主要是为绿色权益交易市场的各方面提供融资服务。第四类面向社会公众，以公益信托的方式推动绿色公益事业发展。信托公司通过持续的行业深耕，积极打通产业链上下游资源，为绿色环保产业提供综合的金融整合服务。

我国绿色信托正在快速发展。据信托业协会数据显示，2019年末我国绿色信托存续资产管理规模为3354.6亿元，存续项目数量为832个，分别同比增长152.94%和101.45%，分别相比2013年增长了7倍多和3倍多。据不完全统计，截至2020年年末，我国绿色信托存续项目数量将接近1000个，绿色信托业务持续保持高速发展。绿色信托业务模式发展更加多元。

绿色信贷、绿色资产证券化和绿色投资是绿色信托的重要业务模式。目前已有多家信托公司开展绿色信贷和绿色投资业务，并作为重要战略性业务。例如，兴业信托已累计投放绿色投融资规模突破1000亿元，同时公司积极进行业务创新，与中华环境保护基金会达成绿色慈善信托合作，围绕各个生态环境保护公益领域展开投资。绿色资产证券化业务方面，英大信托发行国内首单碳中和资产证券化产品——“国网国际融资租赁有限公司2021年度第一期绿色资产支持商业票据（碳中和债）”，持续加强绿色金融业务创新。绿色投资方面，中国平安积极推进ESG（环境、社会、治理绩效）投资理念发展，构建了系统化、智慧化、实用化的中国特色CN-ESG智慧评价体系，依托集团资源，平安信托引入ESG责任投资理念，践行绿色投资。

3.2.3.4 绿色保险

绿色保险是指与环境风险管理有关的各种保险，是绿色金融体系的重要组成部分。其中，由保险公司对污染受害者进行赔偿的环境污染责任保险最具代表性，其重要功能是通过保险机制实现环境风险成本内部化，助力解决环境污染损害赔偿、环境承载力退化和生态保护问题，减少气候变化等环境问题对经济社会的冲击破坏。

我国的绿色保险制度起源于2007年。生态环境部和中国银行保险监督管理委员会首先在部分地区的高环境风险领域试点环境污染责任险，并于2013年进一步明确涉重金属的企业必须投保环境污染责任险。随后，生态环境部和中国银行保险监督管理委员会推出环境风险评估技术规范，并针对硫酸、氯碱等行业出台了环境风险评估技术指南，建立完善了环境污染损害责任认定和鉴定评估机制。2011年起，生态环境部陆续在河北、江苏、山东、河南、湖南、重庆、昆明五省二市试点，但专门的环境污染损害鉴定评估机构还较少，影响了环境污染评估的鉴定。

绿色金融指导政策陆续出台，促进绿色保险跨越式发展。2014年国务院出台《关于加快发展现代保险服务业的若干意见》等政策，对绿色保险的发展起到了积极的推动作用。2016年8月，中国人民银行、生态环境部等七部委联合发布《关于构建绿色金融体系的指导意见》，首次明确指出要大力发展绿色保险，“在环境高风险领域建立环境污染强制责任保险制度”，鼓励保险机构参与环境风险治理体系建设”，为发展绿色保险的发展指明了方向。2018年5月，生态环境部决议通过了《环境污染强制责任保险管理办法（草案）》，草案提出了从事环境高风险生产经营活动的企业事业单位或其他生产经营者应当投保环境污染强制责任保险。2020年9月1日起开始施行的《中华人民共和国固体废物污染环境防治法》规定，收集、贮存、运输、利用、处置危险废物的单位，应当按照国家有关规定，投保环境污染责任保险，这意味着环境责任险将全面覆盖涉危险废物的企业。

绿色保险的社会效益日益增强。目前，绿色保险险种包括环境污染强制责任保险、航运污染保险、病死猪无害化处理保险、绿色建筑保险、光伏保险、风能保险等，发行种类日益丰富并取得了良好社会效益。其中，人保财险推出的人保企业环境风险服务平台，平安产险发布的《平安产险鹰眼系统环境风险地图》，都是绿色保险方面有影响力的创新。

我国绿色保险的保障功能不断提升，产品服务体系不断丰富，成效显著。近年来，我国环境污染强制责任保险已覆盖重金属、石化和医药废弃物等20余个高环境风险行业。2018—2020年，保险业累计提供了45.03万亿元保额的绿色保险保障，支付533.77亿元赔款。截至2022年6月末，保险资金通过债券、股票、资管产品等方式投向碳达峰碳中和和绿色发展相关产业账面余额超过1万亿元。2020年，中国人寿发挥金融优势，通过环境污染责任保险为1830家企业提供风险保障超30亿元，为1.3万家绿色产业企业提供财产风险保障近万亿元。中国人保在太阳能风能产业保险、绿色低碳建筑保险等方面不断推出新产品，为能源转型提供了有力保障。

3.2.3.5 环境信息披露

环境信息披露是推动企业落实生态环境保护主体责任的有效手段，也是社会公众参与环境污染治理和监督企业环境行为的重要方式。近年来，我国环境信息披露制度不断完善。2015年，《中华人民共和国环境保护法》中规定了重点排污单位需如实公开披露环境信息。2017年6月，生态环境部与中国证券监督管理委员会签署了《关于共同开展上市公司环境信息披露工作的合作协议》，旨在共同建立和完善上市公司强制性环境信息披露制度，推动上市企业积极履行环境保护社会责任。2017年12月，证监会修订了《公开发行证券的公司信息披露内容与格式准则》，强制重点排放企业定期公开披露环境管理信息和污染排放信息。2018年3月，中国人民银行发布《中国人民银行关于加强绿色金融债券存续期监督管理有关事宜的通知》，以推进提升信息披露透明度。2021年12月，生态环境部发布《企业环境信息依法披露管理办法》，对环境信息依法披露主体、披露内容和时限、监督管理等基本内容进行了规定。

近年来，金融机构环境信息披露体制建设快速开展。2020年末，中国人民银行行长易纲在新加坡金融科技节中提出“研究建立强制性金融机构环境信息披露”。2021年3月，我国首部绿色金融法规，同时也是全球首部规范绿色金融的综合性法案《深圳经济特区绿色金融条例》正式实施，明确从2022年起，所有深圳地区注册的金融机构上市公司、绿色金融债券发行人等金融机构需要披露环境信息。同年，粤港澳大湾区将13家法人银行机构列为环境信息披露试点机构，开展环境信息披露工作。

3.3 “双碳”目标下的碳关税政策

3.3.1 碳边境调节机制

碳边境调节机制（Carbon Border Adjustment Mechanism，简称CBAM）指某一地区针对未执行同等强度减排措施的进口产品制定的单边气候政策，通常指征收碳关税或出售排放许可证。碳关税是碳税的一种，指对进出口商品中隐含的碳排放征收额外关税。

2019年12月，欧盟发布《欧洲绿色新政》（European Green Deal），提出要在区域内实施“碳关税”制度，旨在防止欧盟企业向减排政策更宽松的国家转移，防止低排放成本的进口产品冲击欧盟市场和产业。2021年7月14日，欧盟委员会提出了CBAM立法提案。2022年3月15日，欧盟理事会宣布CBAM获得通过。2022年12月12日，欧盟委员会、欧盟理事会和欧洲议会就CBAM举行了第四轮三方协商，并于13日达成最终协议。至此，全球首份碳关税协议的核心内容已全部敲定，协议最终确定CBAM将从2023年10月1日起试运行，现将其征收范围、征收方式和实施时间等内容解析如下。

3.3.1.1 碳边境调节机制的征收范围

钢铁、铝、水泥、化肥、电力和氢率先纳入征收范围，石油石化行业暂未纳入。但是，欧盟有意过渡期结束后持续扩大CBAM纳管范畴，如有机化学品和塑料等，目标是到2030年涵盖所有EU ETS所覆盖的商品。具体来看，首批征收范围涵盖钢铁、水泥、铝、化肥、氢等基础行业的初级产品及电力（见表3-8），由钢铁、水泥、铝和化肥行业所生产的半成品或终端产品，未纳入征收范围。上述基础行业及产品占欧盟进口和出口的比重均较小，分别约为2.3%和2.6%，同时与欧盟6月底流出的草案内容相比，钢铁行业中涉及的大部分产品均改为“不纳入”征收范围。由此可见，欧盟对纳入首批征收范围涉及行业及具体产品，采取了十分稳健和谨慎的态度。总体而言，CBAM涉及的基础行业在欧盟贸易中的占比相对较小，征税影响也较小。

表 3-8 欧盟 CBAM 首批可能征收“碳关税”产品范围及贸易占比（%）

行业	涉及的产品	总增加值	进口	出口
水泥	水泥熟料，硅酸盐水泥	0.8	2.3	2.6
钢铁	钢铁的初级形态，热轧钢 涂层热轧钢，锻钢、挤压钢和钢丝			
铝	未锻轧铝，未锻造铝合金 铝制品，合金铝产品			
化肥	氨，尿素，硝酸，硝酸铵			
电力	电力			
氢	氢			

CBAM首批征收范围以高碳排放及高垄断型行业为主。CBAM征收范围原则上应覆盖欧盟碳排放交易体系的所有产品，并结合欧盟碳排放情况综合确定（见表3-9）。纳入首批征税的钢铁、水泥、化肥均为高碳排放行业，分列欧盟碳排放第一、第三和第五位，分别占欧盟工业部门碳排放总量的22.8%、16.9%和5.3%。碳排放列第10位的铝业，主要由于其间接碳排放水平较高且存在高风险“碳泄漏”被作为试点行业纳入征收范围。电力行业被纳入，是鉴于其市场重要性和广泛性，以及其垄断性特征导致市场竞争相对较小，且生产商易将新增的成本传递给消费者。

表 3-9 欧盟主要工业碳排放量情况

行业名称	碳排放量/（万吨/年）	碳排放占比/%
钢铁	15986	22.8
炼油	13216	18.9
水泥	11816	16.9
有机基础化学品	6487	9.3
化肥	3699	5.3
纸	2723	3.9
石灰&灰泥	2615	3.7
无机化学品	2248	3.2

续表

行业名称	碳排放量/（万吨/年）	碳排放占比/%
玻璃	1822	2.6
铝	1377	2.0
陶瓷	781	1.1
聚合物	565	0.8
其他行业	6690	9.6
合计	70025	100.0

数据来源：欧洲议会和理事会《关于建立碳边境调节机制的提案》

石油石化行业产品目前暂未纳入征收范围。与能化行业高度相关的炼油、基础有机化学品及聚合物等行业及其产品暂未纳入CBAM征收范围。其中，虽然炼油和基础有机化学品碳排放高居第2位和第4位，聚合物产品列第12位，但是三者产品种类繁多，生产工艺流程相互关联交织，碳排放核算过程非常复杂，导致征收成本过高无法估测，故目前暂未纳入征收范围。

预计欧盟CBAM将择机纳入石油石化行业产品。欧盟委员会将每年依据碳排放数据和征收可行性动态调整征收范围（见表3-10）。对于表中标注“可能”状态的化学品，如低碳烯烃、芳烃、聚乙烯、聚丙烯、氢、纯碱、炭黑等，预计欧盟会择机纳入CBAM体系；对于“可能（待讨论）”及“待讨论”状态的基础有机化学品等产品则存在一定变数。

预计未来在CBAM征收范围选择上，欧盟还将考虑加入各行业生产链中的间接碳排放量以及生产过程中对上游产品的消耗量等，即对全生产环节及全产业链统筹考虑碳排放，这对高碳排放、高耗能、产业链长的石油石化行业及其产品将产生较大影响。

表 3-10　欧盟 CBAM 对于石油石化行业相关产品征收范围的考虑

产品名称	是否纳入	产品名称	是否纳入
无机化学品（HS 28）			
氢	可能	炭黑	可能
纯碱	可能	其他无机化学品	否

续表

产品名称	是否纳入	产品名称	是否纳入
基础有机化学品（HS 29）			
高附加值化学品/低烯烃	可能	苯乙烯	可能（待讨论）
苯酚	可能（待讨论）	芳烃	可能
氯乙烯单体	可能（待讨论）	环氧乙烷/乙二醇	可能（待讨论）
甲醛	可能（待讨论）	甲醇	可能（待讨论）
丙酮	可能（待讨论）	乙醇	可能（待讨论）
其他有机基础化学品	否		
炼油（HS 271）			
标准炼油产品	待讨论	特殊炼油产品	否
聚合物			
聚乙烯	可能	聚丙烯	可能
聚氯乙烯	待讨论	聚对苯二甲酸乙二醇酯	否
聚苯乙烯	否	其他聚合物	否

数据来源：欧洲议会和理事会《关于建立碳边境调整机制的提案》

3.3.1.2 碳边境调节机制的运行方式

须购买基于欧盟碳排放价格的电子凭证。协议明确，CBAM征收进口碳税是根据欧盟平均碳排放量的基准值，评价进口商上报产品的实际碳排放水平，以购买CBAM电子凭证的方式进行。电子凭证的价格与欧盟碳排放交易体系直接挂钩。每吨碳排放需购买一张电子凭证，于第二年的1~5月统一结算，原产国已支付的碳价可以抵扣。

3.3.1.3 碳边境调节机制的实施时间

欧盟CBAM实施分为立法阶段、过渡期和正式实施三阶段。具体为2021—2022年为立法阶段。2022年3月15日，欧盟理事会宣布，CBAM获得通过，12月13日最终协议达成。在过渡期（2023年10月1日—2025年12月31日）内，进口商仅需向欧盟提供进口商品的含碳量报告，无须支付费用。2026年1月1日起，进入正式实施阶段，此后用8年时间逐步取消欧盟碳市场免费配额。

鉴于当前欧盟CBAM中的具体内容仍存在较多争议，且距离2026年正式实施尚有3年多的时间，CBAM机制即使通过立法程序（政治博弈）进入立法期或过渡期，其征收范围、运行方式以及实施时间仍均存在调整变化的可能性。

3.3.2 碳边境调节机制实施对我国的影响分析

CBAM涉及气候变化、国际贸易和地缘政治等多个重大议题，对与其贸易往来密切国家，特别是作为欧盟第一大贸易伙伴的中国，将产生较大影响。

3.3.2.1 目前CBAM机制对中国出口的影响主要集中在钢铁和铝行业

中国钢铁和铝的出口竞争力将受到较大影响。从中欧贸易总体看，影响较小。按2021年中国出口欧盟货物总额8281.1亿美元估算，CBAM最可能首批征收的钢铁、铝、化肥和水泥的产品出口总额所占比重不足5%。从中国钢铁和铝业看，因出口成本增加而影响较大。2021年，中国对欧盟的钢铁和铝制品出口额为258.8亿美元和70.1亿美元，分别占中国出口该地区总额的3.1%和0.8%。根据欧盟测算，基于欧盟完全取消免费配额、按碳价60欧元/吨征税计的情景假设，CBAM实施将导致中国向欧盟出口的钢铁和铝产品的成本分别增加约25%和9%，对中国钢铁和铝制品出口欧盟影响较大。

3.3.2.2 未来欧盟碳排放和CBAM机制日趋完善，将加剧我国基础大宗石油石化产品的市场竞争

当前，我国出口的石油石化产品及其下游制品大多处于国际产业链价值链的中低端、能耗高、附加值偏低，是对外贸易隐含碳排放的净输出国。随着欧美日韩等国家碳交易体系日趋成熟，以及欧盟CBAM逐步完善，发达国家的产品在清洁低碳及碳排放成本等方面将更具竞争优势，这将抬高我国石油石化产品及其下游制品的出口成本，降低产品竞争力。同时，值得关注的是，CBAM的实施将使美日韩甚至东盟等国家对欧盟出口一定程度受阻，可能转而加大对中国出口，这将导致国内市场竞争更加激烈。此外，欧盟已从2021年1月1日起对成员国的非可回收塑料包装按800欧/吨征收“塑料包装税”，禁止包括发泡聚苯乙烯等10种一次性塑料产品进入欧洲市场。这可被视为一种变相的“碳税”。因此，中长期看，这将倒逼促使中国石油石化产业加快结构调整和升级，加大技术创新力度，推动我国石油石化产品加快趋向绿色化、低碳化和高端化。

3.3.2.3 CBAM机制要求提供产品生产环节的碳排放监测报告，可能带来我国石油石化关键技术泄漏风险

欧盟CBAM规定，进口商每年需提交进口货物嵌入式碳排放水平证明，内容包括生产材料、工艺流程以及各个环节的碳排放情况。进口产品的碳排放量取自实际监测数据，并需由欧盟指定机构认证。若碳排放量实际监测数据不可获得或者未通过认证，均将面临处罚。因此，提交进口商品全生产环节碳排放实际监测数据，并获取认证的过程，将使我国石油石化行业有关核心技术等关键内容面临泄漏风险。

3.3.2.4 带动中国碳交易市场与欧洲对标，预计全国碳交易价格将呈较快上涨态势

欧盟为避免双重征税，允许进口商在应缴的电子凭证中扣减其产品在生产国已承担的碳排放成本，但目前我国的碳市场仅涵盖电力部门，预计“十四五”期间将逐步纳入钢铁、水泥、化肥、铝等高碳行业产品，未来中国出口欧盟的钢铁和铝产品将可抵扣国内碳价。在顶层设计上，预计我国将结合国情，借鉴参考欧盟及世界主要发达国家的碳排放交易体系，设定碳排放总量上限并逐步缩减碳排放许可证，加大碳市场化交易。近两年我国加权平均碳价约45元/吨，与欧盟目前约60欧元/吨的碳价存在较大差距。同时根据欧盟计划，2025—2030年间欧盟碳价涨幅将超过35%。因此，预计我国碳排放交易价格也将呈现上涨趋势。

综上所述，CBAM正成为西方国家在气候问题上设立的新贸易规则，可能推动欧盟及中美日韩等世界主要国家加快建立完善自身碳排放交易体系。但要高度重视“碳关税”等新的碳议题和碳规则可能对我国经济贸易发展和实现“双碳”目标带来的深远负面影响和强大压力。总体而言，短期内CBAM对中欧乃至全球贸易影响有限，但长期看，随着其征收范围的逐步扩展，影响可能扩大。

3.3.3 欧盟碳边境调节机制的应对策略

欧盟碳边境调节机制将对我国工业的高质量发展带来一定的挑战，为应对挑战而未雨绸缪，建议从以下几个方面进行考虑。

3.3.3.1 坚定维护“共同但有区别的责任”原则

反对以气候之名的贸易保护措施，同时推动国际气候治理机制改革，维护“共同但有区别的责任”原则。目前，各主要经济体正在竞争气候治理领域的国

际领导力与话语权。在CBAM事件中，国际社会能否协调出一个多方有效沟通的机制，可能比CBAM本身对于气候治理和国际合作更为重要。在这种背景下，中国有必要立足于发展中国家的实际情况，旗帜鲜明地维护“共同但有区别的责任”原则，积极主动地去增强国际协同、推动国际标准制定。

3.3.3.2 基于绿色溢价的框架，加强国际舆论引导

在碳中和方向已定的情况下，应积极推广基于绿色溢价的成本—有效性分析框架，让各国从自身的实际情况出发，去探索适合本国国情的碳中和道路，而不是基于成本收益分析去追求国际整体划一的碳价。以中国为例，当前平价（即绿色溢价为零）隐含的碳价约为377元（人民币）/吨碳，大致相当于欧盟EU-ETS于2021年4月份55美元/吨碳的价格水平。也就是说，如果我们按照欧盟当前的水平去确定碳价，无须等到40年后实现碳中和，当前就实现了绿色溢价为零，这是超越了中国当前发展阶段的不合理要求。

即便从碳的社会成本估算来看，也应该强调发达国家与发展中国家贴现率不同的碳价含义。利率反映的是资金出借人的耐心，发达国家收入流量高、财富存量多，对于出借资金有更大的耐心，利率就低一点；发展中国家正相反，收入流量低、财富存量少，一些非洲国家甚至连温饱问题都没有解决，他们出借资金的耐心远低于发达国家，因此发展中国家的利率普遍高于发达国家。碳的社会成本作为未来各期伤害的折现值，即便不同国家面临的未来各期伤害是一样的，由于发达国家和发展中国家存在利率差异，也意味着发展中国家的碳价比发达国家低是合理的，不应该要求两类国家执行统一的碳价。

3.3.3.3 尽快构建和完善科学的MRV体系

MRV体系即碳排放的量化与数据质量保证的过程，包括监测（Monitoring）、报告（Reporting）、核查（Verfication）三个过程。构建和完善科学的MRV体系一方面帮助我国出口企业做好应对欧盟CBAM的准备，另一方面也为我国国内统一碳市场的建设夯实数据基础。我国在碳市场的MRV体系已有一定基础，但仍面临着管理体系有待提升、技术支撑体系有待细化、资金支持力度有待加强等挑战，需要在近几年工作中加速完善。此外，还应鼓励区块链等创新技术在MRV体系中的应用、加强与其他碳市场在技术标准和管理经验等方面的交流，以及强化第三方核查机构的能力建设。

3.3.3.4 提前谋划针对高碳行业开征碳税的预案

为应对CBAM冲击，可考虑变被动为主动，做好针对高碳行业开征碳税的预案。比如从对欧出口的角度看，受碳关税冲击最大的三个行业依次是机械设备、金属制品、石油化工等行业。这些都是存在直接或者间接高排放的行业，也是我国正在重点治理的行业。为了追求短期的治理效果，我们甚至对钢铁等行业采取了产能约束过于刚性的行政管控措施。

另外，可以适时考虑主动对高碳行业征收碳税。这样做的好处主要有三个。一是高碳行业的税收掌握在自己手中，有利于通过转移支付的方式降低对经济的整体冲击；二是以碳税的方式替代刚性较强的行政关停、限产政策，有助于降低碳中和的社会成本；三是对重点排放行业加征碳税，有助于促进高碳行业减排，激励相关技术创新。

3.4 “双碳”目标下的市场政策

碳排放权交易的概念最早出现于1997年12月在日本东京签订的《联合国气候变化框架公约的京都议定书》，该协议将二氧化碳、甲烷、氧化亚氮、氢氟碳化物、全氟化碳、六氟化硫等六种气体确定为温室气体。由于二氧化碳是其中最大宗的温室气体，所以温室气体排放权交易以二氧化碳单位当量为计算单位，故统称为碳排放权交易。

随着碳交易的逐步发展，碳交易的定义更加明晰。具体而言，碳交易是出于减排目的，由国家或地区的管辖机构确立的一种政策工具和市场体系。在碳交易体系中，政府指定相关的行业、地域范围，并以此为基础对排放企业发放合法的碳排放权利和一定时间内的碳排放总量（通常以配额或排放许可证的方式表现出来）。通过允许这种权利像普通商品一样被相关参与者在从事碳交易的市场（简称“碳市场”）中进行交易、形成碳市场价格，政府得以完成企业层面的碳排放合理分配，并确保最终的实际排放不会超过限定的排放总量。在成熟、完善的碳市场机制下，政府只需要根据目标逐年降低预期的配额总量，即可稳步达成减排目标。

本节从碳交易市场概述入手，总结了国内外碳交易市场的经验与现状，并对我国碳交易市场的建设与发展做了相应的展望。

3.4.1 碳交易市场概述

3.4.1.1 碳交易市场的基本内容

一般而言，一个完整的碳交易市场应包括总量控制制度、配额分配机制、交易机制、灵活性机制、监测和处罚制度5个层次的内容。

从设计步骤上讲，政府需要首先做到合理的总量控制。总量控制是指政府根据相关地区总体的节能减排目标，规定碳交易市场中各行业在未来一定时期内所允许排放的温室气体的最大总量值，这个总量值在很大程度上影响着减排目标能否顺利实现。若总量设定过于严格，碳排放配额的稀缺性和价格会明显偏高，导致整个行业的减排成本过大，一旦减排成本超过了实体经济所能承受的程度，减排目标就会成为不可能完成的任务。与此相反，若总量设定过于宽松，会导致配额稀缺性不足，排放企业减排的压力和动力不足，减排目标将很难实现。

在合理控制总量后，政府需要规划如何给履约企业分配可交易的碳排放配额，这个过程被称为配额分配。配额分配的两种基本方法是免费分配和公开拍卖，政府既可以选择其一，也可以两种方法结合使用。

免费分配是指政府将碳排放配额免费发放给履约企业，分配模式主要包括历史排放法和行业基准法两种。历史排放法是根据企业在指定期间内的历史排放量来确定具体配额，这种模式所要求的数据信息获取难度相对较小，操作也较为简单，其缺点在于可能抑制碳交易市场启动前期的减排和交易需求，导致企业后期被分配的配额低于竞争对手，中长期减排成本可能反而较高。

行业基准法则是根据一系列基于产品或行业排放强度的绩效标准（最常用的绩效标准是单位产品的碳排放值）来确定相关企业获得的配额数量，比如设定平均绩效水平、20%分位点绩效水平等区间，根据企业所属的具体区间发放配额。这种模式在很大程度上解决了上述的公平性问题，早期实行减排的企业可以通过实现区间跃升改变未来的配额分配并获取回报。行业基准法的实施难度相对较高，不仅要求有详尽的高质量数据，也要求政府或实施核算的单位对复杂的工业过程有较为深入的了解。

相比于免费分配方法在公平性和实施难度间的两难抉择，拍卖则是一种相对简单、有效的分配方式。政府对配额进行公开拍卖，使配额被公平、有效地分配给最需要它们的企业，实现最优的分配结构。此外，拍卖还可以产生财政收入，无论是将其用于公共支出，还是为后续的气候行动提供资金支持，都不失为一种好的选择。不过，免费分配也有其存在的必要性，尤其碳交易市场形成的早期阶段，免费分配能够确保碳市场价格从无到有地顺利过渡，防止地区内的履约企业由于成本大幅激增而向其他气候政策相对宽松的地区转移。以上两种基本分配方法的选择会根据具体行业而有所不同，不过总体而言，拍卖法在碳交易市场建设的早期阶段应用有限，而随着相关体系逐渐步入正轨，拍卖法的占比会不断增加，一定比例的配额拍卖对于形成活跃、完善的碳市场有着至关重要的作用。

总的来说，总量控制和配额分配是体现碳交易市场顶层设计的关键内容，它们在体系中的定位类似，但更胜于资本交易中的二级市场，没有合理、完善的顶层设计内容，碳交易机制也不可能真正发挥作用。

具体来看，碳交易机制通常包括登记注册系统、交易系统和结算系统三个平台或系统。其中，登记注册系统记录管制对象的配额申报和配额账户的变化。交易系统促成配额和减排信用在不同账户之间买卖、流转。结算系统处理交易标的交割与相应资金的转移。此外，碳交易机制还可以在现货基础上进一步金融化，开展期货、期权等衍生品交易。这些衍生品不但能起到价格发现的作用，为企业提供价格参考和套期保值的机会，而且还可以进一步增加碳交易市场的流动性和灵活性，促进体系持续健康发展。

除交易机制外，碳交易市场还包括灵活性机制的内容。简而言之，灵活性机制是在不影响碳交易市场目标实现的前提下，设计的一系列灵活履约机制。灵活性机制主要有提供地域灵活性的抵消机制和碳市场链接，以及提供时间灵活性的配额储存、预借和履约期延长。灵活性机制可以协助达到增强企业履约能力、降低企业履约成本、保障覆盖区域和行业的经济平稳的目的。

其中，抵消机制是指企业可以通过减少在碳交易市场覆盖范围外的碳排放来获取减排额度，用来和体系内的排放企业进行交易或抵消本企业的履约义务。典型的抵消项目包括可再生能源的开发和利用、废弃物的回收处理和农、林业项目等。这种抵消机制不仅为那些减排成本较高的履约企业提供了一条低成本的减排路径，同时也带动了其他行业和地区的减排进程。不过由于这些抵消项目都来自碳交易市场外，变相地增加了体系内所允许的排放总量，在一定程度上影响了管辖机构重点管控相关地区和行业的初衷，所以市场内的相关企业可使用的抵消额度通常被限定在一定比例以内，并且抵消项目的具体类型和来源地会有所限制。

提供地域灵活性的另一种方式是实施碳市场链接，即将不同的碳市场在一定程度上关联起来。这种关联包括允许碳配额在两个碳交易市场中进行双向流动的直接链接和两个交易体系共同承认同一类型抵消项目的间接链接。这些链接实现了不同碳市场的价格趋同，对创造公平的国际竞争环境、发展全球减排事业有不小的帮助，不过也存在本市场企业过度购买外部市场配额帮助外部市场减排的风险。

除地域灵活性机制外，时间灵活性机制也是碳交易市场重要的组成部分。比如企业既可以通过配额储存机制将某一时期内发放的碳排放配额储存起来供后续履约期使用，也可以通过配额预借机制从后续履约期中提前借出碳排放配额、进而将减排重点放在技术更成熟或价格更低的中后期。总而言之，配额的储存和预借允许履约企业以最符合自身成本效益的方式管理自身减排进程。但是由于其减排抑制性，配额预借被大多数碳交易市场所限制或禁止。此外，部分碳交易市场还会设置安全阀触发机制，在特殊情况，如价格剧烈波动下允许相关企业将履约期适当延长。时间灵活性机制有利于减少碳市场的价格波动，使碳价的长期走势更加平滑，稳步推进减排历程。

最后，监测和处罚制度也是碳交易市场的重要基石。监测制度主要是指监测报告核证制度（MRV制度），具体包括对管制企业排放设施的监测追踪制度、对排放量与履约情况的报告制度和核查报告是否真实的核证制度。MRV制度通常会委托独立、可靠、权威的第三方机构出具相关的排放核查报告，从而保证监测的可信、可靠和高效。在建立真实有效的监测制度后，如何处罚未达成减排目标的企业就成为完善市场的最后一环。一般而言，管辖机构既可以要求未履约企业在下个履约期补偿一定数量的配额，也可以直接对未履约企业征收数倍于配额市场价格的罚款。

3.4.1.2 碳交易市场的作用

相比于其他直接、间接的政策手段，政府易于在推行碳排放权交易体系中获得最优化的效益性成本。碳交易市场中，减排成本较低的企业受到经济利益的驱动，会主动进行超额减排，并将多余的排放配额在碳市场上卖出；而减排成本较高的企业通过从市场上购买一定量的碳排放配额，也能完成自身的总量目标。通过市场机制的调节，整个社会将会以相对较低的成本达成总体的减排目标。同时，由于总量配额是逐步递减的，所有排放企业都会面临一定程度的压力。在这种预期下，企业为了降低自身成本、提升竞争力，将会主动进行减排技术创新，维护或提升自己的行业地位，从而助力减排进程长期、有效推进。

3.4.2 国际碳交易市场的经验与现状

3.4.2.1 国际碳市场概述

自2005年《京都议定书》生效以来，碳交易市场就得到了十分广泛的关注和认可，并迅速发展成为世界各国应对气候变化的关键工具。据统计，从首个碳排放权交易系统投入运营开始，在短短十年之间，就有遍布四大洲的17个碳交易市场相继成立。根据国际碳行动伙伴组织（International Carbon Action Partnership，简称ICAP）编写的《全球碳市场进展2021年度报告》显示，截至2021年1月，已有1个超国家机构（欧盟成员国为主的30个国家正在运行EU-ETS市场）、8个国家、18个省和州及6个城市正在运行碳交易市场，这些管辖机构的GDP之和约占全球总GDP的54%，覆盖了全球16%的温室气体排放（仅以被涉及的行业而言）和近三分之一的人口。

经过多年的发展，一些碳交易市场已经逐渐确立起了一定的国际影响地位。在欧洲，EU-ETS已经成为全球交易规模最大的碳交易市场，截至2020年，其交易额度已占所有碳市场交易额的近9成，是当前碳交易市场的领跑者。在北美洲，尽管美国也是碳交易市场的先行者，但由于政治因素一直没有形成统一的碳交易市场，始终以多个区域性质的碳交易市场并存，其中最典型的有区域温室气体减排行动计划（RGGI）和加州碳交易市场。在亚洲，韩国碳市场目前已成为仅次于欧盟的第二大国家级碳交易市场。除上述几个碳市场外，当前较为成熟的碳市场还包括瑞士碳交易市场和加拿大的魁北克碳交易市场等。值得一提的是，随着我国全国碳交易市场的建立，仅从覆盖的温室气体排放总量而言，我国碳交易市场已超越欧盟成为世界体量最大的碳排放权交易系统。此外，虽然全球范围内的统一碳市场看起来仍遥遥无期，但已经有一些碳市场开始尝试进行链接。比如，美国加州碳交易市场先后在2014、2018年与加拿大的魁北克碳市场和安大略碳市场进行了对接，欧盟碳市场也于2020年和瑞士碳交易市场实现了链接。

由于各司法管辖区的实际情况不同，目前全球各碳交易市场的设计特征和运行情况在呈现出一定共同点的同时，也各具特色。首先，以覆盖范围而言，工业尤其是电力行业正处于全球碳交易市场关注的核心，超过7成的碳交易市场将它们纳入了覆盖范围。建筑、交通和航空等行业也受到了一定程度的重视，约有3~5成的碳交易市场对它们进行了覆盖。其次，在碳金融工具方面，国际上比较成熟的碳交易市场均推出了相关的碳衍生品，主要有期货、期权和远期等类型。最后，虽然近几年各市场碳价因配额逐渐缩减、交易活跃度增长等原因大多呈现出上升趋势，但具体价格仍有很大差异。截至2022年2月4日，碳市场价格最高的是欧盟碳交易市场、已达到每吨二氧化碳100美元以上的水平，其余几大较为成熟的碳市场（如韩国、美国加州碳市场）的碳价也基本处于15~30美元区间，我国全国碳交易市场2022年5月的价格为9美元左右。

3.4.2.2 欧盟碳排放权交易市场

纵观全球碳交易市场，欧盟碳排放权交易市场是全球建立时间最早、交易规模最大、最成熟的发达碳市场，其在运营发展过程中的相关经验值得我国在内的世界各国学习和借鉴。EU-ETS成立之初，欧盟地区二氧化碳排放总量约为36.7亿吨。经过十余年的改革与发展，截至2020年末，欧盟碳市场不仅将整个地区近5成的温室气体排放纳入了制约范围，更是助力地区二氧化碳排放总量下降到25.5亿吨，减排成效十分显著。

实现这些成就欧盟碳市场的发展大致经历过以下三个阶段。

第一阶段（2005—2007年），在欧盟碳市场成立之初，管辖机构确立了由各成员国分别规划各自总量、上报汇总后形成碳配额总上限的总量控制制度，并采用历史排放法根据相关国家的分配计划而分配配额，在涉及多个行业的同时重点覆盖了工业与电力两大行业。在市场的初期阶段，EU-ETS温室气体仅覆盖二氧化碳，并且对几乎全部的欧盟碳排放配额（EUA）进行了免费分配，对未履约企业的不足部分征收每吨二氧化碳40欧元的罚款。本阶段由于缺乏企业的真实历史排放数据，导致配额供给过剩，碳价曾一路下跌至0，导致当年配额失效。

第二阶段（2008—2012年），经过市场的初步发展和履约企业的初步适应，欧盟碳市场进一步将氧化亚氮纳入了覆盖范围，并将航空业也纳入了交易体系之内。为进一步优化交易体系的配额分配结构并提升企业的减排积极性，EU-ETS开始进行一定额度（约10%）的配额拍卖，同时将罚款金额提升到了每吨100欧元，并允许履约企业进行配额跨期储存。从这一阶段开始，为了减轻一些高碳排放成本企业的压力，企业可在全球范围内寻找低成本减排路径，欧盟碳市场开始承认除林业和核电行业外的大多数类别的核证减排量（CER）和排放减量单位（ERU），并限制它们的使用比例（CER和ERU分别是来自市场外发展中国家和市场外发达国家的抵消项目）。这两类国际抵消项目变相地导致配额供给增加，使本阶段的碳价总体处于下行态势。值得一提的是，在前两个阶段中，为了促使企业充分适应碳交易市场、避免产业经济向体系外转移，欧盟碳市场基本维持了欧盟总量配额在20亿~21亿吨不变。

第三阶段（2013—2020年），自2013年起，基于已经基本完善的碳交易市场，欧盟总量配额从20.84亿吨开始、以每年约3830万吨（1.84%）的速度线性减少，碳交易系统开始正式发挥其作为减排政策工具的作用。在这一阶段中，欧盟碳市场新覆盖石油化工行业、炼铝行业等领域，并将全氟化碳纳入市场范围。此外，为了进一步发展和完善市场，配额拍卖比例提升至57%。相比于第二阶段，处罚制度进一步提升，若企业本年度减排额度不足，则下一年超额减排的额度会被扣除。第二阶段中认可的两类抵消项目也被进一步收紧，不再接受来源于非最不发达国家的抵消项目。值得一提的是，为了保持配额供需稳定、增强碳市场的抗冲击能力，从2019年起开始推行一种市场稳定机制（MSR），在市场的流通配额总数（TNAC）过高时提取一定比例的拍卖盈余放入储备，并在TNAC过低时释放一定量的储备。从第三阶段起，由于配额总量的逐步下降和抵消项目的收紧，碳交易价格在这期间形成了总体上行的趋势，尤其是从第三阶段的后半段开始，欧盟碳价开始大幅抬高。现今，基于较为发达的碳交易市场，欧盟总量配额将以每年约4580万吨（2.2%）的速度线性递减。至此欧盟碳市场不再接受任何来源的国际抵消项目，并且除了易碳泄漏行业将继续采取免费分配的配额分配方式以外，其余行业本阶段的免费配额总量固定为60亿吨，预计从2026年起，这些行业配额拍卖比例将由最低70%逐步提升至100%。

欧盟碳市场发展过程中有许多经验值得借鉴。首先，碳交易市场的建设并非一成不变的，不同时期市场需与不同内容相匹配。欧盟碳交易市场从单一气体、重点行业开始，采取更为轻松的免费分配模式和相对较轻的处罚制度，初步搭建了碳交易市场平台，随后在早期的发展过程中通过增加覆盖范围、调整配额分配和抵消机制、增加处罚力度等方法完善了碳交易市场，并从中长期开始逐步收紧总量控制和抵消机制，进一步完善分配机制和处罚制度，达成了碳交易市场的长效发展和碳减排目标的稳步推进。其次，EU-ETS在保持碳市场稳定性上有不少方法值得借鉴和学习。在保持碳市场稳定性方面，EU-ETS推出了保持配额供需平衡的MSR机制、维持市场流动性和价格稳定的碳衍生工具和完善的信息披露制度和交易规则等机制。最后，数据质量具有关键意义。在市场建设初期、排放数据不够精确的情况下，纵然采取了对数据质量要求不高的历史排放法分配模式，但是仍造成了碳排放交易市场的一度失效，碳交易基础数据质量对于市场的稳定运行具有关键作用。

3.4.3 我国碳交易市场的意义、建设与发展

3.4.3.1 我国碳交易市场建设的意义

考虑到碳交易市场在减排方面的长效性与低成本性，经过前期的区域试点和反复斟酌、探讨，我国全国碳排放权交易市场于2021年7月16日正式开市运营，全国碳市场的建立对于我国减排事业有着一系列重要意义。

首先，全国碳市场是我国实现碳达峰碳中和目标的重要抓手，是降低全社会碳排放水平的重要推动力。通过建立、维护碳交易市场，我国能够以最优的成本效益结构稳步达成每一阶段的减排目标。从行政角度而言，建立、维护一个交易市场并完善相关的监督核查机制，可以减少发放专项补贴带来的财政压力，避免单纯实施强制政令造成市场结构损坏，具有执行成本低、政策隐患小、政策效果好的特点。

其次，全国碳交易市场将合理地重塑我国的行业结构，促进我国经济低碳转型。一方面，对于如钢铁、水泥、电解铝等高碳排放行业，碳交易市场量化了生产运营过程中引起的气候外部性，对于企业价值的合理评估、行业内部的公平竞争有重要作用。碳交易制度将刺激高碳排企业不断寻找出路，进行低碳、零碳技术创新转型。另一方面，对于氢能、风电等新能源产业，碳交易市场提升了新能源产业的竞争力。碳交易制度将会提升投资者对新能源产业的关注度，为产业投资和技术发展带来持续利好。

最后，全国碳市场的建设将对全球碳减排事业和碳交易市场带来深远影响。我国作为全球最大的碳排放国，随着未来行业覆盖范围的逐步拓展，中国碳市场将成为全球覆盖碳排放量规模最大碳市场，中国也将成为全球气候治理领域的重

要参与者和引领者，全国碳市场的建设有利于我国在未来国际碳市场的合作中占据重要地位。

3.4.3.2 我国碳交易的早期实践与区域试点

在2021年全国碳交易市场建立以前，我国参与碳排放权交易的历程可大致分为早期实践和碳交易试点两大阶段。早期实践阶段，我国通过国际减排事业的清洁发展机制（CDM）项目参与国际成熟碳交易市场。2013年后的碳交易试点阶段，我国在国内8个省市开展了区域碳交易试点。

我国参与碳交易的早期实践可溯源至2005年开始正式生效的《京都议定书》。《京都议定书》作为联合国最早的管控国际温室气体排放的纲领性文件，提出并协助建立了有助于国际减排事业的清洁发展机制。CDM的主要内容是指发达国家的有关企业可以通过资金和技术的方式，协助发展中国家开展减排项目，项目所实现的核证减排量（CER）将被发达国家碳交易市场的抵消机制所承认。

在发达国家碳市场建立的早期，CDM项目被普遍认为是一种双赢的机制。该机制下发展中国家可以实现减排，同时发达国家的有关企业可以在相对国内成本较低的地区获得减排额度、减轻国内减排压力。在这种双赢机制的驱动下，我国碳交易的早期实践收获了显著成果。据联合国气候变化框架公约（UNFCCC）的资料统计估算，我国31个省市自治区在这期间共实现了7.82亿吨二氧化碳当量的CDM减排量，其中减排效果最为明显的项目是新能源与可再生能源（其中近五成为风力发电项目），共减排4.59亿吨二氧化碳当量。CDM项目的实施不仅提高了我国相关行业的减排能力和盈利水平，也为未来中国建设自己的碳交易市场打下了一定基础。然而，随着2013年起我国CDM项目的最主要交易对手欧盟不再承认来自非最不发达国家的抵消额度，我国参与清洁发展机制的历程也基本宣告终结，可见这种过度依赖于国际体系的减排手段并不适用于长期实践。

为了填补国际CDM项目终结带来的空白，我国从2013年起开始逐步搭建自己的碳排放权交易体系，具体包括区域碳排放交易试点和中国核证自愿减排机制（CCER）。区域碳排放交易试点计划始于2011年国家发改委办公厅发布的《国家发展改革委办公厅关于开展碳排放权交易试点工作的通知》，其明确在北京、天津、上海、重庆、湖北、广东和深圳等7个省市开展碳排放权交易试点。经过各地区的详细调研和准备，这些碳交易试点陆续在2013—2014年间启动运营，并于2016年将福建作为第8个交易试点纳入了体系范围。

纵观各试点的碳交易市场建设，可以看到其中既有共通之处，也充分体现出因地制宜的差异性。具体来看，各试点大多纳入了电力、石化、建材等高排放体量、高减排空间的行业，并只对二氧化碳进行了覆盖（重庆是一个例外，其覆盖了6种温室气体），同时只推行现货交易。此外，根据各地区的排放结构和经济条件，各试点有选择性地覆盖了化工、钢铁、有色金属、造纸和民用航空等高耗能产业，并根据实际情况作出了相应调整。比如在北京、深圳等以第三产业为主导的城市，城市本身工业企业较少，管辖机构就将交通运输业、服务业等产业纳入了覆盖范围，将钢铁、有色等行业排除在外，并大幅调低了收纳企业进入控排范围的排放门槛。

此外，在2015—2017年间，我国仿照CDM项目，由国家发改委组织上线了“自愿减排交易信息平台”，在8个试点市场和四川联合环境交易所开展了中国核证自愿减排量交易。从设计内容来看，CCER与CDM项目基本相同，交易体系内的履约企业可以用CCER 项目的减排量来抵消一定比例的碳排放量（通常限定在5%或10%以内），交易体系外的企业可以通过如风电、光伏、森林碳汇等项目自愿减排换取CCER抵消额度，并将其出售给履约企业获利。在这期间，主要涉及风电、光伏、垃圾焚烧、生物质发电、水电等领域的861个项目通过了审定、备案，其中254个项目得到了实际签发。然而，由于CCER存在交易量小、项目不够规范、流动性不足等问题，造成了地方试点总体配额供大于求的局面，CCER项目于2017年被我国政府叫停，截至2021年，尚未重启。

综合我国在2013—2020年间进行的碳交易实践来看，大致具备以下三点特征。第一，尽管各试点总体规模有限，但随着碳交易市场的日趋完善，试点市场给我国碳交易市场的建设提供了宝贵的先行经验。在进行了多年的地方试点后，我国基本具备了初步建设并过渡至全国碳市场的有关经验和条件。第二，各试点碳市场交易流动性不足，交易潮汐现象明显。由于试点体系免费配额相对较多，导致交易市场供给宽松，2020年各试点市场平均有三分之一的交易日没有任何交易行为，其中最冷清的福建试点市场全年仅有三成交易日存在交易行为。这些交易行为中，有相当一部分是企业临近履约期为完成任务而进行的突击购买，进而形成履约期前量价齐升、履约期后交易惨淡的潮汐现象，可见很多企业并未真正利用碳交易工具实现自主减排。第三，各试点市场碳价过低，价格有效性不足。截至2022年5月，由于过于宽松的总量控制制度和过高的免费分配比重，全国碳市场价格在58元/吨波动，地区的碳成交价在15~100元/吨区间波动。过低的碳价无法给予碳交易市场足够有效的支持，企业缺乏减排动力。

3.4.3.3　全国碳交易市场的建设与展望

在“十四五”规划和碳达峰碳中和的目标背景下，根据此前的早期实践和区域试点所取得的经验，我国生态环境部于2021年1月公布了《碳排放权交易管理办法（试行）》，全面规范了全国碳交易市场建设的关键要素，确立了全流程的碳交易管理体系，并正式启动了我国全国碳交易的第一个履约期。文件于2月1日起正式施行，以目前我国碳排放总量占比最大（40%）的发电行业为起步构建了全国碳交易市场，并要求有关的2225家发电企业在2021年1月1日至2021年12月31日这一履约周期内，按照所分配的碳排放配额进行排放。此后生态环境部陆续颁布了《碳排放权等级管理规则（试行）》《碳排放权交易管理规则（试行）》《碳排放权结算管理规则（试行）》等相关规章制度，进一步明确了全国碳交易市场的基本制度和内容。2021年6月上海环境能源交易所发布《关于全国碳排放权交易相关事项的公告》，正式承担起全国碳交易系统的运行、维护等工作，我国的全国碳市场于2021年7月16日开市运营。

从设计内容来看，全国碳排放权交易市场初步采用“双城”模式，即上海负责交易系统建设，湖北武汉负责登记结算系统建设。目前我国政府仅将二氧化碳纳入了覆盖范围，并主要采用免费分配的配额分配方式，以基准法量化并分发碳排放配额（CEA）。随着时间的推移，我国或将适时引入有偿分配（拍卖）的方式。在抵消机制和灵活性机制方面，我国不仅开放了用于跨期结转的配额储存机制，未来也将择时重启国家核证自愿减排量（CCER）的发放，并提前规定了配额总量的5%为CCER抵消额度的上限。而在监测和处罚制度上，我国依照MRV制度颁布了一系列监测、核查办法，对碳排放数据的上报、核实、计算等方面作出了详细规定。此外，我国初步搭建了相应的处罚机制，将对未足额清缴配额的企业征收2万~3万元的罚款，并对逾期不改正的企业进一步核减其下一年度的碳排放配额。

综合全国碳市场的运行状况来看，截至2021年7月16日，过去一年全国碳市场碳排放配额累计成交量1.94亿吨，累计成交金额84.92亿元，其中每吨二氧化碳当量的平均价格为43.8元，碳价基本维持在40~60元区间波动。从上述国内试点状况，可以看出全国碳交易市场的一个显著特点是价格提升明显。尽管由于配额供需差异、市场成熟度差别等原因，全国碳市场价格和国际成熟市场仍有很大差距，但我国碳市场价格的有效性已得到显著增强，有助于碳交易市场平稳、有效运行。

最后，基于国际碳交易市场的经验与我国的实际情况，当前业内普遍认为未来中国碳交易市场的发展路径将具有以下三点特征。

第一，全国碳市场规模将在未来几年内持续扩张，区域试点会逐步退出历史舞台。虽然电力行业覆盖了我国约40%的碳排放总量，但只控排单一行业的做法既无法达成社会总体的减排目标，也不利于行业间的公平竞争，预计未来包括石化、建材、化工、钢铁、有色金属、造纸和民航在内的高碳排放行业都可能被逐步纳入覆盖范围。与此同时，根据我国的相关政策，未来纳入全国碳交易市场的行业将不再参与地方试点，我国的试点交易体系将随着全国碳市场的扩张被逐步拆解、融合，助力全国碳市场规模实现持续增长。

第二，全国碳市场的内容和结构将会稳步优化，总体上向国际发达碳市场看齐。由于全国碳交易市场尚处于起步阶段，体系设计和运行的重点仍在于成功覆盖履约企业、促使企业主动参与交易并减排，所以采取了一系列较为基础的内容架构。考虑到我国的相关政策和国际上的有关理论与实践，预计未来几年内，全国碳交易市场或将适时开启并加大配额拍卖的比例，覆盖更多的温室气体，并加大对未履约企业的处罚力度。同时为了合理地调节供需、稳定价格和优化市场，我国可能会尝试通过重启CCER、构建市场调节保护机制（一种在各试点区域都推行过的机制，指当价格出现异常波动时政府通过调节CCER数量、公开市场操作等方式调节配额供需）、推行碳衍生品等方式完善全国碳市场。

第三，长远来看，我国将结合中国的实际国情，并吸取海外的先进经验，建立具有中国特色的碳排放权交易体系。如前所述，碳市场机制的内容和设计理论都来源于西方国家，其中很大一部分是由西方国家或地区在具体的实践中总结、提取出来的，虽然具有重要的参考意义，但与我国的国情并不完全匹配。举例来说，我国作为经济中、高速增长的发展中国家，与大多数低增长的发达国家不同，若过度强调"总量递减"，很可能会影响整体经济发展。相比之下，追求单位GDP减排量或许是一种更好的选择。同时，我国的市场化程度也和一些国家有所差别，比如我国大部分的电力价格是由政府决定的，所以具体应该如何发展有关的碳交易市场也还有待商榷。

总结来看，碳交易市场的建立和发展是我国实现碳达峰碳中和的重要抓手，是优化社会结构、实现可持续发展的必经之路，通过吸取全球发展经验，并结合我国实际，在政府行业企业的共同努力之下，我国碳交易市场一定能够走出长期、有效的中国之路。

第四章

碳达峰碳中和与重点工业低碳发展

PART 4

新中国成立以来，我国工业发展取得了举世瞩目的成就，建成了门类齐全的现代化工业体系，拥有41个工业大类、207个中类、666个小类，成为全世界唯一拥有联合国产业分类中全部工业门类的国家，工业经济规模居全球首位。工业的跨越式发展，奠定了我国制造业大国的地位，为我国全面建成小康社会作出了重要贡献。

在“双碳”目标下，面对世界百年未有之大变局，面对后疫情时代错综复杂的国际发展环境，科学把握新发展阶段，深入贯彻新发展理念，着眼构建新发展格局，实现工业高质量发展成为重大议题。

本章结合碳达峰碳中和的要求，对我国工业实现“双碳”目标的路径进行了分析探讨，并就重点工业的特点进行了详细剖析，可为“双碳”目标下我国工业高质量发展提供参考。

4.1 工业与碳排放

4.1.1 工业碳排放概况

4.1.1.1 工业碳排放统计范围

根据我国国民经济行业分类规定，工业包括采矿业、制造业和电力、热力、燃气及水生产和供应业等，如图4–1所示。

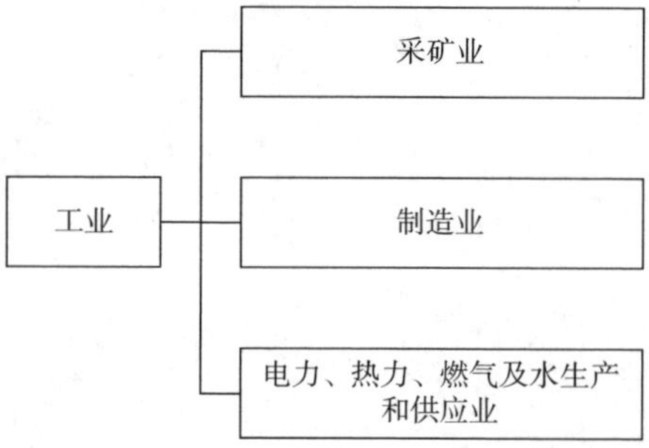

图4–1 工业碳排放统计范围

4.1.1.2 工业碳排放计算方法

工业碳排放主要包括直接排放和间接排放。直接排放主要包括燃料（煤炭、石油、天然气等）燃烧后的燃烧排放、生产工艺过程中产生的工艺排放以及各种设备部件泄漏导致的逃逸排放。间接排放主要是指外购的电、蒸汽所产生的排放。对于工业的碳排放核算，可参考

《工业企业温室气体排放核算和报告通则》（GB 32150−2015）等文件进行。常用的计算方法为排放因子法，即二氧化碳排放量为活动数据与排放因子的乘积，公式如下。

$$E_{CO_2} = AD \times EF$$

式中 E_{CO_2} —— 二氧化碳排放量，单位为吨；

AD —— 活动数据，单位根据具体排放源确定；

EF —— 排放因子，单位与活动数据的单位相匹配，参见表4−1。

表 4−1　常见燃料的二氧化碳排放因子

名称	单位	排放因子
无烟煤	tCO_2/t	2.522
烟煤	tCO_2/t	1.742
褐煤	tCO_2/t	1.173
洗精煤	tCO_2/t	2.282
其他洗煤	tCO_2/t	1.052
型煤	tCO_2/t	1.936
焦炭	tCO_2/t	2.860
原油	tCO_2/t	3.020
燃料油	tCO_2/t	3.170
汽油	tCO_2/t	2.925
柴油	tCO_2/t	3.096
煤油	tCO_2/t	3.033
石油焦	tCO_2/t	3.212
其他石油制品	tCO_2/t	2.889
焦油	tCO_2/t	2.645
粗苯	tCO_2/t	3.411
炼厂干气	tCO_2/t	3.039
液化石油气	tCO_2/t	3.101

续表

名称	单位	排放因子
液化天然气	tCO_2/t	2.732
天然气	tCO_2/万Nm^3	21.622
焦炉煤气	tCO_2/万Nm^3	8.864
高炉煤气	tCO_2/万Nm^3	8.481
转炉煤气	tCO_2/万Nm^3	15.124
密闭电石炉气	tCO_2/万Nm^3	15.947
其他煤气	tCO_2/万Nm^3	2.315

资料来源：化工生产企业温室气体排放核算与报告要求（GB/T32151.10—2015）

4.1.1.3　工业碳排放情况

根据《中国能源统计年鉴》（2020年）数据，我国2019年工业终端能源消费数量见表4-2。由工业行业终端能源消费数据可初步测算2019年我国工业行业能源相关二氧化碳排放数量约71亿吨。考虑到建材水泥等行业间接排放，我国工业行业二氧化碳排放数量在80亿吨左右，约占全国碳排放总量的70%。因此，工业是我国二氧化碳排放的最主要领域。可以说，工业能否率先碳达峰碳中和是我国2030年前碳达峰、2060年前碳中和目标实现的关键。

表4-2　2019年我国工业行业终端能源消费数量

名称	数量
煤合计/万吨	58802
焦炭/万吨	46231
焦炉煤气/亿立方米	702
高炉煤气/亿立方米	8339
转炉煤气/亿立方米	582
其他煤气/亿立方米	141
其他焦化产品/万吨	1133
油品合计/万吨	21732
天然气/亿立方米	631

续表

名称	数量
液化天然气/万吨	6508
热力/万吉焦	380697
电力/亿千瓦小时	47368
其他能源/万吨标煤	977

4.1.2 国内外工业减碳趋势

工业革命以来，全球气温快速上升，带来严峻的气候变化问题，影响人们的生活与健康。为应对气候变化，并在新一轮的技术革命中占据主动，主要发达国家通过产业升级、政策支持等手段积极开展碳减排行动。作为重要的温室气体排放部门，工业成为推动实现碳达峰碳中和的重要领域。

4.1.2.1 国外减排政策及关键技术

（1）欧盟

作为气候变化领域的引领者，欧盟的减排行动最为积极。其于2018年提出2050年实现碳中和的愿景，并在2019年发布《欧洲绿色协议》，在8个领域进行重大调整和变革，其中就包括工业转型及建筑业翻新。

为保障碳中和战略的实施，欧盟设立了完整的配套政策体系，包括碳排放交易、边境调节税，绿色投资等。欧盟碳市场于2005年正式启动，覆盖上万家高耗能企业，并尝试将建筑物排放、海运业排放等纳入其中。2021年欧洲议会通过了碳边境调节机制的决议，计划于2023年开始实施，覆盖电力和能源密集型工业行业（水泥、钢铁、石油化工、造纸、玻璃等）。另外，欧盟的投资体系对可再生能源的开发和示范进行支持，并不再为煤电等相关项目提供融资。表4-3为欧洲绿色协议重点行动。

表 4-3 欧洲绿色协议重点行动

重点行动	具体计划与目标
气候	2050年实现气候中和，2030年温室气体排放量相比1990年减少55%
能源	建立互联能源系统，支持可再生能源的发展

续表

重点行动	具体计划与目标
农业	减少食品的气候足迹，引领农业食品的可持续性转型，增强农业应对气候变化的适应能力
工业	提供可负担的清洁技术开发方案，加速欧洲工业行业的绿色和数字化转型，提升全球竞争力
环境与海洋	保护生物多样性和生态系统，减少污染，改善垃圾管理，增强渔业部门的可持续性
交通	制定可持续和智能移动战略，提供高效安全和环保的运输
金融与区域发展	未来十年至少提供1万亿欧元的可持续投资，为绿色经济转型提供资金支持
研究与创新	持续推动研究机构和企业在应对气候变化方面开展协调合作，加大科研创新投入

资料来源：the European Green Deal

在关键技术方面，欧盟工业重点关注碳捕集、利用和封存（CCUS），氢能、能源数字化等。在CCUS领域，目前欧洲建成的CCUS项目主要分布在北海地区，根据国际能源署预计，2030年、2050年和2070年，欧盟二氧化碳捕集量将分别达到3500万吨、3.5亿吨、7亿吨。在氢能领域，欧盟通过燃料电池和氢能联合组织等专门组织为产业发展提供支持，根据《欧盟氢能战略》规划，到2030年将安装至少40吉瓦的可再生氢电解槽，生产超过1000万吨的绿氢。在能源数字化领域，欧盟的开发和应用走在世界前列，云计算、大数据、区块链等数字化技术有力地推动产业变革和提升能源利用效率。

（2）美国

美国政府的气候变化政策经历数次调整，呈现出摇摆性的特点。民主党倾向于积极参与全球气候治理，并积极制定减排目标和行动，然而共和党相对保守，在气候变化问题上呈现消极态度。拜登政府上台以来，重返《巴黎协定》，召开气候变化领导人峰会，积极推进美国重返气候变化领域的领导地位。拜登在竞选过程中提出的《清洁能源革命与环境正义计划》中，明确提出2050年之前达到净零排放的目标。2021年中美双方发表《中美应对气候危机联合声明》，在双方重点关注的8个减排领域中，包括了工业和电力领域的转型（涵盖循环经济、储能、CCUS、绿氢等），具体如表4–4所示。

表 4-4　《中美应对气候危机联合声明》具体减排行动

编号	减排行动
1	工业和电力领域脱碳的政策、措施与技术，包括通过循环经济、储能和电网可靠性、碳捕集利用和封存、绿色氢能
2	增加部署可再生能源
3	绿色和气候韧性农业
4	节能建筑
5	绿色低碳交通
6	关于甲烷等非二氧化碳温室气体排放合作
7	关于国际航空和航海活动排放合作
8	其他近期政策和措施，包括减少煤、油、气排放

资料来源：中国生态环境部

2021年，拜登政府推出《美国就业计划》，结合低碳发展目标，在制造业领域对气候变化的相关技术进行大量支持，包括储能技术、新能源汽车等。在储能技术领域，美国能源部制定战略旨在加速储能技术的市场化、商业化进程，并到2030年确立全球领先地位。在新能源汽车领域，一方面积极推进技术创新，进一步降低电池、电机、电控等“三电”系统的成本，提高电机的性能；另一方面推进基础设施建设，目标到2030年建设50万个充电桩，实现20%轿车电气化。

（3）日本

2020年，日本发布《绿色增长战略》，目标到2050年实现碳中和，在之后的领导人气候峰会上，日本首先宣布2030年温室气体排放量比2013年下降46%的目标。尽管相对于欧美国家，日本在可再生能源发电、电动车领域已不具备优势，但该战略仍然彰显了其积极转型的决心。在该战略所规划的14个重点减排行业中，除了电力行业外，交通运输和制造业是重点行业。在氢能产业领域，日本积极推进氢燃料电池汽车、氢能冶金等技术的开发，计划到2050年氢气供应量达2000万吨。在汽车和蓄电池产业，积极推进电动汽车、燃料电池汽车的发展，计划15年内逐步停售燃油车，目标到2030年实现新车100%为新能源汽车。在制造业领域，加快数字化进程促进节能减排，积极推广使用二氧化碳吸收型混凝土等碳回收利用技术，普及资源循环利用，减少温室气体排放。日本《绿色增长战略》

重点减排行业及目标如表4–5所示。

表 4–5 日本《绿色增长战略》重点减排行业及目标

减排领域	关键代表性目标
海上风电、太阳能、地热	2030年海上风电装机容量10吉瓦 2030年太阳能发电成本下降到14日元/千瓦时 实现超临界地热发电，市场规模超过1万亿日元
氢能、燃料氨	2030年氢能产量300万吨；2050年约2000万吨 2050年氨作为混合燃料在火电厂使用率达到50%
下一代热能	2030年城市天然气中注入1%合成甲烷，2050年注入90%
核电	2030年成为小型模块化反应堆全球主要供应商
汽车、蓄电池	2035年销售新车中100%为电气化汽车
通信半导体	支持下一代功率半导体和绿色数据中心的研发
航运	2025年启动零排放船舶示范项目，2028年实现商业运营
物流	2050年物流行业实现碳中和目标
农渔林业	2050年农渔林业实现碳中和目标
飞机	2030年起逐步实施飞机电源的核心技术，包括电池、电机和逆变器
碳回收利用	2050年二氧化碳资源化利用技术成本与现有制造工艺成本相当
住宅	加强监管措施，提高能效标准，扩大节能改造
资源循环	2030年生产约200万吨生物塑料
生活方式转变	开发高分辨率大气模型，持续监测城市每小时排放量变化 推进数字化和共享经济等新型生活方式

资料来源：日本经济产业省

4.1.2.2 我国工业未来减排趋势

作为主要的能耗与碳排放大户，工业的低碳转型发展在我国实现“双碳”目标进程中发挥关键作用。近年来，我国工业技术水平不断提升，工业绿色转型节奏不断加快。

工业节能降耗效果显著。我国积极采取调整产业结构，优化能源结构，促进工业节能提效工作。据统计，2016—2020年，我国万元工业增加值用水量累计下降39.6%；规模以上企业单位工业增加值能耗下降16%。另外，《中国应对气候变化的政策与行动2022年度报告》显示，重点产品粗钢、电解铝、乙烯单位产品综合能耗分别比10年前下降9.0%、4.7%和4.9%。

与发达国家相比，我国工业低碳发展仍存在诸多不足。一是粗放生产方式依然存在，这造成了制造业能耗占全国能耗比重居高不下的问题。二是与国际先进水平相比，单位产品能耗高出20%以上，资源利用效率有待提升。三是工业报废品再利用率相对较低，资源化利用二次污染严重。四是法律法规和标准规范体系尚不完善。

“双碳”目标下，我国工业绿色低碳转型步伐将不断加快，努力实现高质量发展。面向未来，我国工业将重点开展以下几方面的工作实现减排。

第一，加快产业结构调整，降低高耗能产业占比，提升高端产品供应。目前，我国工业产业结构偏重，钢铁、建材、石化等高耗能产业所占比例较大，2020年我国生产了全球约57%的钢铁、56%的水泥和近20%的成品油。从产品结构看，中低端产品所占比例较大，高端和高附加值产品供应相比较少，出口工业品多以能源、基础原材料和工业中间品为主。随着工业高质量发展转型，我国工业将重点发展高端制造业，补齐价值链短板，培育世界领先的产业链集群，提升国际竞争力，降低工业温室气体排放强度。

第二，加快能源结构升级，减少化石能源消费，增加可再生能源使用。受制于我国“富煤、贫油、少气”的资源禀赋，工业的能源结构以化石能源，特别是以煤炭为主。2020年，我国工业煤炭消耗量超过全国总量的90%，导致温室气体排放量较大。在“双碳”目标的驱动下，工业的能源转型势在必行，不断降低煤炭消耗占比，提升天然气等清洁化石能源和风能、太阳能的使用对降低工业温室气体排放至关重要。同时能源结构升级也要考虑技术发展及资源现状，在确保稳定发展的前提下逐步升级，不可一蹴而就。

第三，推进工业数字化、网络化、智能化发展。工业企业从生产到销售的环节众多，也有大量的数据基础，但往往比较分散，且口径不一致。此外，与互联网等服务业相比，工业企业的数字化起步相对较晚，缺乏专业人才，对数字化转型的牵引力不足。

“十四五”规划和2035年远景目标纲要提出，要充分发挥海量数据和丰富应用场景优势，促进数字技术与实体经济深度融合，赋能传统产业转型升级。推进数字化发展，将有效提升工厂生产管理效率，节约资源并对减排产生积极作用。

第四，大力发展循环经济，降低原材料对外依存度。我国一些工业原料高度依赖国外，2020年我国石油和天然气对外依存度分别为73%和43%，铁矿石对外依存度高达82%，在逆全球化思潮和国家间经济博弈加剧的国际环境下，我国工业发展面临的原材料获取风险显著增加。发展循环经济，对于降低原材料需求，实现产业绿色转型具有重要的作用。

近年来，我国废钢、有色金属等工业产品循环回收利用取得积极成效，但回收利用水平仍然不高，再生品仍以中低端资源化为主，面对动力电池、光伏组件等拆解处理难度大的废旧产品高值利用仍然缺乏有效的商业模式。此外，循环再利用的品质和成本难以满足要求，也是未来需要提升的技术环节。

第五，建立健全工业绿色低碳发展的市场机制。完善电力、钢铁、水泥、石化、化工、有色等工业重点行业碳核算和标准体系，加紧制定重点用能企业碳排放评价通则，建立工业二氧化碳排放数据信息系统，为加强工业企业二氧化碳排放管理、指导企业降低碳排放奠定基础。探索并建立碳排放自愿协议制度，支持钢铁、水泥、石化、化工等行业重点企业开展碳排放交易。

4.1.3 我国工业实现“双碳”目标路径

与交通等部门不同，工业的温室气体排放不仅包括能源直接利用排放，而且包括工业过程中释放的温室气体。我国工业能源结构以化石能源为主，排放量大，部分工艺环节减排难度大，因而实现碳中和目标需要各主要产业共同努力，实现低碳转型。基于国内工业发展现状，未来到2060年该行业预计将会经历达峰期、平台和下降期、中和期三个主要阶段，不同阶段应采取不同的发展路径实现转型目标。

4.1.3.1 达峰期

我国是工业大国，主要工业品消费和生产均居全球首位。过去几十年，随着我国经济的飞速发展和城市化进程，基础设施建设的需求快速增加，居民生活水平日益提升，带动工业品的生产和消费。目前，我国的生铁粗钢、水泥等工业用品的生产力均占全球生产量的一半以上，炼油、乙烯能力稳居世界第二，对二甲苯（PX）产能位居世界第一。但同时，我国的工业产品结构仍需大力调整，高附加值产品所占比例较低，总体上处于全球产业链中低端。

从整体上看，目前我国工业温室气体排放已进入平台期，大量研究普遍认为我国工业排放即将达峰。不过，在达峰阶段仍要采取适合的减排手段。一方面通过总量控制、淘汰落后产能、应用先进工艺技术装备、减少煤炭消费等方式促进工业自身的高质量发展；另一方面加快开展脱碳、零碳、负碳技术的攻关研究，为碳中和目标奠定技术基础。

国务院印发《2030年前碳达峰行动方案》，明确工业领域要加快绿色低碳转型和高质量发展，推动重点行业能源利用效率大幅提升，力争率先实现碳达峰。有关行业协会、领军企业纷纷行动，相继出台达峰方案。《钢铁行业碳达峰及降碳行动方案》初步确定2025年前实现碳排放达峰。《有色金属行业碳达峰实施方案》提出到2025有色金属行业力争率先实现碳达峰，2040年力争实现减碳40%。《推进建筑材料行业碳达峰、碳中和行动倡议书》提出水泥等行业要提前在2023年前率先实现碳达峰，建筑材料行业要在2025年前全面实现碳达峰。《中国石油和化学工业碳达峰碳中和宣言》提出石化行业力争2025年左右实现碳达峰。

4.1.3.2 平台期和下降期

在实现达峰目标后，由于产业结构调整、先进技术应用推广需要一定的时间过程，工业排放可能会维持一个阶段的平台期，之后随着相关技术的成熟以及推广，温室气体排放量有望持续、稳定地下降。

在该时期，能源消费结构调整将是工业持续减排的重要措施。一方面可以通过逐步降低煤炭、石油、天然气等化石能源的消费比例来减少直接排放；另一方面可以通过提升电气化率，借助电力系统的脱碳进程减少间接排放。除此之外，提高氢能和生物质能的利用可以帮助工业在较难电气化的环节实现深度减排。通过采取以上措施，工业排放量将会大幅下降，不过仍会存在一定量的正排放。因此，在该时期，需要开展CCUS和生物碳捕集与封存（BECCS）等负碳技术的示范以及氢冶炼和乙烯电裂解炉等技术的试点，为最终实现工业碳中和蓄力。

4.1.3.3 中和期

经过前两个阶段的发展，我国工业将基本实现高质量转型，产业结构更加合理、能源消费结构更加绿色、低碳生产技术逐渐成熟。在此基础上，工业需要坚持深度脱碳的发展路径，最终实现工业的碳中和目标。

在该阶段，一方面要推广应用氢冶炼、绿氢炼化、乙烯电解炉等低碳生产技术的应用，并围绕工业需求配套绿电、绿氢和储能设施，实现工业的进一步减排。另一方面，针对难以脱碳的环节，包括高炉炼铁过程排放、水泥生产中的碳酸盐分解、石化产业中的催化剂烧焦等，需要通过CCUS、碳汇林等负碳技术和措施，实现工业的温室气体净零排放目标。我国工业碳达峰碳中和路线图如图4-2所示。

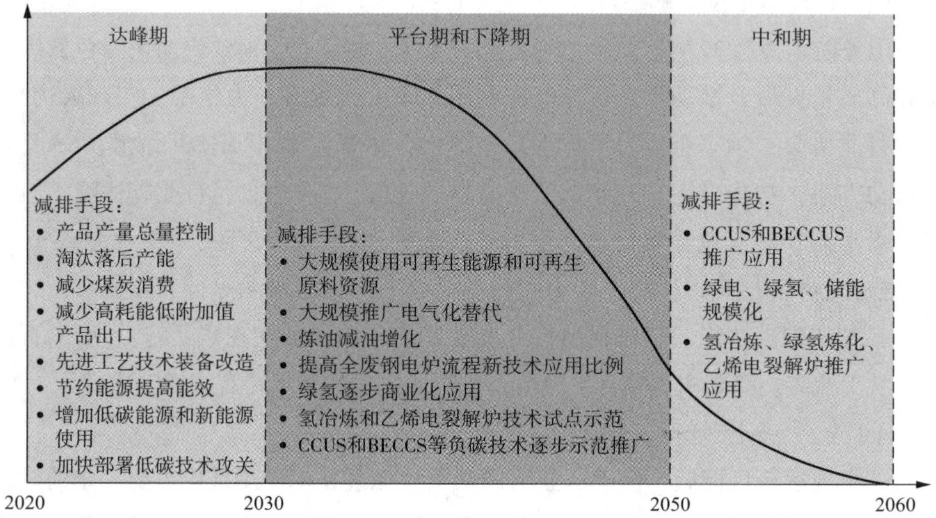

图 4-2　我国工业碳达峰碳中和路线图

4.2　电力行业绿色低碳发展路径

能源活动是我国最主要的碳排放源，能源消耗产生的碳排放超过总排放量的 80%，而电力部门在能源消耗碳排放中占比约为40%。践行“双碳”目标，能源是主战场，电力是主力军。我国能源系统的供给侧将由以化石能源为主向以低碳零碳的非化石能源为主转型，消费侧也将逐步构建“以电力为中心”的消费格局。

电力部门碳排放源主要包括燃煤发电、天然气发电等化石能源燃烧发电，虽然在近些年我国电力低碳转型已取得较大成就，但电力结构仍以化石能源发电为主。据统计，2020年发电用煤约20亿吨，发电用气约530亿立方米，电力部门碳排放量约40亿吨。在“双碳”目标下，电力行业正在发生广泛而深刻的变革，不仅要加快构建以新能源为主体的新型电力系统，还承担着提升工业、建筑、交通等领域电气化水平的重任，电力科技创新与体制机制改革向着低碳化、电气化、智能化、市场化方面迈进，电力行业成为服务全社会碳减排、支撑社会低碳转型的关键领域。

与其他控制排放行业相比，我国的电力行业有其独特之处，电力行业属政府管控，在国家减排与污染控制战略层面上，对电力行业进行控制排放会影响到行业的整体效益。目前，我国出台的电力行业环境经济政策主要有环保电价补贴政策、排污收费制度和环境保护税、税收优惠政策、排污权交易和碳排放交易等。电力行业是关系到国计民生的基础行业，在“双碳”目标下，现行电力相关法律法规尚未考虑到环保与低碳发展需求，法律条文中暂未纳入节能低碳方面的内容，需要对电力调度相关法律法规进行修改与完善，以适应调度运行模式转向节能低碳的变革。

2015年3月，中共中央、国务院发布了《关于进一步深化电力体制改革的若干意见》，提出要在发电侧、售电侧、增量配电等领域逐步引入市场竞争机制，从而优化电力行业资源配置，提高行业的整体竞争力。在中国碳排放交易启动时，电力、石化、化工、有色、建材、钢铁、造纸、航空八大行业被列为碳排放权交易市场第一阶段重点行业，其中，电力行业由于碳排放量大、管理水平高、数据基础好，成为全国各试点地区的重点参与对象。2017年12月，国家发展改革委印发了《全国碳排放权交易市场建设方案（发电行业）》，我国发电行业的碳排放权交易体系正式启动。

目前已有能源研究机构通过自上而下的模型情景假设，对不同温升条件下中国能源转型开展路径探索，如国际能源署、国际可再生能源署、国家发展改革委能源研究所等。电力行业是加速推动工业、建筑、交通等其他主要用能领域深度脱碳的重要前提，电力系统低碳转型对于实现“双碳”目标具有重大意义。

4.2.1 “双碳”目标下电力行业绿色低碳发展形势

在现阶段，我国电源结构主要为化石能源发电。2021年，我国火电装机容量和发电量分别占比54.6%和67.4%。电力系统实现“双碳”目标具有长期性、艰巨性的特征。因此，分析现阶段电力系统发展进程和转型趋势，对准确研判未来电力供需形势、规划电力行业低碳转型路径具有重要参照价值。

4.2.1.1 全社会用电量较快增长，电力消费结构不断优化

电力需求保持较快增长。“十三五”以来，随着产业结构调整和供给侧结构

性改革，新业态与新动能迅速发展，以及电能替代推广应用、城农网改造升级等因素综合影响，全社会用电量增长较快，“十三五”年均增速约为5.7%，年均增量约3650亿千瓦时。

电力消费结构不断优化。“十三五”期间，我国宏观经济运行总体平稳，服务业和高新技术产业发展较快，电力消费结构持续优化，第一、第二产业用电量占比不断下降，第三产业和城乡居民生活用电量占比逐年提高。与2015年相比，2020年第三产业和居民生活用电量占全社会用电量比重，分别提高2.8和1.8个百分点，第二产业比重降低4.6个百分点。制造业中，高技术及装备制造业所占制造业比重比2015年提高1.9个百分点，新旧动能转换呈加快趋势。

电能替代潜力充分释放。近年来，我国在居民取暖、交通运输、部分工农业生产制造等领域，电能替代推广步伐不断加快，“十三五”期间电能替代用电量合计超过8200亿千瓦时，电气化比重由2015年底的22%提升至2020年底的27%，年均提升1个百分点。

用电负荷尖峰化特征显现。“十三五”以来，随着产业结构升级调整，居民和生活电力消费比重不断提高，极端天气时有发生，电力负荷尖峰化特征明显。“十三五”期间，我国最大用电负荷年均增长8.1%，较全社会用电量平均增速高2.4个百分点。

4.2.1.2 电力供应能力稳步夯实，非化石能源成为增量主体

发电供应能力持续增强。“十三五”期间，我国电力基础设施建设规模稳步扩大，电力供应安全性和可靠性持续提升，截至2020年年底，我国发电装机容量达到22亿千瓦，年均增速7.6%。其中，水电、核电、风电、太阳能发电、天然气发电、燃煤发电装机容量均有不同幅度的提升。

电源结构绿色低碳转型加快推进。“十三五”以来，我国电力生产结构不断改进，水电、核电、风电、太阳能发电等非化石能源装机快速增加，累计装机占比达到43.4%，较“十三五”初期提升了接近10个百分点。随着风电、太阳能发电装机规模快速提升，非化石能源逐步成为新增电力装机的主体。“十三五”期间，我国风电装机容量增长超过1倍，年均增速17%；太阳能发电装机容量较2015年提升近5倍，年均增速高达43%。2020年我国新能源发电新增装机规模合计达到1.2亿千瓦，非化石能源电力新增装机占比达到70.5%，这表明我国能源低碳转型取得重大阶段性成果，清洁电力为主体的时代已经来临。

非化石能源发电量占比稳步提升。“十三五”以来，我国电力供应结构调整步伐明显加快。非化石能源发电量占比不断提升，由2015年的27.2%提升至2020年的32.4%，年均提升1.1个百分点，风电、光伏、生物质发电等新能源发电量占比提升尤为明显，由2015年的3.9%提升至2020年的11.4%，年均提升1.4个百分点，成为电力低碳转型的重要支撑。与此同时，煤电装机总量的增速明显放缓，发电量占比呈较快下降趋势，由2015年的70.0%降至2020年的60.8%，年均降低约1.8个百分点。

4.2.1.3 电网资源配置能力显著优化，供电能力和可靠性稳步提升

跨区输电通道推进速度加快，资源配置能力持续提升。“十三五”期间，我国电网建设规模平稳增长，供电能力和电能质量不断提升。至2020年底，我国已累计建成“十四交十六直”特高压通道，跨区跨省电力流规模总体接近2.6亿千瓦，较“十二五”新增1.2亿千瓦左右，可再生能源外送能力有效提升。2016年至2019年，我国可再生能源发电装机容量年均增长约13%，2020年水电、风电和光伏发电的平均利用率达到国际先进水平，分别为97%、97%和98%。

区域电网主网架不断完善，供电能力进一步提高。“十三五”期间，我国电力基础设施建设不断完善。根据2020年世界银行的《全球营商环境报告》，我国“获得电力”指标排名已由2017年的第98位大幅提升至第12位，已接近甚至处于世界先进水平。

4.2.1.4 新能源及新型储能技术不断进步，成本持续下降

陆上风电方面，近年来，随着应用范围的扩大，全球陆上风电规模化发展带动投资建设成本持续降低。由于技术创新、规模效应的促进作用，我国陆上风电的成本逐渐降低。自2021年起，我国陆上风电全面进入无补贴平价上网阶段。未来陆上风电成本下降的关键点在于大容量风机推广、低风速技术应用、先进制造和工艺使用，风电整体效率不断提升，产业规模也将持续增大。

海上风电方面，在过去10年中，全球海上风电平均成本稳步下降。虽然全球海上风电规模较小，但由于装机成本和运维成本的降低、单机容量的提升，海上风电平准化度电成本（LCOE）在2010—2020年间也下降了48%。我国的海上风能资源较为丰富，但仍处于发展初期阶段，截至2021年4月底，并网容量突破千万千瓦，但当前尚未具备去补贴平价上网的条件。未来我国海上风电成本下降取决于风电技术、风能特性掌握能力以及风电供应链和生产安装优化情况。如果

按照25年运行期测算，海上风电有望在2025年于局部资源条件和建设条件较好地区实现平价，有望在5~10年内实现全面平价。

光伏发电方面，随着光伏发电技术发展、产业升级、市场规模扩大，全球光伏发电成本呈下降趋势。光伏发电平准化度电成本在2010—2020年间下降了85%，是成本降幅最大、降速最快的商业化电源。与此同时，我国光伏发电成本大幅下降，转换效率不断提升。未来，在技术进步和产业规模化发展的带动下，光伏发电成本仍存在下降空间，预计2025年前光伏发电将成为最为经济的发电技术。

电化学储能方面，在“构建以新能源为主体的新型电力系统”的目标愿景下，电化学储能将随着风电、光伏发电规模发展而不断增长。考虑到风电和光伏固有的波动性和间歇性，电化学储能被认为是平抑风电和光伏（简称风光）波动、促进新能源消纳、保障电力系统安全稳定最有效手段之一。

在新能源发电成本快速下降的同时，电化学储能技术也在快速迭代。过去十年里，锂离子电池成本下降90%以上，未来仍有较大下降空间。届时，新能源与储能相结合的经济性优势显现，在用户侧管理、调峰、调频、可再生并网等领域都有较大应用空间。

4.2.2 电力需求预测及碳排放展望

4.2.2.1 电力需求变化趋势预测

（1）负荷尖峰化特征愈发明显，近中期电力负荷快速上升

随着经济社会发展，人民生活水平不断提高，全社会用电量不断增长，第三产业和居民用电负荷占比将持续提高，用电尖峰负荷提高、峰谷差增大的趋势愈发明显。与此同时，在局部地区出现的极端天气致使夏季、冬季短时尖峰用电负荷屡创新高。随着新能源发电比重提高，全社会电气化水平不断提升，电力供需双侧的波动性将明显增加，局部地区“全年富电量、短时缺电力”特征更为显著，区域性时段性电力安全保供形势更为严峻。

考虑到制氢及新型储调技术的主要目的是平抑电力平衡，电力负荷的变化将主要由终端用电情况决定。近中期，预计降温与采暖负荷占总用电负荷的比重将达到一半甚至更多。远期来看，随着终端用电量进入峰值平台期，用电负荷趋于平稳，并随着终端用电量的减少而开始缓慢下降。

（2）电力需求持续增长，远期新型储调损耗占比提高

在“双碳”目标下，电力行业自身的低碳转型会明显提速，终端能源消费中煤炭、石油等化石能源品种也将加速向电力转变。随着工业、建筑、交通等各行业电气化进程加快，终端电力消费需求将大幅增加，“以电力为中心”的消费格局将逐步形成。

与此同时，在工业、交通等部门中较难实现电能替代的环节，其终端用能将向氢能转移。在未来，通过电解水获取氢能的比重将不断提高，制氢的用电需求出现较快增长。电解水制氢一方面要求电力系统发展足够规模的风电、光伏发电等新能源来满足制氢用电需求，且新能源发电需要和氢能产业的布局相匹配，另一方面也为电力系统“削峰填谷”提供新的方式。

随着加快构建以新能源为主体的新型电力系统，抽水蓄能、电化学储能、电动汽车车网互动技术（V2G）等储调技术的应用将越来越广泛。考虑到不同形式的储能都存在不可避免的能量损失，电能损耗会随着储能规模的不断扩大而持续增加。综上所述，全社会用电量可以分解为三部分，即终端用电量、制氢用电量和电能损耗。

基于我国经济社会发展以及能源电力系统低碳转型，预计2020—2060年我国全社会用电量变化趋势主要分为以下三个阶段。

第一阶段（2020—2030年）中电力消费保持较快增长，年均增速逐步放缓。“十四五”和“十五五”时期，我国总体处于工业化中后期、城镇化快速推进阶段。随着经济发展方式转变和产业结构优化调整，新技术、新业态、新模式将逐步成为经济发展的新动能，工业生产加快转型，高端制造业发展将推动电力需求刚性增长，5G、大数据、人工智能等将带动新兴产业用电快速增长，居民生活用电将持续提升。在这一时期，电化学储能、V2G等新型储能还处于培育和初期发展阶段。预计“十四五”期间全社会用电量平均增速保持在5.5%~5.8%，“十五五”期间全社会用电量平均增速有所降低，约为2.2%~2.9%。

第二阶段（2030—2050年）中电气化水平快速提升，终端用电量逐渐饱和。按照2035年我国基本实现社会主义现代化，2050年建成富强民主文明和谐美丽的社会主义现代化强国的战略目标，中远期我国经济实力、科技实力、综合国力将大幅提升，新型工业化、信息化、城镇化、农业现代化不断推进，工业、建筑、交通等终端用能领域的电气化水平快速提高。随着城市化建设和经济社会发展放

缓，终端电力需求增速也有所减缓，在2050年前后达峰。与此同时，随着新能源占比提高，电化学储能、电动汽车V2G等新型储调技术得以快速推广应用，储调技术的用电量及电能损耗占比逐步提升。预计2030—2050年，全社会用电量年均增速大致在1.3%~1.8%。

第三阶段（2050—2060年）中终端电力需求稳中有降，用电增长空间基本全部来自制氢用电及储调损耗。2050年之后，随着我国经济发展方式调整，城镇化水平趋缓以及人口逐步饱和，终端电力需求进入峰值平台期，并逐渐缓慢下降。在此期间，考虑到氢能需求量持续提升，以及以新能源为主体的新型电力系统对电化学储能、V2G等新型储调技术的刚性需求成为常态，电解水制氢等电制燃料的用电量和新型储调技术的电能损耗仍将进一步增加。预计2050—2060年，全社会用电量基本饱和，年均增速不到1%。到2060年，电能占终端能源消费的比重提升至60%~70%，全社会用电量达到14.3万亿~18.0万亿千瓦时，制氢用电量及储调技术电能损耗占比进一步提升至26%左右，成为全社会电力需求增长的主要来源。

4.2.2.2　电源发展及电力供需平衡分析

为了反映经济发展、科技进步、成本下降、环境约束和气候变化对能源发展的影响，设置两种情景分析预测未来全社会电力需求及趋势特点，分别为基础情景和积极情景。在基础情景下，经济社会快速发展，工业、建筑、交通等终端部门能源消费旺盛，用电需求整体偏高，电源结构向低碳化平稳转型，电力部门力争于2050—2055年实现碳中和；在积极情景下，经济社会平稳发展，工业、建筑、交通等终端部门能源消费向节约型加快转变，用电需求整体偏低，电源结构向低碳化加速转型，电力部门力争于2040—2045年实现碳中和。具体如表4-6所示。

表4-6　电力部门两种设定情景比较

情景要素	基础情景	积极情景
总体目标	2050—2055年实现碳中和	2040—2045年实现碳中和
电力消费侧	• 能源消费旺盛，终端用电需求整体偏高 • 终端用电量2050—2055年达到峰值	• 能源消费节约化，终端用电需求整体偏高 • 终端用电量2045—2050年达到峰值

续表

情景要素	基础情景	积极情景
电力供应侧	•电源结构低碳化平稳转型 •煤电2025—2030年达峰，峰值较高，之后稳步退出 •气电2040年左右达峰，峰值较高，之后稳步退出 •新能源大规模发展，一直保持较高增速，远期总装机容量较高	•电源结构低碳化平稳转型 •煤电2025年左右达峰，峰值较低，之后加速退出 •气电2035—2040年达峰，峰值较低，之后加速退出 •新能源近中期加速发展，远期增速放缓、总装机容量较低
新技术	•电化学储能、V2G、氢能等新型储调技术稳步发展，远期总体规模更大 •碳捕集和碳封存（CCS）技术在2045年左右实现规模化应用，应用范围和规模更大	•电化学储能、V2G、氢能等新型储调技术提前布局，加快应用 •CCS技术在2035年左右实现规模化应用，应用范围和规模更小

（1）电源及储调规模发展预测

在基础情景下，从近中期看，我国正处于能源转型过渡时期，非化石能源对化石能源由增量替代向存量替代转换。化石能源与非化石能源既有替代的对立又有协调的统一，特别是在新型储调技术大规模成熟应用之前，化石能源既要起到保障能源安全的作用，也要为新能源和可再生能源的规模化发展保驾护航，各种电源类型都将充分协调互补发展。预计到2025年和2030年，我国非化石能源装机占比分别超过50%和60%。中远期看，随着电制氢、电化学储能等储调技术日益成熟，风电、光伏等新能源技术进步、成本降低，我国以新能源为主体的新型电力系统日趋成熟，新能源和可再生能源将成为电力装机和发电量的双主体。预计到2035年和2050年，我国非化石能源装机占比分别超过70%和90%，到2060年，非化石能源装机占比进一步提升至96%。

在积极情景下，全社会用电量及最大用电负荷均低于基础情景，因此对电源及储调设备的规模要求较低。为了在2040—2045年间提前实现电力部门碳中和，需要加快电源结构调整步伐。新型储调技术应提前布局；为了实现煤电、气电提前达峰，且峰值更低，CCS技术应更早推广应用于火电厂，成为电力系统的重要技术支撑；BECCS 技术在 2035 年前后开始示范应用，在电力部门实现近零排放阶段发挥重要负碳功能。根据我国未来电力电量需求增长趋势，预计在2025年和2030年，我国非化石能源装机占比分别达到57%和68%。预计在2035年和2050年，我国非化石能源装机占比分别达到78%和97%。到2060年，我国非化石能源装机占比达到100%。

（2）电力供需平衡分析

在基础情景下，随着未来用电需求的增长和电力低碳化进程的加速，煤电和气电发电量出现先升后降的趋势。预计2025年煤电发电量达到峰值，2045年前后，部分煤电机组逐步配置CCS技术，并积极示范应用。为实现“双碳”目标，大力发展非化石能源发电，水电、核电、风电、太阳能发电和生物质发电量逐年增加，在电力供应中发挥越来越重要的作用。预计到 2030 年，风光发电量占比达到27%，非化石能源发电量占比超过50%；2045年，风光发电量占比为55%，非化石能源发电量占比约为85%；2050年，风光发电量占比超过60%，非化石能源发电量占比达到94%，电力部门在2050—2055 年间实现碳中和。此外，根据电力平衡测算结果，在正常天气和极端天气两种条件下，基础情景最大用电负荷时段的电力平衡均能够保障。其中，在2055年和2060 年，极端天气下电力处于紧平衡状态，需要充分调动各方资源以提供电力支撑。

在积极情景下，煤电和气电发电量均呈现先升后降的趋势，但其发电量峰值较基础情景更低。煤电发电量预计于2025年达到峰值；在2030年后，开始为部分煤电机组配备 CCS装置，为保留一定规模的煤电发电量创造了技术条件；在2045年实现碳中和的阶段中，纯煤电发电量基本为零，煤电机组全部加装CCS装置。气电发电量预计于2035年达到峰值，此后逐步下降，2050年之后气电发电量基本为0。与此同时，电力系统从2035年开始引入BECCS技术。2020—2045 年间，风电、太阳能等非化石能源发电量占比快速提升。预计在 2030 年，风光发电量占比达到33%，非化石能源发电量占比接近60%；在2040年，风光发电量占比约为60%，非化石能源发电量占比约为90%；在2045年，风光发电量占比66%，非化石能源发电量占比达到98%；到2050年，非化石能源发电量占比达到100%。根据电力平衡测算结果，在正常天气和极端天气两种条件下，积极情景最大用电负荷时段的电力平衡均可以保障。其中，2045年实现电力部门碳中和，在极端天气下电力处于紧平衡状态，反映出碳中和初期电力系统的充裕度较低，需要充分调动各方资源提供电力支撑。

4.2.3 电力行业低碳转型路径

电力行业低碳转型路径示意图如图4-3所示。从供给侧看，电力低碳转型发展过程中，以风能、光伏为代表的可再生能源将成为电力供应主体，这将给电力系统带来战略性、全局性变革。随着可再生能源发电比例的提升，电网稳定性迎来极大挑战，与新型电力系统匹配的储能、输配电技术成为重要关注的方向。另外，在用户侧，分布式电源、多元负荷等发/用电一体的“产消者”的涌现也要求电力主体企业主动协同终端用户开展协同布局，共同推动我国电力碳达峰、碳中和发展目标的实施落地。

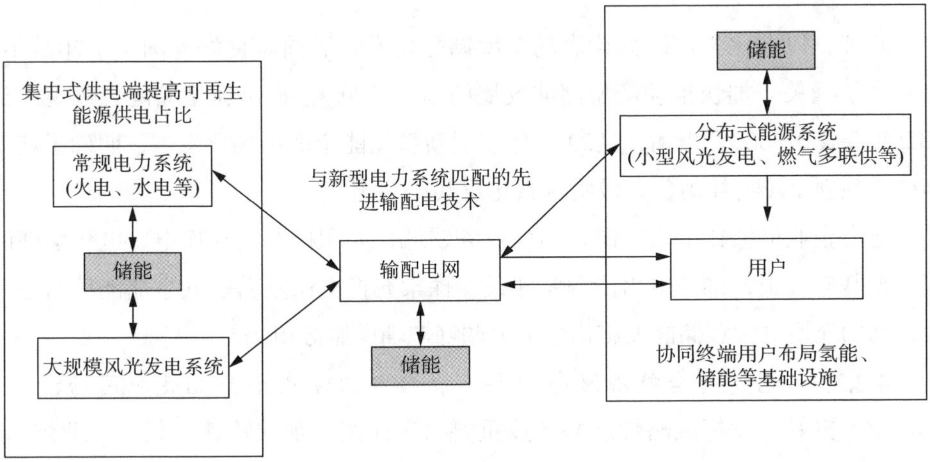

图 4-3 电力行业低碳发展路径示意图

4.2.3.1 加快发展可再生能源发电业务，积极布局新能源发电市场

风电、光伏发电等新能源大规模发展、高比例并网已成为实现碳达峰碳中和目标的必由之路。预计到2025年，风电和光伏发电的总装机规模将达到10亿~12亿千瓦，到2030年达到 17亿~20 亿千瓦。“十三五”期间我国新能源发电快速发展，截至2020年底，我国风电和光伏发电的总装机规模为 5.4 亿千瓦。“十四五”期间风光装机年均新增将超过1亿千瓦，未来风电、光伏发电等新能源将有较大的市场空间。

电力企业需加快发展可再生能源发电业务，积极布局新能源发电市场。可结合集中式新能源发电基地，提前谋划、合理布局可再生能源发电项目。通过风电、光伏发电替代部分高碳电厂，提高绿电比例，降低生产阶段碳排放水平，推进能源消费绿色低碳转型。

4.2.3.2 依托电力资源优势，积极布局充换电、储能等新型基础设施

在能源低碳转型的背景下，终端用能领域电气化水平将大幅提高。预计到

2030年，电动汽车保有量将达到5000万~6000万辆，2035年将超过10000万辆，乘用新车基本全部实现电动化。随着电气化科学技术不断发展，电动汽车不仅应用于私家车和公交车，还将推广到重载货车等应用领域，因此对充、换电站等基础设施的需求将出现井喷式增长。在电动汽车领域，V2G已开始了小规模示范验证，预计到2035 年将具备1亿千瓦左右的最大放电功率，成为一种新型的电力系统调峰资源。

此外，以电化学储能为代表的新型储能技术发展前景良好。国家于2021年7月发布了《关于加快推动新型储能发展的指导意见》，提出新型储能装机规模到2025年要突破3000万千瓦，到2030 年实现新型储能全面市场化发展，明确了新型储能的独立市场主体地位，鼓励探索建设共享储能。

电力企业可依托电力资源，拓展业务领域，如积极布局充换电、电化学储能等新型基础设施，推动电力能源站建设，探索充换电站联营、共享储能等商业模式，利用充换电站和储能设施构建电力调峰与辅助服务市场。

4.2.3.3 培育综合能源服务业务，联合电力需求企业拓展应用场景

为了更好地发挥战略性新兴产业重要引擎作用，加快构建现代化产业体系，国家发改委、科技部、工信部、财政部联合发布《关于扩大战略性新兴产业投资培育壮大新增长点增长极的指导意见》，提出加快新能源产业跨越式发展，大力开展综合能源服务。综合能源服务包括电/气/热/冷多元化用能需求的灵活定制、分布式清洁能源集成供应、需求响应、园区和高耗能企业节能改造等。建设综合能源服务体系成为企业提升能源利用效率、推动节能减排的一项重要选择。

电力企业可联合电力需求企业，拓展下游应用场景，积极培育综合能源服务项目，推动下游电力需求企业实现多能互补和能效提升。电力企业可以依托自身优势，与服务的工业园区、生产基地等生产主体一道，合理布局分布式光伏、风电、天然气发电等分布式能源，聚合储能、氢能和微电网，形成“园区级源网荷储一体化”的综合能源系统，满足客户用能用电需求，并降低相关企业生产的用能成本和环境成本。

4.2.3.4 加快形成可再生能源制氢产业，推动氢能储运技术实现重大突破

氢能是实现“双碳”目标的一项重要战略选择。随着氢能应用场景的拓展和电解水制氢技术的发展，绿氢在全部氢能消费中的占比将大幅度提高。预计在近

中期，到2030年制氢用电量将超过0.25万亿千瓦时，到2035年制氢用电量将达到0.6 万亿千瓦时。预计到2060年，制氢用电量可能增长至2.8万亿~3.8万亿千瓦时。由此可见，可再生能源制氢产业在未来具有较大的市场空间，而氢能的储运技术也成为制约行业发展的关键问题。

电力企业可依托可再生能源富余电力再利用的先发优势，积极布局以可再生能源电力电解制氢为核心的电转气模式。加快绿氢技术装备研发，推进可再生能源制氢示范项目。围绕低成本、长寿命、大容量碱性电解槽和质子交换膜电解水制氢技术，开展系统集成、关键原材料和组件技术攻关，着重解决电解水制氢系统柔性耦合间歇、波动可再生能源工程技术。同时，加大氢能储运关键技术的研发力度，开展低温液氢、管道输氢等长距离、大容量氢气储运示范。开展300千米以上高压气氢、低温液氢远距离输送商业运营示范，可再生能源制氢通过独立管道或掺入天然气管道运输技术示范，着力破解大规模可再生能源制氢长距离、高效率、低成本储运瓶颈。

4.2.3.5 深化电力市场体制机制改革，发挥市场在资源配置中的决定性作用

在全球绿色低碳转型的浪潮下，已有超过130个国家提出碳中和目标愿景，欧盟等主要经济体也提出了碳边境调节机制及类似决议，这种新的政治经济博弈可能会重塑全球产业链。在此背景下，部分跨国企业特别是敏锐度较高的大型跨国公司开始提出自身的碳中和目标和碳足迹要求，企业通过自主采购绿电以降低终端碳排放的意愿也日益强烈。

2021年9月7日，国家批复《绿色电力交易试点工作方案》，推动开展绿色电力交易试点工作，引发市场供需主体的热烈反响，向社会传递出绿电环境属性的价值信号，为化石能源大用户完成“双碳”目标提供了新的选项，对助推我国实现碳达峰碳中和战略目标具有重要作用。

按照我国目前的政策及市场机制来看，市场将在资源配置中发挥决定性作用，新能源系统利用成本将通过市场化手段得到缓解或解决。作为电力市场最为重要的交易主体而言，电力企业一是要积极推动完善电力等能源品种价格的市场化形成机制，发挥促进产业结构调整、缓解电力供应紧张矛盾的积极作用。二是要跟踪绿色低碳金融产品和服务开发，借助绿色信贷等优惠政策，推进可再生能源发展，积极稳妥解决电力平衡和供应保障难题。三是要牢固树立服务意识，积

极服务下游电力需求企业，不断探索构建完善利益平衡、统筹兼顾的市场机制，挖掘电力系统“源网荷储”灵活性资源配置潜力，与电力需求企业形成长期合作模式，积极协同推动下游企业能源转型升级。

4.2.3.6 聚焦关键技术研发，支撑电力行业绿色低碳转型发展

聚焦电力相关的新能源发电、智能电网、储能技术、可再生能源非电利用等能源绿色低碳转型支撑技术研发。

新能源发电方面，研发高效硅基光伏电池、高效稳定钙钛矿电池等技术，研发碳纤维风机叶片、超大型海上风电机组整机设计制造与安装试验技术、抗台风型海上漂浮式风电机组、漂浮式光伏系统，开展地热发电、海洋能发电与生物质发电技术研发，研发具有高安全性的多用途小型模块式反应堆和超高温气冷堆等技术。

智能电网方面，以数字化、智能化带动能源结构转型升级，研发大规模可再生能源并网及电网安全高效运行技术，重点研发高精度可再生能源发电功率预测、可再生能源电力并网主动支撑、煤电与大规模新能源发电协同规划与综合调节技术、柔性直流输电、低惯量电网运行与控制等技术。

储能技术方面，研发压缩空气储能、飞轮储能、液态和固态锂离子电池储能、钠离子电池储能、液流电池储能等高效储能技术；研发梯级电站大型储能等新型储能应用技术以及相关储能安全技术。另外，还需持续关注电力输配节能技术研发推广、煤炭清洁高效利用技术等。

4.3 钢铁行业绿色低碳发展路径

钢铁工业是国民经济的重要基础产业，是建设现代化强国的重要支撑，为满足下游行业用钢需求和保障国民经济的平稳运行作出了突出的贡献。“十三五”期间，随着供给侧结构性改革的推进，钢铁工业去产能、调结构、促升级取得明显成效，产能严重过剩矛盾有效缓解，经营效益大幅回升，市场信心显著增强，市场竞争力明显提高。

2021年，在“双碳”大背景下，我国钢铁行业通过挖潜增效，努力克服原材料和燃料价格高位运行的困难，在实现减产3500万吨的同时，行业效益也创下了

历史最好水平。据中国钢铁工业协会统计，2021年，会员钢铁企业实现营业收入6.93万亿元，同比增长32.7%；利润总额3524亿元，同比增长59.7%；销售利润率为5.08%，同比上升0.85个百分点。供给侧结构性改革推动了钢铁工业良性发展，为转型升级、实现高质量发展打下坚实基础。

钢铁行业是能源消费大户，同时也是CO_2排放大户，是实现绿色低碳发展的重要领域。经测算，我国钢铁行业CO_2排放总量在2014年曾出现过高点，一度达到排放量高峰17.3亿吨，随后开始呈现下降态势，但近几年粗钢产量持续上涨，2020年粗钢产量更是达到了10.65亿吨，CO_2排放总量又出现反复，初步估算2020年CO_2排放总量约为17.4亿吨，约占全国碳排放总量的17%左右。

钢铁行业绿色低碳发展任重道远，中国政府、行业协会、重点企业都在积极制订减排目标和减排策略。中国政府在《2030年前碳达峰行动方案》指出，要实施重点行业节能降碳工程，推动电力、钢铁等行业开展节能降碳改造，推动钢铁行业碳达峰。深化钢铁行业供给侧结构性改革，严格执行产能置换，严禁新增产能，推进存量优化，淘汰落后产能。推进钢铁企业跨地区、跨所有制兼并重组，提高行业集中度。优化生产力布局，以京津冀及周边地区为重点，继续压减钢铁产能。促进钢铁行业结构优化和清洁能源替代，大力推进非高炉炼铁技术示范，提升废钢资源回收利用水平，推行全废钢电炉工艺。推广先进适用技术，深挖节能降碳潜力，鼓励钢化联产，探索开展氢冶金、二氧化碳捕集利用一体化等试点示范，推动低品位余热供暖发展。

另外，中国政府还发布了《关于统筹和加强应对气候变化与生态环境保护相关工作的指导意见》，其中提出要推动钢铁、建材、有色、化工、石化、电力、煤炭等重点行业提出明确的达峰目标并制定达峰行动方案；同时在钢铁、建材、有色等行业，开展大气污染物和温室气体协同控制试点示范。此外，在《“十四五”工业绿色发展规划》中，提出要制定工业领域和钢铁、石化化工、有色金属等重点行业碳达峰实施方案，统筹谋划碳达峰路线图和时间表；到2025年单位工业增加值二氧化碳排放降低18%。

同时，中国钢铁工业协会专门成立了钢铁行业低碳工作推进委员会，集合了钢铁行业及相关行业政策、技术、金融等各领域专家力量，全面推动钢铁行业低碳发展工作。2021年初，中国宝武集团率先向社会发布要提前实现碳达峰碳中和目标，力争2023年实现碳达峰，2025年具备减碳30%的工艺技术能力，2035年力争减碳30%，2050年力争实现碳中和。随后，河钢集团、鞍钢集团、首钢集团、包钢集团等也提出了各自的“双碳”发展目标。

4.3.1 “双碳”目标下钢铁行业绿色低碳发展形势

碳达峰碳中和目标将对钢铁工业生产流程结构的调整、钢厂模式和钢厂布局的变化、铁素资源消耗、能源消耗和碳排放等诸多方面产生重要的影响，而这必将推动钢铁行业加快转型升级、生态文明建设、绿色发展。

4.3.1.1 巩固去产能成果，减量化发展成为常态

从钢铁行业整体上来看，行业CO_2排放总量一方面取决于钢铁行业吨钢CO_2排放量，另一方面取决于钢铁行业粗钢总产量及其流程结构。钢铁行业碳排放量与粗钢产出量具有很强的相关性，中国钢铁行业要实现碳达峰碳中和，首先是要从宏观上调整产业结构，实行总量削减、淘汰落后，不宜继续提高产量，不能大量出口低附加值钢材，应该巩固去产能成果，走减量化、高质量的发展道路。

“十三五”时期，钢铁行业作为供给侧结构性改革的重点行业，深入贯彻落实《国务院关于钢铁行业化解过剩产能实现脱困发展的意见》，累计压减粗钢产能1.7亿吨，查处700多家“地条钢”企业，涉及“地条钢”产能1.4亿吨以上，有效遏制了违法违规新增产能扩张的源头，从根本上解决了扰乱市场的不良产能问题，为产业高质量发展赢得空间。

钢铁去产能成果来之不易，巩固这些成果是在新发展阶段谋划行业发展的重要基础。要严格遵守产能置换、项目备案等有关规定，严禁新增产能，严查违法违规行为，健全防范产能过剩长效工作机制，巩固来之不易的供给侧结构性改革成果。要严格规范管理，形成市场化、法治化产能产量双调节长效机制，转变以量取胜的发展方式，逐步建立以碳排放、污染物排放、能耗总量、产能利用率等为依据的产量约束机制。

4.3.1.2 倒逼低碳技术变革，流程结构逐步调整

目前，中国的钢铁生产流程主要有以天然资源（铁矿石）、煤炭等为源头的高炉-转炉“长流程”和以再生资源（废钢）、电力为源头的电炉“短流程”两类，基本上是90%的长流程，10%的短流程。短流程相对长流程而言，减少了烧结/球团、焦化、高炉等高能耗、高污染的工序，具有投资少、占地小、能耗低、污染轻等优点。研究表明，与用铁矿石生产1 吨钢相比，通过电炉流程用废钢生

产1 吨钢，投资可减少近2/3，占地面积减少近3/4，节约铁矿石消耗1.65 吨左右，降低能源消耗350 千克标准煤，减少CO_2排放近2/3，减少废气排放近80%，减少固体废物排放3吨左右。

另外，氢还原技术一直被认为是一项未来有望实现的颠覆性技术。基于氢还原–电炉的流程就是氢冶金流程，它是以氢取代碳作为还原剂和能源，从源头减少碳还原剂及其带入的硫、灰分导致的硫氧化物排放和炉渣排放；产出的无碳、低硫的氢直接还原铁（HDRI）通过界面衔接技术，连接电炉短流程，进行高效、低渣量的洁净钢冶炼，从而构建氢冶金流程清洁高效生产系统。

"绿氢"的生产和利用为钢铁企业实现CO_2的净零排放提供了方向，但当前世界上还没有该项技术的工业化应用实例，推行该项工艺还需要进一步地试验、完善。其中，德国计划在2030年前建成5GW的电解"绿氢"机组；欧盟2020年7月发布《欧盟氢能战略》，计划到2030年，"绿氢"在欧盟产能超过1000万吨/年，从而促进下一阶段实现氢能在钢铁行业等典型行业的大规模应用；瑞典钢铁公司于2018年启动了突破性的"绿氢"–气基竖炉的项目，计划在2035年实现工业化生产，目前该项目已处于中试阶段。同时，氢气的大规模制备、输送和储存技术的瓶颈，经济成本高，使用过程中的安全性问题，都是发展纯氢–气基竖炉工艺及其工程化运行稳定性的限制因素。

综上所述，长远来看，钢铁行业的生产制造流程将分为三大类，即高炉–转炉长流程、全废钢电炉流程和氢冶金（氢还原–电炉）流程。通过对2021—2060年中国钢铁行业双碳进程中流程结构变化情况进行展望，全废钢电炉流程占比到2030年达到20%~30%，到2060年达到60%左右；氢冶金流程占比到2030年达到3%左右，到2060年达到25%左右；高炉–转炉长流程占比到2030年达到67%~77%，到2060年达到15%左右。

4.3.1.3 资源保障能力增强，资源结构逐步优化

世界铁矿资源丰富，但资源分布、矿石品位差异大，我国铁矿石对外依存度一直居高不下。据美国地质调查局数据，2020年世界铁矿石基础储量1800亿吨，其中铁含量840亿吨，平均含铁品位46.7%。2020世界铁矿石产量为23.4亿吨，其中16.6亿吨用于进出口贸易，中国进口量为11.7亿吨。目前，世界铁矿石生产和贸易企业主要集中在澳大利亚的力拓、必和必拓、福蒂斯丘以及巴西淡水河谷四大矿山公司，约占世界铁矿石总产量的50%，占世界铁矿石贸易量的70%左右。

我国铁矿石储量虽然位列第四，但受矿石品位低、开采成本高等因素制约，我国铁矿石产量难以满足国内钢铁生产，2020年我国铁精矿产量2.7亿吨，远低于实际消费量14.2亿吨。此外，我国的海外权益铁矿产能仅为1.2亿吨/年，控股的铁矿仅有首钢的秘鲁马科纳、鞍钢的澳大利亚卡拉拉、中信的澳大利亚Sino等少数几个铁矿。2014年以来我国铁矿石对外依存度一直处于80%以上。

另外，我国钢铁行业铁素资源保障还面临国内铁矿资源开发不足，资源禀赋差、品位低和成本高，项目开发上存在项目审批难周期长、政策制度约束偏紧、税费负担重、融资难等突出问题。

要提升铁素资源保障能力，一方面在减量化发展、流程结构调整上下功夫，另一方面要在废钢利用上找出路。我国废钢资源量将有望成为铁素资源的有效补充。废钢被称为“城市矿山”，用废钢生产 1 吨钢，大约可节约铁精矿1.65吨。目前我国废钢85%~90%用于炼钢，10%~15%用于铸造、炼铁等。我国废钢资源消耗量虽逐年升高，但由于我国粗钢产量增加太快，与2001年相比，2015年粗钢产量增幅（429%）远远大于废钢消耗量的增幅（约149%），因此造成我国钢铁工业的废钢比逐年下降，从2001年的22.7%下降到2015年的10.4%。值得注意的是，2016年取缔“地条钢”后，废钢资源流向了钢铁工业，钢铁工业的废钢消耗量急剧上升，从2015年的8330万吨上升到2020年的22030万吨，上涨了164%；废钢比也由10.4%提高到20.9%，提高了10.5个百分点，转炉和电炉的废钢消耗量、废钢比都有所增加。

通过对我国2015—2030年社会钢铁蓄积量进行估算，可以推测随着我国钢铁蓄积量和废钢资源量的增加以及废钢价格优势的凸显，在未来20年内，我国废钢资源短缺的局面将彻底改变，废钢资源总量将非常充足，为全废钢电炉流程的发展提供了资源保障。预计到2025年，我国社会钢铁蓄积量将达到120亿吨，废钢资源的年产出总量将达到2.7亿~3.0亿吨；到2030年，我国社会钢铁蓄积量将达到130亿吨，废钢资源的年产出总量达到3.3亿吨以上。预计到2045年前后，废钢资源量将达到5亿吨/年左右，到2060年，中国钢铁行业的铁矿石消耗量将有望减少75%，废钢的利用量将增加89%。

未来，充足的废钢资源将会使我国钢铁工业的铁素资源构成发生重大变化，进而降低对国际铁矿石资源的依赖。我国钢铁行业的铁素资源（铁矿石+废钢）保障能力将大幅提升，与此同时铁素资源结构也将得到逐步优化，实现资源脱碳化发展。

4.3.1.4 能源效率持续提升，化石能源逐步替代

回顾中国钢铁行业的节能进程，大致可以分为三个重要阶段。在1981—1990年的第一阶段，行业主要致力于单体设备节能，十年间吨钢综合能耗降低了19%左右。在1991—2000年（第二阶段）期间，工序节能特别是以“连铸为中心”的钢铁制造流程优化带来的系统节能成为节能工作的重点，经过十年的努力，吨钢综合能耗降低了40%左右。21世纪以后，我国钢铁行业节能进程进入第三阶段，在钢铁制造流程“三大功能”理念的引导下，逐步进入到钢铁制造流程能源转换功能的深入开发阶段，2001—2010年通过推广普及三“干”“三利用”等重大关键节能技术，使中国钢铁行业吨钢综合能耗进一步降低，十年间降低了23%左右，2011—2020年间通过优化能量流的运行行为和能量流网络以及提高全流程的综合能效，吨钢综合能耗进一步降低了9%左右。

然而，能源供应短缺与能源需求增长的矛盾、过量的资源能源消耗量与有限的资源环境承载力的矛盾以及能源以煤为主、矿石以贫矿为主等不利因素，都将给我国钢铁工业在技术、经济和管理等方面带来许多难题。最艰巨的节能、降耗、减排任务和日趋严格的技术标准，对钢铁工业的资源效率、能源效率和环境效率提出了更高的要求，钢铁行业节能面临严峻挑战。总结来看，主要包括三点：第一，基础理论研究的深化，节能理论体系、能量系统分析方法及其评价指标等尚待不断深入。第二，能量流、能量流网络的研究尚待深化和普及，有关企业、设计院对钢铁生产过程能量流、物质流的运行规律及其协同作用认识不足。第三，“静态”“平衡”观点的局限性及研究方法落后，束缚了有关企业能源系统的设计、构建和动态高效运行。

此外，新能源、可再生能源的利用，以及天然气、废塑料等对煤炭的替代，如开发高炉喷吹焦炉煤气技术、高炉喷吹天然气技术、高炉喷吹废塑料技术、焦炉处理废塑料技术、生物质替代化石燃料技术（生物质在炼焦、高炉、烧结、电炉等生产中的应用），也都将在不同程度上实现CO_2减排，是钢铁行业推动低碳发展的必要补充手段。

通过对2021—2060年中国钢铁行业“双碳”进程中能源结构变化情况进行展望，预计到2060年，中国钢铁行业的煤炭消耗量将有望减少92%，而电力消耗量的波动较小，仅减少约15%，氢气的用量将达到1400万吨左右。

4.3.2 钢铁需求及碳排放展望

4.3.2.1 中国未来粗钢产量需求预测

过去十年间，全球粗钢产能增长了2.6亿吨，亚洲、中东、非洲地区是主要增长地区，增长主要来自发展中国家，西方主要发达国家和地区粗钢产能均呈现下降趋势。从2001年至今，世界钢铁工业的生产和消费中心开始转向中国，一方面是钢铁生产和消费规模的增长；另一方面也孕育出一大批大型钢铁企业，2020年全球前10大钢铁企业中中国钢企占7席。随着世界经济格局和钢材需求结构的转变，当前和未来一段时期，世界钢铁企业的竞争点已由主要依靠产能扩张向依靠技术进步及新产品开发转变。中国钢铁企业仍需从高附加值产品、技术创新能力、拥有资源等方面查找各自的薄弱环节并改进，继续提升自身竞争力。特别是，“绿色钢铁革命”正在将技术创新迫切程度推向新的前沿，技术领先将成为钢企中长期生存和成功的法宝。从这个角度来看，绿色化、智能化、减量化发展是中国钢铁行业实现高质量发展面临的三大命题。可以说，中国钢铁行业的粗钢产量已进入峰值平台期，未来将呈波动下行趋势。未来，我国粗钢产量主要是受国民经济发展水平、产业结构演变和国家、社会投资导向影响。

有学者曾统计分析了1970—2018年包括中国、美国、日本、德国、法国、韩国、伊朗等34个世界经济体单位GDP钢材表观消费量、人均钢材表观消费量与人均GDP之间相互关系，结果表明，到2060年我国国内钢材表观消费量约为6亿吨/年时即可满足国内需求。在6亿吨的情景下，我国人均钢材表观消费量为422.5千克/人，低于目前德国的人均钢材表观消费量水平（500~550千克/人），但高于美国的人均钢材表观消费量水平（300~400千克/人）。

4.3.2.2 中国钢铁行业碳排放情景分析

基于上述粗钢产量需求预测目标，针对中国钢铁行业未来的碳排放设置了三个情景，分别叙述如表4–7所示。

按以上三种情景分别对我国钢铁行业2021—2060年的碳排放情况进行预测，并依据构建的“双碳”分析模型，得到钢铁行业基准情景、高排放情景和低排放情景下的碳排放模拟分析结果，如图4–4所示。

由于2020年的估算值与2014年的计算值非常接近，考虑到粗钢产量的峰值平台区特性，我们认为钢铁行业的碳排放已接近进入峰值平台区，峰值时间节点估计有可能在“十四五”期间，CO_2排放量峰值为17亿~18亿吨。

表 4-7　钢铁行业三种设定情景比较

<table>
<tr><th>情景要素</th><th>基准情景</th><th>高排放情景</th><th>低排放情景</th></tr>
<tr><td>粗钢产量</td><td>2021—2060年粗钢产量呈等差级数下降，到2030年为8亿吨，2060年进一步下降到6亿吨</td><td rowspan="7">在基准情景基础上，粗钢产量从2030年调整为9亿吨，2060年为7亿吨；氢冶金的比例——2030年3%，2040年5%，2050年8%，2060年15%</td><td rowspan="7">在基准情景基础上，粗钢产量从2030年的8亿吨下降到2060年5亿吨</td></tr>
<tr><td>电力因素</td><td>考虑2021—2060年全国电力能源结构调整对CO_2排放的影响</td></tr>
<tr><td>废钢利用</td><td>长流程转炉废钢比：2021—2040年15%，2041—2060年8%；电炉短流程废钢比：100%</td></tr>
<tr><td>氢冶金</td><td>2030年氢冶金（氢还原+电炉）占比3%，2040年占比8%，2050年占比15%，2060年占比25%</td></tr>
<tr><td>节能潜力</td><td>未来全流程节能潜力估计还有10%，其中界面技术优化、余热余能利用、各类物流运输能耗下降的潜力很大，应引起关注</td></tr>
<tr><td>智能化赋能</td><td>智能化赋能低碳化潜力预定为12%</td></tr>
<tr><td>炉渣资源化利用</td><td>为避免与建材产业的重复计算，暂不计入冶金炉渣资源综合利用对钢铁企业温室气体减排的贡献</td></tr>
</table>

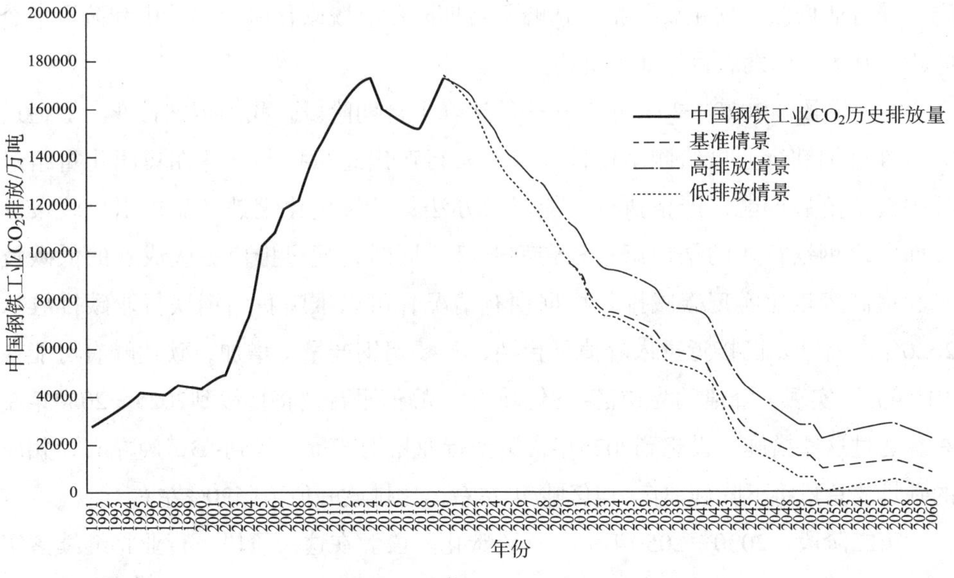

图 4-4　钢铁行业碳达峰、碳中和情景分析结果

可见，在基准情景中，到2060年钢铁行业要实现碳中和还有约1亿吨 CO_2需要通过氢还原制铁、碳汇、CCUS和碳交易等措施才能实现；在高排放情景中，由于粗钢产量维持在高位，且氢还原制铁推进较慢，到2060年钢铁行业的CO_2排放量尚有2.3亿吨，钢铁行业碳减排面临的压力将更为严峻；在低排放情景中，由于粗钢产量进一步得到有效的调控，到2060年仅剩5亿吨钢产量，钢铁行业通过自身的努力，几乎已经可以接近碳中和，当然前提是氢冶金流程能够有突破、实现大规模推广，到2060年氢还原+电炉流程的比例将占25%，产量将达到约1.25亿吨。

通过以上分析总结，可以看出在三种情景分析中，有两个主要不确定性因素。一是无论哪种情景，粗钢产出量是影响钢铁行业CO_2排放的首要因素，但是粗钢产量并非完全取决于钢铁行业本身。二是钢铁行业制造流程结构也有着重要影响，全废钢电炉短流程的吨钢CO_2排放量约为高炉–转炉长流程的1/3，而氢还原等前沿技术在2030年尚难作出是否可以工业化的判断，仍有诸多不确定性。

4.3.2.3　中国钢铁行业低碳发展路线图

在我国钢铁行业碳达峰碳中和情景分析的基础上，通过研判钢铁行业未来生产规模和产业结构、流程结构等特征，分析各类减碳技术、措施的发展前景及减排贡献，本节给出了基准情景下我国钢铁行业低碳发展的路线图（见图4–5）。我国钢铁行业低碳发展主要包括碳达峰平台期阶段、脱碳化阶段和碳中和阶段三个阶段，其对应的发展目标如下所述。

第一阶段（2020—2030年）——碳达峰平台期阶段。我国钢铁行业主要通过深入推进钢铁行业供给侧结构性改革，实行产出总量控制，并在集团化重组过程中淘汰落后产能；严格执行产能置换办法；持续优化钢铁产品进出口政策等方面实现钢铁行业的结构调整和转型升级。同时，通过推广一些成熟的低碳技术和提高废钢比实现碳减排。根据现有情况，可以推断我国钢铁行业碳排放从2020年左右开始已接近进入峰值平台期，只要粗钢产量不增加，碳达峰有可能在“十四五”实现，峰值约为17亿~18亿吨/年，峰值平台期将持续到2025—2030年左右。通过这些措施，设想到2025年，钢铁行业粗钢产量下降到9.3亿吨左右，相应的碳排放总量将下降到13亿~14亿吨/年左右，比排放峰值下降20%左右。

第二阶段（2030—2050年）——脱碳化阶段。在这一阶段，行业将继续落实产出总量控制和淘汰落后产能，废钢资源进一步增加，流程结构和能源结构进一步得到调整，氢冶金有所突破，节能潜力进一步挖掘，智能化水平有所提高。到

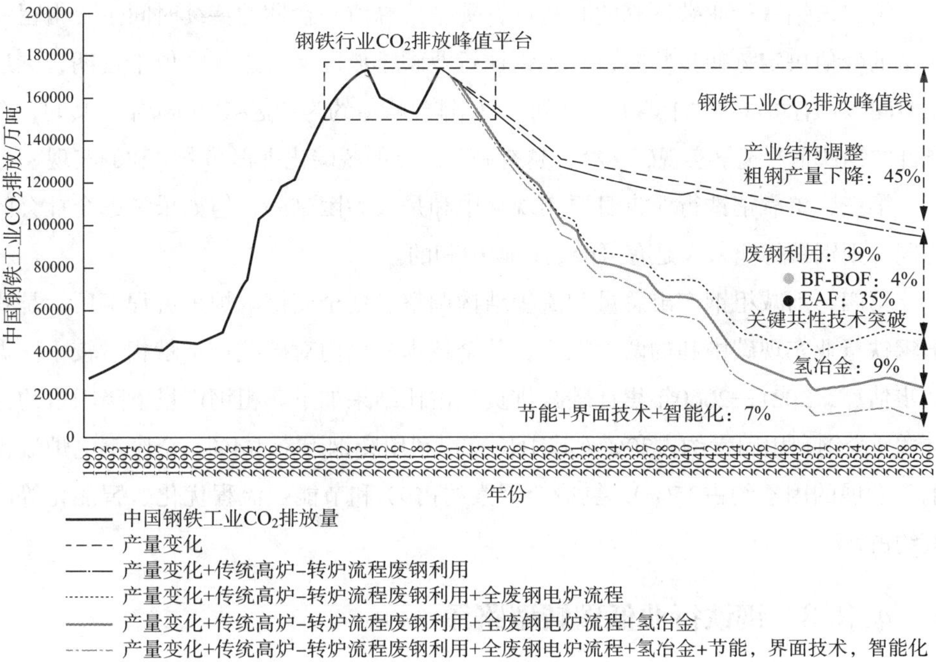

图 4–5　我国钢铁行业低碳发展路线图

2050年，设想粗钢产量进一步下降到7亿吨左右，电炉流程有望达到70%左右，氢冶金流程有望达到15%左右，碳排放总量将下降到1亿~2亿吨左右，相比峰值下降90%左右。

第三阶段（2051—2060年）——碳中和阶段。在这一阶段，行业将继续落实总量控制和淘汰落后产能，预计届时全社会基本完成绿电的改造，废钢资源受钢产量下降的影响有所减少，电炉流程比例有所下降，但氢冶金流程比例进一步提高，智能化进一步赋能低碳化。到2060年，设想粗钢产量进一步下降到6亿吨左右，电炉流程比例下降到60%左右，氢冶金流程有望达到25%左右，碳排放总量将下降到1亿吨左右，相比峰值下降95%左右。剩余的1亿吨 CO_2排放量需要进一步通过CCUS或碳汇或碳交易等措施来处理，是有可能趋近碳中和的。

通过分析总结我国钢铁行业低碳发展路线图，可以形成如下认识或结论：

第一，碳达峰主要取决于粗钢产出总量，即减产减排，对碳达峰而言，粗钢继续增产是背道而驰；钢铁行业碳中和仍主要取决于粗钢减产减排，但还需要增加碳汇辅助。

第二，钢铁行业碳达峰的时间点，碳排放峰值平台期的持续时间主要由粗钢产量的峰值决定，初步判断，我国钢铁行业碳排放已接近进入峰值平台期，碳达峰时间节点有可能在“十四五”期间，CO_2排放峰值约为17亿~18亿吨/年，其间，有条件的钢铁企业越早实现碳达峰，越有利于后续的脱碳化进程和碳中和的实现。

第三，单靠钢铁行业自身要实现碳中和是较为困难的，但如果考虑全社会的协同，则钢铁行业未来是有可能趋近碳中和的。

第四，削减粗钢产出总量和流程结构调整发展全废钢电炉短流程钢厂，是我国钢铁行业实现碳中和的两大抓手，其余技术短期内对碳减排贡献相对较小。据初步估算，2021—2060年累计碳减排贡献占比结果如下。粗钢产量下降因素约占45%，废钢利用因素约占39%（其中长流程利用废钢因素占4%，全废钢电炉流程钢厂发展的因素约占35%），氢冶金因素约占9%和节能、流程优化、智能化等因素约占7%。

4.3.3 钢铁行业低碳转型路径

对于钢铁行业来讲，碳达峰碳中和是一个总量性、强度性、结构性的命题，是有时限性的战略性大命题。从钢铁行业主要产品生产过程来看，我国钢铁行业可以从产能控制、流程结构调整、用能结构调整、能效提升、探索前沿技术和产业协同降碳5个方面来推进实现“双碳”目标（见图4-6）。

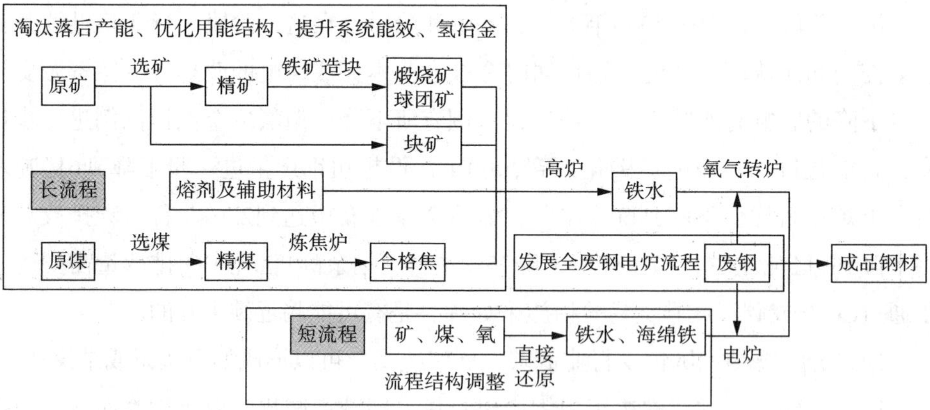

图4-6 钢铁行业低碳发展路径示意图

4.3.3.1 实行总量控制，淘汰落后产能

引导钢铁行业发展从规模扩张转变到提高能源效率和产品结构调整上来。以

结构调整、产业升级为主线控制钢铁产出总量、消费总量。一方面加大高强、耐磨、耐蚀钢铁产品的开发推广，引导建立与绿色、低碳、循环相适应的钢铁产品消费模式，杜绝浪费，延长钢材使用寿命，促进全社会的消费观念转变，实现产品全生命周期的降碳。另一方面推进钢铁企业跨地区、跨所有制兼并重组，提高行业集中度。优化生产力布局，以京津冀及周边地区为重点，继续压减钢铁产能。

深入推进钢铁行业供给侧结构性改革，严格执行产能置换办法。一方面加强产能置换监管，严禁以任何名义、任何方式备案新增钢铁产能，推进存量优化；另外，在集团化重组过程中淘汰不符合国家环保排放标准、能源消耗限额标准和产品标准的落后产能、落后工艺、落后装备、落后产品、落后企业。

持续优化钢铁产品进出口政策。一是继续鼓励钢坯钢锭及半成品等钢铁初级产品进口；二是坚持内需为主，不以出口导向作为化解产能过剩的出路；三是禁止生铁、钢坯、焦炭等初级产品出口，严格限制高耗能和低附加值产品出口；四是鼓励加工成高端制成品或机电产品间接出口。

4.3.3.2 流程结构调整，发展电炉流程

生产制造流程结构应该在减量化的发展进程中逐步有序调整。以铁矿石为主要原料的高炉–转炉长流程将逐步过渡到以生产平材产品为主，特别是薄板、中厚板等高端板材的大批量产品，主要布局在沿海深水港地区。全废钢电炉流程的发展应该以生产建筑用长材来逐步替代以中、小高炉–转炉流程生产螺纹钢、线材等大宗产品，亦即利用“城市矿山”、优化城市周边钢厂布局。这类钢厂以生产建筑用长材为主，主要布局在废钢资源丰富的城市周边。这一措施对钢铁行业脱碳化潜力很大，而且如果钢材产品结构中的长材完全由全废钢电炉流程来生产，则高炉–转炉长流程将会获得更多优质的原燃料，实现“精料入炉”，这也将进一步促进高炉–转炉长流程的脱碳化发展。

4.3.3.3 提升系统能效，优化用能结构

未来钢铁行业的节能发展趋势可以概括为以下三点。第一，钢铁制造过程物质流、能量流、信息流的耦合优化，将成为实现钢铁生产流程整体优化的时代命题。第二，及时高效因地制宜地回收利用各生产工序所产生的余热余能，使其再能源化或再资源化，是未来钢铁工业节能的潜力所在。第三，建立健全钢铁企业智能化能源管控中心，是实施物质流、能量流、信息流三流协同运行，实现钢铁

生产流程整体优化的有效途径。

今后，必须用“动态”的“非平衡”观点，重新认识钢铁企业中能量流在其网络中运行的基本规律，合理地规划并制定能源供应与使用间的“不平衡”策略。通过合理用能和系统节能，建立能量流网络模型和专家系统，以智能化能源管控中心为工具，使用好、管理好能源，将系统能效做到“最高”。系统能效提升重点是研究、推广、应用钢铁制造全流程节能降耗的先进技术和装备；通过数字化、网络化、智能化提升系统能源管控水平；提高能源转换效率，把焦化、烧结球团、炼铁、炼钢、轧钢等全工序余热、余压、余能的回收利用发挥到极致；打通并缩短钢铁工序界面流程，创新关键界面技术，提高物质流、能量流的运行效率，显著降低钢铁生产运行的能源消耗和损失等。

用能结构优化方面，要鼓励钢铁企业因地制宜发展光电、风电、生物质能等新能源及可再生能源，充分挖掘钢铁企业光电、风电、生物质能等新能源及可再生能源利用的潜力，逐步提高新能源和可再生能源的使用占比，发挥钢铁企业在绿色发展方面的积极引领作用，构建多元能源结构体系，减少电网的外购电量，优化钢铁企业的用能结构；同时又可以进一步支撑氢还原-电炉及全废钢-电炉短流程的发展，从根本上大幅度降低碳排放。

4.3.3.4 探索前沿技术，促进降碳变革

大力推进低碳前沿技术开发。通过政府支持、市场化为主的机制，引导资本加大颠覆性低碳前沿技术的投入，促进相关技术开发，推动产业链上下游协同低碳技术创新，形成企业为主体、产学研用相结合的技术研发平台。重点关注氢冶金、碳捕集利用及封存、非高炉炼铁等创新低碳技术的研发，在技术稳定可靠，经济可行前提下，对低碳示范项目进行技术评估，制定相应的技术标准或规范，加快低碳冶炼技术的推广应用。

考虑到氢冶金在经济性、技术、氢源、工程化等方面的不确定因素，氢冶金技术研究须重点突破系列技术问题，包括基于氢冶金过程复杂多相体的精准转化技术、高强冷固结球团直接还原技术、高炉喷吹富氢（纯氢）炼铁技术、纯氢竖炉直接还原工艺与装备、氢直接还原铁（HDRI）-电炉短流程清洁高效生产流程构建等。

CCUS是实现碳中和目标不可或缺的重要技术选择。经济成本依然是制约我国发展CCUS的重要因素，在CCUS的捕集、输送、利用与封存环节中，捕集是能耗

和成本最高的环节。钢铁产业的低浓度CO_2捕集成本为300~900元/吨，罐车运输成本约为0.9~1.4元/（吨·千米）。CCUS是钢铁产业实现低碳发展的必然选择，目前在钢铁产业的试验示范仍处于起步阶段，存在CO_2排放源分散、浓度低，技术单元多、流程比较长，技术不成熟、能耗高、成本高，难以规模化应用等问题。有必要针对CO_2循环富集、低能耗吸收剂、不同技术路线的碳捕集工艺、CO_2的资源化利用、大规模CO_2运输、封存等方面开展相关的理论、关键技术和示范研究。

4.3.3.5 生态产业链接，产业协同降碳

产业协同降碳是指充分利用副产煤气、冶金渣、余热等钢厂副产资源和废塑料、城市中水等城市废弃资源，发展循环经济，构建生态产业链接，减少钢铁企业的煤炭、新水等资源、能源的消耗，实现与石化、建材、农业、有色、社会等多产业协同降碳。

对于钢铁行业而言，产业协同降碳方向主要包括以下五个方面。一是与石化产业构建工业生态链，开发冶金副产煤气资源化利用技术（发展碳一化工、制氢、甲醇、LNG等），镁法、铵法脱硫副产物利用技术。二是与建材产业构建工业生态链，开发冶金渣、钙法脱硫副产物生产建筑材料技术。三是与农业构建工业生态链，开发冶金渣生产土壤调理剂技术。四是与有色产业构建工业生态链，开发钢厂尘泥提锌、提铅、提钒等技术。五是与社会构建产业生态链，利用城市中水及钢厂低温余热给社区供热以及森林碳汇等。

4.4 建材行业绿色低碳发展路径

建筑全生命周期温室气体排放在排放总量中仍占较大比例，如美国约43%的温室气体排放来自建筑全生命周期，我国则有50%以上为建筑全生命周期排放。建筑全生命周期温室气体排放中，约12%来自建筑使用过程中的供热或空调系统，剩余的大部分是建筑材料生产过程中产生的。

水泥是最重要的建筑材料，2021年全国水泥产量23.6亿吨，对应碳排放约14.6亿吨，分别占建材总碳排放、全国碳排放总量的约80%和14%。水泥生产实现绿色发展既是国家的要求，更是企业自身生存发展的需要。我国自主研发的新一代绿色低碳数字化、智能化水泥生产线的运行指标处于国际领先地位；水泥企业在

余热利用、水泥窑协同处置废弃物、超低排放等水泥绿色制造技术方面取得了良好效果。

据国际能源署预测，到2050年，全球水泥生产量仍将维持在40亿吨以上，我国水泥产量维持在全球产量的50%左右，行业减排压力较大。为更好地支持我国建材行业的可持续发展，探究建材行业发展趋势、明晰重点产品技术开发方向及行业减排路径成为重要议题。本节以建材行业主要产品水泥为重点，介绍了行业发展趋势、碳排放展望及碳减排路径三方面内容，以供参考。

4.4.1 “双碳”目标下建材行业绿色低碳发展形势

“双碳”目标将对水泥生产提出更高要求。从水泥产量来看，我国水泥产量虽将逐步降低，但仍将维持在一个较高的水平。降低单位水泥生产碳排放是减少水泥生产碳排放总量的唯一途径，也是提升水泥绿色化程度的重要手段。

近年来，研究者和工业界通过提高熟料生产热能效率、使用替代燃料、增加水泥中辅助性胶凝材料比例、发展高贝利特特种水泥等手段降低水泥生产碳排放，提升水泥绿色化水平，以大幅降低水泥的碳排放强度，满足碳达峰碳中和目标的要求。

4.4.1.1 热能效率提升成为行业共同努力的重要方向

降低单位水泥产品能耗是提升水泥绿色化水平的重要措施之一。截至2018年底，我国1681条熟料生产线中69.8%为2500吨/天以上熟料产能生产线，提高单条熟料生产线产能可有效降低单位熟料能耗，2018年单位熟料标准煤耗为110千克/吨，较2016年降低9千克/吨。

近年来，低能耗烧成和新型粉磨技术的开发也对水泥生产能效提升起到积极的作用，如天津水泥工业设计研究院开发了六级组合重构预热预分解系统和生料辊压机终粉磨技术，并对供风系统和篦板结构进行了优化，实现了熟料标煤耗≤93千克/吨。水泥熟料生产过程中的余热再回收利用是降低水泥生产综合能耗的有效手段，如南京凯盛开能环保能源有限公司开发了智能控制的水泥窑余热发电系统，实现了吨水泥产品余热发电28.1千瓦时。

水泥窑富氧燃烧有望成为降低熟料生产碳排放和推动碳捕集的突破性技术。国外已采用富氧燃烧技术的熟料生产企业，如美国Cemex's Victorville、California Portland's Mojave、Hercules，平均提产8%~10%，燃料消耗降低3%~5%。国内外学者针对回转窑表面余热回收进行了一些研究，设计了不同封闭程度的集热器，对进一步加强水泥窑余热回收利用有积极作用，但在提升热交换效率方面仍需深入研究。此外，随着信息和互联网技术的发展，通过水泥生产数字化、智能化改造实现资源能源的有效利用，也是未来提升水泥生产能效重要趋势。

4.4.1.2 替代原料燃料具有重大发展前景

水泥熟料生产过程使用替代原料燃料对水泥绿色生产和废弃物资源化利用均有重要意义。欧洲水泥工业中替代燃料的使用率较高，2018年达到了43%，而全球水泥工业中替代燃料的使用比例仅为6%。

众多研究表明，水泥回转窑在协同处置工业和城市废弃物方面较其他工业窑炉有优势，尤其是水泥窑的碱性和氧化环境对替代燃料和原料中重金属离子的固化有正面作用。但是，替代燃料中氯离子、硫酸根、钠离子、钾离子等离子对熟料烧成过程和熟料质量均有影响。因此，替代燃料组成及其预处理、熟料烧成工艺参数调整等方面的研究是提高替代燃料原料使用率的重要前提。国内水泥窑协同处置城市生活垃圾有中材模式、海螺模式和华新模式，采用中材模式的首条示范线于2013年在江苏溧阳正式投运，其生活垃圾处理能力为459吨/天。该模式流程图如图4-7所示。

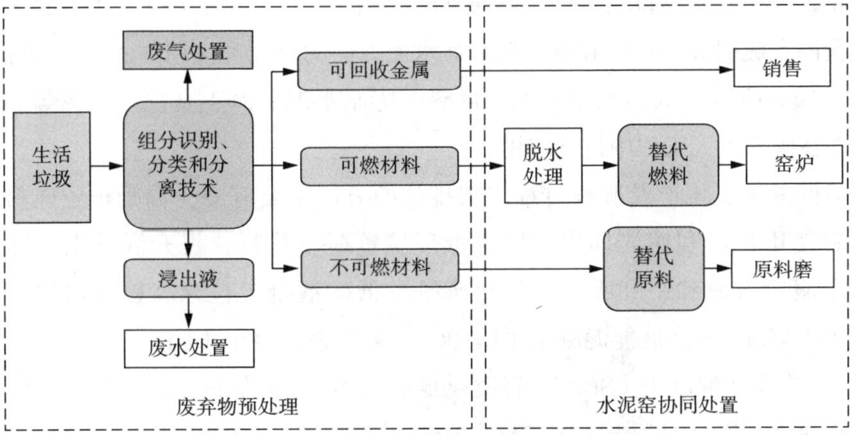

图 4-7 水泥窑协同处置生活垃圾中材模式流程图

4.4.1.3 辅助性胶凝材料开发应用将成为降低水泥碳排放的重要手段

辅助性胶凝材料（SCMs）通常为具有水化活性或火山灰活性的工业废弃物、天然火山灰材料和其他活性矿物，最常用的辅助性胶凝材料有粉煤灰、矿渣、硅灰等，辅助性胶凝材料生产能耗和二氧化碳排放均低于水泥熟料，因此，水泥中掺入辅助性胶凝材料取代部分熟料是降低水泥碳排放的重要手段。

辅助性胶凝材料的早期水化活性均低于熟料中的阿利特相，而在水化反应后期，辅助性胶凝材料的水化程度逐步提升，对硬化水泥浆体后期强度和水泥石微结构密实程度提高有重要作用，因此，辅助性胶凝材料可通过提高混凝土长期性能而降低混凝土生命周期碳排放。在欧洲和北美，由于燃煤电厂和钢铁生产企业的逐步关停，粉煤灰、矿粉等常用辅助性胶凝材料面临逐步紧缺的问题，国内燃煤电厂主要分布在西北地区，东部地区粉煤灰也相对紧缺。国内外研究者均在探索新型的辅助性胶凝材料，如天然火山灰材料、煅烧黏土、石灰石粉、生物质灰、垃圾焚烧灰、钢渣、铜渣等。

4.4.1.4 特种水泥碳排放低的优势凸显

硫铝酸盐水泥1970年代由中国首次在工程中应用，由于其成本较高，一直只在特殊工程中使用。但是，硫铝酸盐生产中碳排放较硅酸盐水泥低，研究者和工业界仍将硫铝酸盐水泥作为未来低碳水泥的重要发展方向，尤其高贝利特硫铝酸盐水泥，被视作有望取代或部分取代硅酸盐水泥熟料的胶凝材料体系。此外，高贝利特水泥熟料由于其烧成过程中低碳酸钙需求、低能耗和低烧成温度的特性，二氧化碳和氮氧化物排放也低于普通硅酸盐熟料，目前是低热水泥的研究方向之一。我国在硫铝酸盐水泥和低热硅酸盐水泥方面的研究和应用方面处于国际领先水平，成功研制了低热大坝水泥、低热微膨胀水泥、海工高抗蚀水泥等多个种类，并在国家重大工程中得到应用。

降低混凝土生产及服役过程中碳排放的方法主要有减少混凝土中熟料和胶凝材料使用量、利用固体废弃物等低环境负荷原材料、提升混凝土性能延长混凝土服役寿命和中和吸收二氧化碳等。低碳混凝土包含高粉煤灰掺量混凝土（HVFAC）、超高性能混凝土（UHPC）、超高强混凝土（UHSC）、高强混凝土（HSC）、自密实混凝土（SCC）、轻质混凝土（LWC）和低聚物混凝土（GPC）。例如，高粉煤灰掺量混凝土（HVFAC）中粉煤灰掺量为胶凝材料用量的40%~50%，其主要缺点为早期强度较低，但新拌状态时工作性能、可泵性、抗开裂等方面均表现优异。超高性能混凝土（UHPC）抗压强度通常为120~200MPa，最高可达800MPa，抗拉强度为6~10MPa，弹性模量为40~70GPa，国内桥梁工程中已有较多的应用。UHPC制备方面，提出了基于性能需求的UHPC纳观→微观→细观→宏观多尺度调控理论，构筑了强键合的流变调控聚合物外加剂、微纳米降黏功能材料、无机膨胀材料和有机减缩外加剂，形成了系列UHPC主动调控方法与功能化制备技术。UHPC结构性能和应用方面，建立了UHPC单、多轴本构模型，构建了UHPC构件的设计理论，研发了具有自重轻、装配率高、施工快捷、耐久性好、少维护、造价有竞争力等优点的3类UHPC装配式桥梁结构体系和可显著提升后浇节点区域施工效率和抗震性能的新型UHPC装配式建筑框架结构。

4.1.1.5　工业和城市固废制备绿色建材研究开发力度逐步加大

我国固废排放量巨大，资源化利用制备建材是固废大宗消纳的有效途径。随着新型城镇化建设和战略性新兴产业加速发展，新型固废不断产生、总量快速增加、组分日趋复杂，综合利用难度加大。针对不同类型的固体废弃物开展资源化利用制备绿色建材研究具有重大意义。

针对我国生活垃圾焚烧灰渣和污染土壤重金属含量高、资源化利用率低的现状，开发垃圾焚烧灰渣和污染土壤制备轻集料关键技术。研究垃圾焚烧灰渣和污染土壤的基本特性，揭示重金属离子在轻集料制备和工程应用过程中的迁移、转化、固化机制，开发轻集料制备协同重金属离子固化技术；明确高掺量垃圾焚烧飞灰、污染土壤制备轻集料的组成设计方案，揭示烧结热动力学过程对产品性能、重金属离子固化和污染物排放的影响规律。

针对低活性锂渣的基本特性，选择以锂渣为原料制备轻质高强保温材料，揭示锂渣粉的物理化学改性机制，建立锂渣基碱激发材料的聚合反应模型，研究碱激发锂渣粉制备高强碱激发材料的工艺技术，提出锂渣基轻质高强多孔材料制备中加压发泡与孔结构调控的关键技术，研发大掺量锂渣基轻质高强保温材料和轻量化装饰墙板的工艺技术。

针对非活性尾矿难以资源化利用的问题，选取黄金尾矿、菱镁尾矿、粉煤灰硅钙渣等为研究对象，研究非活性高硅固废物相特征对颗粒表面低温接枝活化与交联增韧调控，研究高硅固废非平衡态表面活化、增韧、发泡一体化演化机理，研究高硅尾渣基轻质材料有机接枝发泡对保温隔热性能的关系及作用机理，分析粉煤灰硅钙渣的矿相结构特点，重点突破高碱体系下杂质含量控制及晶型定向调控技术，开发粉煤灰高硅固废低温苛化、静态水热两步工艺制备高活性硅酸钙粉体填料机制。

4.4.2 水泥供需预测及碳排放展望

4.4.2.1 水泥需求和产量预测

我国水泥的高速发展已有30多年了，从市场现状来看，水泥产销量已经进入平台期。自2014年以来，我国水泥产量基本围绕着22亿~24亿吨上下波动，平台期特征明显。2020年我国人均水泥消费量达到1.7吨/人。2010—2020年世界及中国水泥产量见图4-8。

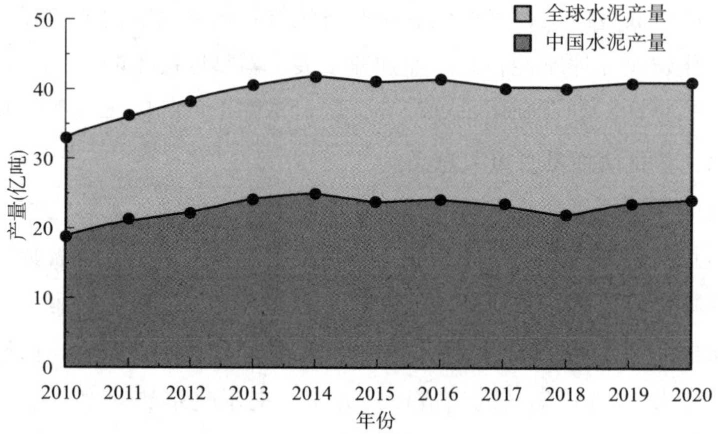

图 4-8 2010—2020 年世界及中国水泥产量

在水泥生产过程中，原材料碳酸盐分解产生的二氧化碳排放约占60%以上，水泥生产的碳排放主要为直接排放。随着我国水泥产量的增长，我国水泥产业碳排放量呈逐步增长趋势（见图4-9）。其中，水泥生产的直接排放从2010年的9.7亿吨增长到2020年的12.3亿吨，十年间增长26.8%，增幅显著。

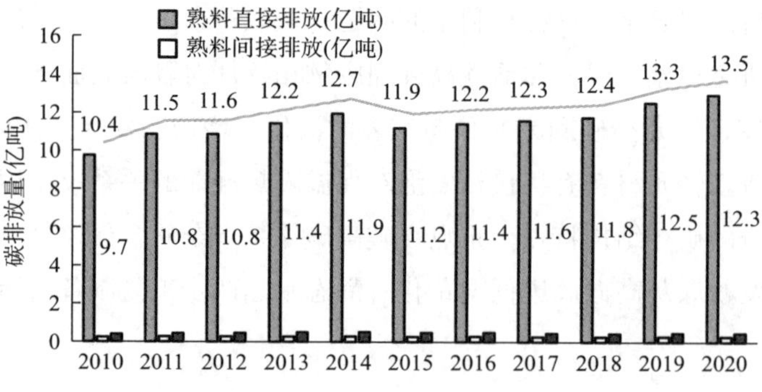

图 4-9 2010—2020 年中国水泥产业碳排放量

按产品生命周期理论的划分，任何产品从发明、推广应用、普及和衰败的过程可划分为导入期、成长期、成熟期和衰退期四个阶段。从目前的水泥发展过程来分析，水泥生产应处在成熟期。目前只有部分钢结构可以代替水泥，水泥产品一时还不会进入衰退期。但随着消费累积量的增加，这个数值达到一定值后，拐点一定会出现。一些发达国家和地区水泥人均消费累积量有一极限值，达到此值后经一段平稳期运行即出现水泥消费的拐点。例如，美国、德国、法国和英国水泥消费出现拐点时的累积消费量为12吨/人，日本为15吨/人。

根据我国国情，目前的房地产基本以高层建筑为主，我国幅员辽阔，江河湖多，地形复杂，修建高速公路、高铁、城市地铁以及水利工程建设都需要大量的水泥。相比而言，我国水泥用量应远高于这些发达地区，预测大陆地区水泥人均消费累积量极限值为25~30吨/人。我国水泥在2023年左右将达到25~30吨/人的人均消费累积量，此时，水泥产量将达到峰值，此后一段时间内会在高位平台期运行后出现拐点，之后水泥产品将进入衰退期，最终可保持在600~800千克/人的年消费水平，约为现阶段的一半。因此，全国水泥熟料产量在“十四五”期间将达到消费和产量峰值，年熟料产量预计在14亿~16亿吨，年水泥产量在22亿~24亿吨。预计2060年，全国水泥产量约为6.5亿吨。

4.4.2.2　水泥碳排放预测

综合考虑现有技术水平、行业发展现状等因素，可设定如下行业发展情景（见图4-10）。2025年前，充分利用现有成熟技术，提升能效，原料替代率达1%~3%，燃料替代率5%左右。到2030年，主要依靠原燃料替代（含氢能）、新型低碳水泥。2040年后，充分发挥CCUS作用（包含二氧化碳建材化利用），到2060年，实现CCUS利用率100%。经综合预测，到2060年实现碳中和时，能效提升、替代燃料、替代原料、低碳水泥和CCUS技术降碳比例分别为3%、27%、3%、19%和48%，如图4-10所示。依据发展情景可以判断，水泥行业发展可分为达峰期、平台期和碳中和期三个阶段。

（1）达峰期（2020—2025年）

2025年前，充分利用现有成熟技术，提升能效，原料替代率达1%~3%，燃料替代率5%左右，达峰时，水泥生产碳排放约14亿吨。2023年前水泥企业熟料煤耗需通过技改或产能置换方式将熟料煤耗降到109千克标煤/吨以下；2025年煤耗普遍降到105千克标煤/吨以下，平均煤耗达到101千克标煤/吨。减排贡献方面，能

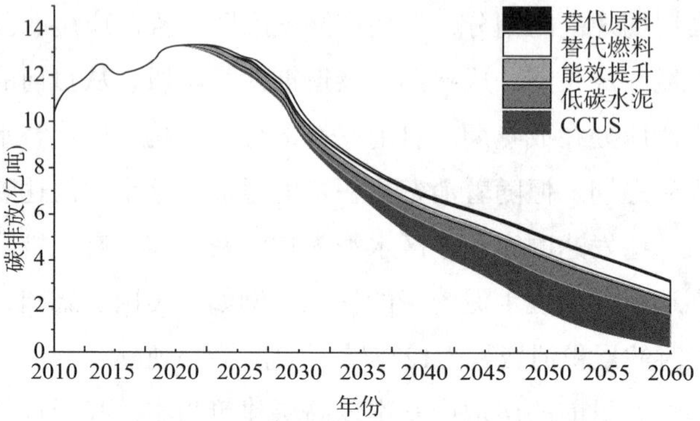

图 4-10 综合情景下碳排放预测

效提升技术占总减排量54%，其次为替代原料，占比17%，替代燃料减排占比13%。

（2）平台期（2026—2035年）

到2035年，主要依靠原燃料替代、新型低碳水泥，且实现低碳水泥技术突破和示范应用，CCUS技术实现小规模应用。到2035年，通过替代原料技术、替代燃料技术、提升能效技术、低碳水泥技术和CCUS技术分别减排占比为27%、8%、11%、15%和39%。

（3）碳中和期（2036—2060年）

到2040年，突破氢能煅烧熟料技术并实现示范应用，充分发挥CCUS作用；到2060年，实现CCUS利用率100%。2060年实现碳中和时，水泥产量约12.1亿吨，以现单位熟料排放强度为基础情景，碳排放降低2.95亿吨，实现近零排放。能效提升、替代燃料、替代原料、低碳水泥和CCUS技术降碳比例分别为8%、4%、27%、28%和33%，其中CCUS技术中10%~20%二氧化碳用于建材。

4.4.3 建材行业低碳转型路径

从建材行业主要产品水泥生产过程来看，我国建材行业可以从原料替代、能效提升、用能结构调整、发展CCUS技术、持续关注水泥生产过程碳减排颠覆性技术的发展等6个方面来推进实现“双碳”目标（见图4-11）。

4.4.3.1 推广化石能源、原料替代技术

持续优化调整建材行业能源消费结构。建材产业能源消耗品种主要是煤炭、电力、燃料油及少量的天然气、煤气、焦炭等。其中，煤炭作为所有化石能源中

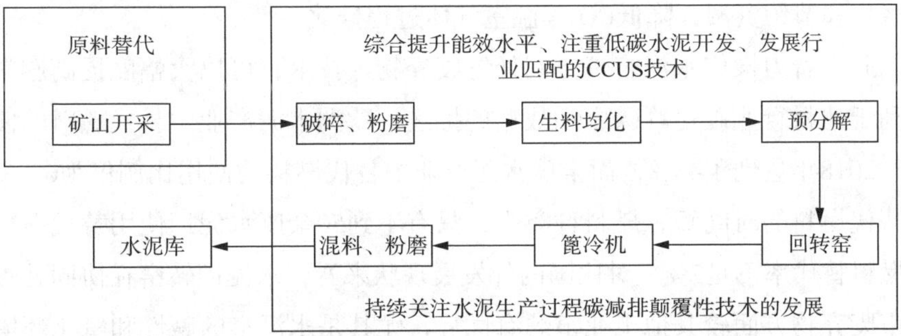

图 4-11　建材行业主要产品水泥产品低碳发展路径示意图

含碳量最高的一种，无论是作为能源被直接燃烧还是被用于原料、还原剂等非能源使用目的，都不可避免会产生大量二氧化碳。加大绿色能源使用比例，研究推广行业煤炭替代方案，降低煤炭使用比例是行业减碳的重要措施。

协同大宗固体废弃物资源化利用，实现行业燃料部分替代。在环境条件许可和需要的情况下，水泥窑可实现利用废弃物和城市垃圾替代燃料达到40%。据统计，目前中国水泥产业的燃料主要为煤和天然气，采用替代燃料的时间短，燃料种类少，年替代量不足。在欧盟一些国家，水泥产业平均燃料替代率超过50%，荷兰高达98%。欧美水泥产业使用废旧轮胎、固体废弃物、屠宰业弃置的肉和骨头、废弃塑料、废机油及生物质燃料等。我国水泥产业的燃料替代主要是协同处置生活垃圾，仅有个别企业正在开展其他生物质燃料如秸秆等示范项目，预计未来将有相当大的减排潜力。

从降低过程排放角度来看，采用部分固体废弃物可实现行业减排。在水泥生产过程中，原材料碳酸盐分解产生的二氧化碳排放占比超过60%，选取适宜的替代原料降低过程碳排放是有效降碳的重要措施。生产水泥熟料的原料主要为石灰石、黏土、铁矿石和泥灰岩等钙硅铝铁质矿物。结合水泥原料替代和协同固体废弃物处置来看，当废弃物中的钙硅铝铁含量较高时（如矿渣、粉煤灰、煤矸石、炉渣、硅钙渣、磷渣、赤泥和电石渣等），一般作为替代原料从水泥窑的预热器、分解炉或窑尾入窑进行协同处置。当废弃物的热值较高时（如废旧轮胎、废纸、废木材、焦油和城市生活垃圾等），一般作为替代燃料从水泥回转窑的主燃烧器入窑加以回收利用。上述的原燃料替代过程能够充分发挥建筑行业消纳废弃物的优势，进一步提升工业副产品在建筑材料领域的循环利用率和废弃物利用技术水平，替代和节约资源，降低CO_2等温室气体过程排放。

因此，着力推广水泥窑炉协同处置废弃物等技术，可以大幅度提高燃料替代率，利于建材行业碳达峰碳中和战略的推进。欧洲水泥产业中替代燃料的使用率较高，2018年达到了43%，而全球水泥产业中替代燃料的使用比例仅为6%。我国采用替代燃料的时间短，燃料种类少，只有不到50余座水泥厂使用替代燃料，总体的燃料替代率不足2%。对比国内外发展现状来看，水泥回转窑在协同处置工业和城市废弃物方面较其他工业窑炉有优势，尤其是水泥窑的碱性和氧化环境对替代燃料和原料中重金属离子的固化有正面作用。但是，替代燃料中氯离子、硫酸根、钠离子、钾离子等离子对熟料烧成过程和熟料质量均有影响。诚然，替代燃料组成及其预处理、熟料烧成工艺参数调整等方面研究是提高替代燃料原料使用率的重要前提。

4.4.3.2　综合提升能效水平及可再生能源使用比例

低能耗烧成和新型粉磨技术的推广应用将大幅度降低水泥生产能耗。开发的低能耗烧成和新型粉磨技术对水泥生产能效提升起到积极的作用，如六级组合重构预热预分解系统和生料辊压机终粉磨技术，对供风系统和篦板结构进行了优化等。另外，水泥熟料生产过程中的余热再回收利用是降低水泥生产综合能耗的有效手段。

提升可再生能源利用比例是降低行业碳排的有效措施。在风能、太阳能利用方面，国内太阳能年利用小时数为1000~1600小时之间，按1300小时计算，每1 兆瓦（占地约15亩）的太阳能光伏发电组件每年可以发电1300兆瓦时，如年产200万吨水泥厂内建设分布式光伏发电项目，利用厂房办公楼屋顶、空闲地面、废弃矿山安装5组（约75亩）太阳能光伏板，据估算年减少间接碳排放约3450吨，每吨水泥碳排放减少17.2千克 CO_2。

综合来看，充分利用余热及更低品位热源、风能、太阳能发电，到2030年基本实现水泥生产线（含熟料）零外购电，较2020年国内平均水平，吨水泥碳排放降低37.8千克。另外，以能耗100千克标煤/吨水泥熟料核算，使用氢气作为水泥生产的替代能源，吨熟料仅消耗约22千克氢气，可减少燃煤造成的碳排放约270千克/吨水泥熟料。因此，在能效提升基础上，加强氢能等新型能源生产熟料的技术储备，结合玻璃、玻纤生产中电解氢技术基础和优势，进一步利用水泥企业周边风能、太阳能发电生产氢能，可大幅降低化石能源使用比例，降低水泥生产碳排放强度。

4.4.3.3 注重低碳水泥技术的开发应用

采用低钙熟料技术进行矿物组成调整。降低高钙的硅酸三钙含量，提升低钙的硅酸二钙含量，将硅酸二钙的含量由约20%提升至40%，可少使用石灰石约100千克/吨，减排CO_2约40千克/吨。另外，在熟料体系中引入无水硫铝酸钙及硫硅酸钙等更为低钙的矿物，可再少使用石灰石约300千克/吨，减排CO_2约120千克/吨；以低碳熟料为胶凝组分，进行大掺量混合材料设计，水泥的熟料系数可降低至0.5以下，单位水泥减排CO_2约300千克/吨。

4.4.3.4 发展行业匹配的碳捕集封存和利用技术

目前，CO_2捕集技术主要有吸收法、吸附法、膜分离法以及这些方法的组合等。工业窑炉烟气CO_2捕集主要有三种，分别为燃烧前捕集、全氧燃烧和燃烧后捕集。与其他高排放工业部门相比，水泥等典型建材生产过程中碳排放更为复杂，除了燃料燃烧及电力消耗产生的碳排放外，还有石灰石等碳酸盐原料分解产生的排放。此外，因采用空气助燃而造成烟气中CO_2浓度偏低（20%~30%），且烟气中占多数的N_2还带走了大量热量（约占总热耗的15%）。因此，基于建材工业上述碳排放特征及烟气特点，必须采取与其流程工艺相适应的有效技术减排措施才可能实现碳中和。

综合水泥生产工艺特点来看，燃烧前捕集并不适用于水泥等典型建材工业，因为其工艺过程中碳酸盐分解是其CO_2排放的主要来源。燃烧后捕集不仅能源消耗大、运行成本高，而且CO_2处理规模小，与水泥等典型建材工业大风量的工况不适应；全氧燃烧不仅可显著提升烟气中CO_2浓度，而且还可减少烟气中N_2等组分导致的热量损失。因此，全氧燃烧是典型建材工业CO_2捕集最经济有效的方法，是降低碳排放、实现碳中和的重要技术手段。

CO_2养护混凝土是封存利用CO_2的有效尝试。CO_2养护混凝土的过程是在新拌混凝土成型后，将其置于一定浓度CO_2气氛和环境压力下，使水泥熟料中硅钙组分、水化产物等与CO_2发生反应，达到在较短时间内提高混凝土强度、增加混凝土密实性、提升混凝土耐久性能的目的。与传统蒸汽养护标准混凝土空心砌块相比，CO_2养护混凝土的能量消耗可从2300千焦/吨降低至500千焦/吨，消耗CO_2 0.465千克/吨。

4.4.3.5　持续加强各类低碳建材技术开发

针对我国建筑垃圾总量大、利用率低的问题，应持续加大建筑垃圾资源化利用力度。我国每年建筑垃圾产生15亿吨以上，总体资源化率不足5%，而欧美国家建筑垃圾利用率约为90%，日韩则有95%，处理方式仍处于粗放的填埋和堆放阶段。实现建筑垃圾资源化产业化，资源化利用率达到95%以上，生产出建筑垃圾再生骨料、再生砖、单排孔和三排孔再生砌块等新产品。

低碳建材开发可协同提高固体废弃物消纳。例如，2020年我国市政污泥年产量约6000万吨。干化污泥制砖可以有效利用污泥的热值并提高污泥砖的保温性能。另外，低碳建材生产和应用可与工业尾矿、粉煤灰、煤矸石、化学副产石膏等实现综合利用。采用钢渣、矾钛渣、粉煤灰、电石渣等工业固废全部或部分替代天然原料生产低碳建筑材料。利用新型墙材隧道窑协同处置建筑废弃物、淤泥和污泥等；开展赤泥、铬渣等大宗工业有害固废的无害化处置和综合利用，开展尾矿、粉煤灰、煤矸石、副产石膏、矿渣、电石渣等大宗工业固废的综合利用；在水泥、墙体材料和机制砂石等产品中提高消纳产业废弃物能力等。

4.4.3.6　持续关注水泥生产过程碳减排颠覆性技术的发展

通过对比分析，氢能煅烧水泥熟料关键技术、水泥窑全氧燃烧耦合碳捕集成套技术和新型低碳负碳胶凝材料及负碳混凝土技术三项技术有望为建材行业大幅度减碳提供发展方向。

（1）氢能煅烧水泥熟料关键技术

通过集成氢能（绿氢）制备技术、氢能（绿氢）燃烧技术、窑炉工艺优化技术、全系统智能化控制技术，实现水泥熟料煅烧燃煤的全替代，并为后续烟气CO_2捕集、利用提供可能。氢能煅烧水泥熟料包括电能输入、电解水制氢氧、氢气氧气加压减压储存、回转窑燃烧系统、分解炉燃烧系统、余热发电、生料粉末、烟气水汽分离及循环系统，以及全系统的智能化控制系统。目前需解决的关键技术问题包括绿电和弃电的联合输入、电解水制氢规模化以及储存、氢气燃烧的适应性及热动力学过程和烟气CO_2循环富集及气汽分离五项关键科学基础及技术问题。

以热耗100千克标煤/吨水泥熟料核算，使用氢气作为水泥生产的替代能源，吨熟料仅消耗约22 千克氢气，可减少燃煤造成的碳排放约260~280千克/吨水泥熟料，水泥熟料生产二氧化碳排放降低三分之二。在现有生产条件下，每制备1 千克氢气需要消耗50千瓦时，以5000吨/天熟料生产线为例，年度可减少碳排放约37万吨。

（2）水泥窑全氧燃烧耦合碳捕集成套技术

水泥窑全氧燃烧耦合碳捕集成套技术可显著提升烟气中CO_2浓度，减少烟气中N_2等组分导致的热量损失，是典型建材产业CO_2捕集最经济有效的方法，是降低碳排放、实现碳中和的重要技术手段。水泥窑全氧燃烧耦合碳捕集成套技术需解决的关键技术问题包括全氧燃烧下燃料燃烧特性及能质传递过程与规律研究、高温反应动力学及工艺调控机理研究、多污染物过程减排及节能耦合机理研究、多规格全氧燃烧碳捕集工艺方案及关键设备开发、全氧燃烧下水泥窑烟气高效捕集提纯理论研究、全氧燃烧下水泥窑烟气高效捕集提纯工艺方案及关键核心设备开发等系列科学基础或关键技术问题。

以5000吨/天的水泥熟料生产线为例，预计可实现CO_2捕集约130万吨/年，减少NO_x产生量约900吨/年；随着该技术在行业内推广应用，若10%的水泥产量采用此技术则可实现CO_2捕集约1.3亿吨/年，减少NO_x产生量约9万吨/年，可有力促进建材产业碳中和进程。

（3）新型低碳负碳胶凝材料及负碳混凝土技术

低碳负碳胶凝材料开发方向包括研发多矿相稳定共存的低钙高胶凝性熟料制备新工艺和新技术，降低水泥熟料生产中石灰石的使用量，降低原料碳的排放，形成新型低碳水泥技术；突破现有硅钙氯铁相水泥基本元素构成，研发新型无钙负碳水泥科学基础与关键技术。负碳混凝土技术开发方向包括水泥混凝土基建材制品矿化养护技术、骨料矿化增强技术、固废矿化活化技术共三项技术。0.1亿吨/年规模的负碳水泥生产，不仅不排放CO_2且能吸收$CO_2$150万吨。

4.5 石油石化行业绿色低碳发展路径

石油石化行业面临碳减排压力和挑战持续增加。石油石化行业是我国经济社会可持续发展的战略性支柱产业。2019年营业收入12.27万亿元，全国规模工业收入同比增长11.6%。“十四五”时期，我国经济社会由中高速发展阶段进入高质量发展阶段，石油石化行业是构建“双循环”新发展格局的重要战略支撑，为构建现代化产业体系、不断满足人民对美好生活的需求，需要不断提供清洁能源和现代化石化材料。

但是，作为传统领域，石油石化行业面临巨大减碳压力。石油石化行业是工业领域继火力发电、钢铁、水泥之后的国内第四大CO_2排放源。经过初步测算，2020年石油石化行业（不包括上游勘探开发及煤化工）CO_2排放量约5亿吨，占全国排放量的5%左右。同时，受强链补链的需求增加、市场化程度提升等利好因素影响，“十四五”时期，我国石化产能将呈现持续发展态势。2025年炼油、乙烯、PX产能将分别达9.6亿吨/年、6816万吨/年、4601万吨/年，分别为2020年的1.1倍、2.0倍和1.8倍。石油石化行业仍处于碳排放的上升期。

近年来，国家对石化工业的安全环保要求日趋严格，先后颁布了《水污染防治法》《大气污染防治法》《土壤污染防治行动计划》《固体废物污染环境防治法》《石化行业VOCs污染源排查工作指南》《石油炼制工业污染物排放标准》《石油化学工业污染物排放标准》等一系列环保法规。同时，二氧化碳排放贸易以及捕集、储存和利用等，将成为石化企业未来必须面对的现实问题。我国石化工业如何顺应绿色低碳经济发展趋势，大力研发推广低碳技术和低碳产品，培育发展低碳产业和绿色经济，全面提升绿色低碳发展水平，加快形成新的绿色发展方式，已成为实现高质量发展的紧迫任务。

目标提出后，从政府到行业再到企业，迅速行动，积极履行碳达峰碳中和承诺。国家发展改革委和国家能源局、工业和信息化部、生态环境部、中国人民银行等多部门密集要求落实碳达峰碳中和目标。能源化工行业积极响应，制定行业和企业碳中和路径。中国石化、国家能源集团、中国煤炭科工集团、中国海油等能源企业相继启动碳排放达峰和碳中和战略研究。2021年1月15日，17家石油和化工企业、园区及石化联合签署并共同发布了《中国石油和化学工业碳达峰碳中和宣言》。2021年2月2日，国务院发布《关于加快建立健全绿色低碳循环发展经济体系的指导意见》。在国家规划文件的指导下，上海、江苏、广东、北京等多个省市陆续发布碳达峰行动方案。

4.5.1 “双碳”目标下石油石化行业绿色低碳发展形势

碳达峰碳中和目标将深刻影响石油石化产业链。从能源结构看，影响我国一次能源结构加快可再生化；从终端消费看，一是加快交通能源电动化革命，二是加速石化制品可降解可循环的推广；三是从生产过程看，炼厂生产结构“油转化”深度调整，同时石油石化生产过程将更加注重绿色低碳发展。三方面影响相互关联，互为因果。终端消费的变化将影响生产过程中结构调整的程度，生产过程的调整将导致一次能源需求结构变化。

4.5.1.1 能源结构由低碳向可再生转变加快

全球能源转型的新动能正转向可再生能源。BP能源展望2020预测显示，快速发展情景下，可再生能源占全球能源消费的比重将从2019年的4.3%增至2030年的16%，2050年进一步提高至44%，超过化石能源总和成为第一大能源。欧盟能源消费中可再生能源比重将从2019年的11%增至2030年的27%，2050年进一步提高至58%。净零排放情景下，2030年和2050年可再生能源占全球能源消费的比重将分别提高至21%和59%。其中欧盟可再生能源比重分别提高至32%和63%。

我国可再生能源产业已具备规模化发展条件。中国商品化可再生能源产业起步于改革开放后的20世纪80年代，经过探索发展和扶持示范，正进入规模发展阶段。目前，中国已是世界可再生能源利用第一大国，非化石能源占比已达15%以上，到2030年非化石能源达25%以上。中国石化经济技术研究院预测碳中和强化情景下，2060年中国非化石能源比例将达到80%。国网能源研究院在2021年年初预测2060年中国非化石能源比例将达81%。

为实现碳达峰碳中和目标，中国的能源结构需加速向低碳化转型，非化石能源尤其是可再生能源的比重将快速提高，技术进步与成本下降将支持可再生能源在2040年后成为主力的能源品种。

当前陆上风电、光伏已具备足够的技术经济性，2020年光伏储能成本44美元/兆瓦时，2025年降至34美元/兆瓦时，下降23%；2020年陆上风电储能成本24美元/兆瓦时，2025年降至14美元/兆瓦时，下降42%。“十四五”时期光伏和风电将实现平价/竞价上网，成为具备竞争力的能源品种。“十四五”时期，新能源将成为我国电力消费的增量主体，并为后期逐步实现增量全替代、存量替代做好过渡。中国新能源产业步入规模化发展阶段。

4.5.1.2 新能源替代潮流颠覆交通能源格局

行业规划为新能源汽车中长期发展指明方向。2010年以来我国新能源汽车实现了大发展。2019年产销量超120万辆，同比下降4%。虽然同比略有下降，但是我国产销量仍然处于全球领先地位。下降原因在于补贴退坡带来的产业阶段性调整。2022年新能源汽车产业逆势回升，全年销量688.9万辆，同比增长93.4%，销量渗透率达25.6%。截至2022年底，我国新能源汽车保有量达1584.4万辆，新能源汽车产业已具备较好的规模效益优势和发展环境。“十四五”时期，“双积分”政策将是承接新能源汽车财政补贴退坡的最有效机制，对于持续激发企业发展节能与新能源汽车的内生动力，引导整个汽车行业节能技术水平提升和油耗管控、促进新能源汽车产业发展等方面发挥重大作用。

从中长期来看，行业规划为新能源汽车产业快速发展保驾护航。“电动化、智能化、网联化、共享化、绿色化”快速推进，给汽车产业带来了新的技术变革浪潮，成为新型汽车产业链的发展方向。2020年11月，国务院办公厅正式发布《新能源汽车产业发展规划（2021—2035）》（以下简称《规划》），明确了坚持纯电驱动的战略取向，并提出了2025年和2035年两个阶段目标。具体目标为2025年新能源汽车新车销售量达到汽车新车销售总量的20%左右；2035年渗透率达50%，纯电动汽车成为新销售车辆的主流，公共领域用车全面电动化，燃料电池汽车实现商业化应用。新能源汽车进入后补贴时代，从重视销量规模到配套基础设施。

新能源汽车潮流给石油工业带来深远影响。一方面，新能源汽车叠加新冠疫情及碳中和目标，共同改变了人们对石油长期需求的看法。近期欧洲加码新能源汽车发展，英国将禁售传统燃油车计划提前至2030年。结合疫情影响及消费习惯的改变，国际能源署在《世界能源展望2020》中提出，2035—2040年全球石油需求将呈现明显的平台期特征。主要石油公司如BP、挪威石油等在其最新发布能源报告中，也将峰值判断提前到了2030年前。

另一方面，国内外石油公司纷纷调整战略，加快集中布局新能源，紧迫性不同以往。BP涉足最深也最广，在生物燃料、氢能、太阳能都有布局，埃克森美孚投资重点是生物燃料和碳捕集与封存，壳牌聚焦氢能和风电。中国石化联合国家发展改革委能源研究所、国家应对气候变化战略研究和国际合作中心、清华大学低碳能源实验室三家机构分别签订战略合作意向书，共同研究中国石化率先引领能源化工行业碳达峰碳中和的战略路径。

新能源汽车助推国内传统交通燃料达峰。尽管我国汽车销量有较大增长空间，但在2030年之后，新增汽车销量大部分是新能源汽车，传统燃油汽车销量增长乏力。

4.5.1.3　限塑风潮改变石化产业链格局

全球范围内已经达成限塑共识。多个国家和地区推行限制或禁止使用一次性塑料制品的政策。《巴塞尔公约》更新，186个国家赞成监控和跟踪运往境外的塑料垃圾。对比各国家政策可以看出，大多数国家的禁塑、限塑措施着重限制一次性塑料制品如塑料袋，塑料餐具、塑料微珠等制品的使用及生产。从政策变化趋势来看，限制使用的塑料制品范围在逐步扩大，从传统的一次性塑料包装用品扩大到塑料日用品，甚至使用一次性包装材料的下游产品。

中国是在2008年开始实施限塑，要求全国范围内禁止生产、销售、使用厚度小于0.025毫米的塑料购物袋，在所有超市、商场、集贸市场等商品零售场所实行塑料购物袋有偿使用制度，一律不得免费提供塑料购物袋。2020年1月19日，国家发展改革委、生态环境部公布《关于进一步加强塑料污染治理的意见》，提出分阶段（2020年、2022年、2025年）限制、禁止使用不可降解塑料产品的行动目标与措施。

限塑风潮席卷多个行业，星巴克、麦当劳等停止提供塑料吸管，宜家家居承诺到2030年所有使用塑料的家居用品都将采用可再生或回收材料。宝洁、可口可乐、雀巢等推出了2030年塑料回收利用政策。美国多家航空公司将停用多种一次性塑料制品。中外塑料绿色发展相关政策对比如表4–8所示。

表 4–8　中外塑料绿色发展相关政策对比

政策分类	欧盟	中国
限塑	• 从传统一次性包装材料扩大到塑料制品及包含塑料的产品 • 从使用扩大到生产销售	• 禁限类政策全面完整涵盖多种难回收产品的生产及使用
废塑料排放	• 明确塑料制品生产者为处理塑料污染责任主体	• 通过建设分类回收体系来减少废弃塑料排放 • 尚无明确塑料垃圾处理责任制度，废塑料回收多为市场行为驱动
回收处理	• 针对不同塑料种类提出鼓励性政策 • 明确塑料制品强制添加比例 • 税收政策扶持塑料循环	• 明确鼓励发展塑料回收利用行业 • 再生企业税收减免 • 尚无强制添加类政策，再生塑料市场相对狭窄
循环利用	• 量化塑料回收率（循环率）目标	• 到2025年，电商快件基本实现不再二次包装，可循环快递包装应用规模达到1000万个

禁限类政策除了影响消费者使用环节，正在逐步向上游制品制造环节延伸，

此趋势符合日益严峻的环保态势和人们逐渐提高的环保意识。欧盟于2021年开征“塑料包装税”，并于2022年4月正式通过碳边境机制，将于2023年10月1日后对来自控制碳排放不力国家和地区的进口产品征收一定比例的碳税，避免欧洲企业因采用更高环保标准而处于竞争劣势。英国规定再生料少于30%的塑料包装需要纳税，进口的塑料包装都应缴税（除少量包装）。由此衍生的“碳边境税”等“绿色许可”或将成为行业新准入门槛，加速催生可降解材料，单一材料包装及物理/化学回收的市场机遇，迫使传统石化产品积极寻求“绿色标签”。

政策和市场需求的变化导致供应商加大对可循环、可降解材料的研发投入。一方面希望可从塑料生产源头出发，开发生产具有可生物降解功能的产品或利于回收的塑料制品；另一方面努力开发出成本低廉的废塑料回收利用的新方法、新途径和新工艺，以及高效、实用的废塑料回收设备，制备附加值高的再生产品。三菱化学株式会社与日本制纸株式会社，2020年宣布共同开发出了一种采用生物降解材料制造的循环型包装材料。2021年3月，SABIC与BP签署了一项新协议，将通过使用先进的回收技术生产经认证的可回收产品，目标是2030年利用可持续可回收原材料实现30%乙烯和丙烯生产。BASF同样在开发提高化学制品循环利用的聚合物，并将此作为新的重要业务。

4.5.1.4 绿色经济要求石化材料替代发展

可循环材料有效降低石化行业碳排放量。再生资源回收利用是碳减排的重要路径之一。资源循环利用的同时，节约了原材料开采和加工过程所需能源，同时还减少了其他污染物排放。不同于生物可降解材料，塑料循环利用最终实现了碳的循环，通过提高塑料制品循环再生率，可以显著降低碳排放量。

目前英国每年废弃物中44%的塑料包装被回收，塑料包装中平均含有10%再生成分。目标是2025年回收率提升至70%，同时要求所有塑料包装中平均含有30%再生成分。高再生料添加主要面临的挑战是确保有足够优质再生塑料可供使用，因此对设计可循环利用的包装升级提出更高要求。例如，Sprite公司为应对可循环包装升级要求，将绿色包装瓶改为透明瓶。

中国加快绿色循环经济体系构建。2021年2月国务院发布的《关于加快建立健全绿色低碳循环发展经济体系的指导意见》中，提到了“鼓励企业开展绿色设计、选择绿色材料、实施绿色采购、打造绿色制造工艺、推行绿色包装、开展绿色运输、做好废弃产品回收处理，实现产品全周期的绿色环保”，以及“加快构建废旧物资循环利用体系”。

绿色甲醇是替代石化原料的发展方向之一。甲醇是一种燃料，同时也是一种重要的原料，有着广阔的应用需求。2020年中国甲醇消费量5000万吨，其中甲醇制乙烯（MTO）消费量为700万吨，生产乙烯120万吨，替代石脑油约360万吨。

当前制取甲醇的原料主要来自于天然气、煤炭和石油等化石燃料，2018年白春礼、张涛、李静海和施春风四位院士联名在国际权威杂志《Joule》发表论文，首次提出“液态阳光”概念，即利用太阳能制氢并将氢与二氧化碳反应合成甲醇。随着可再生能源制氢的规模将不断壮大且成本不断下降，可以预见发展可再生能源制氢、CO_2加氢制甲醇将迎来大发展，这对发展基于可再生能源和CCUS的绿色化工并助力削减碳排放具有重要意义。

CO_2加氢制甲醇作为一种新兴的绿色化工技术，近些年在国内外发展较为迅速。目前，全球共有2套CO_2加氢制甲醇工业试验装置。2012年，碳循环国际公司CRI在冰岛Svartsengi建成的4000吨/年的装置，利用地热电厂电解水制取的氢和CO_2反应合成甲醇。CRI公司已形成5×10^4~10×10^4吨/年的二氧化碳制甲醇标准化设计能力。国内中海石油在海南成功运行了全球最大的5000吨/年的工业实验装置，中国石油与大连化物所共同开发的装置处于中试阶段。2023年3月，吉利投资的10万吨级全球最大绿色甲醇工厂在河南安阳投产。

可再生氢气成本过高是造成CO_2加氢制甲醇经济性差的主要原因（H_2成本约占可变成本的九成）。随着目前氢能产业的蓬勃发展，氢气价格将有较大的下降空间，根据欧洲氢能组织（Hydrogen Europe）预测，到2025年可再生氢的价格将降到1500~2000欧元/吨，到2030年将降到1000~1500欧元/吨。同时随着碳市场的全面启动，未来处置二氧化碳能获得一定收益。此外二氧化碳加氢制甲醇技术进步带来的投资和运行成本下降，预期将推动CO_2加氢制甲醇将很快迎来商业化应用。

4.5.2 石油需求及碳排放展望

4.5.2.1 *石油需求峰值提前，2040年后需求快速降低*

2025年前后，石油需求将达到约8.3亿吨的峰值水平。石油占一次能源比重稳定在20%左右。其中交通用油基本饱和达4.0亿吨，化工用油是主要增长领域，达2.2亿吨。该时期节油措施主要依赖车辆燃油经济性提高。新能源汽车处于普及前期，渗透率由2022年的25.6%提升至2025年的42%。

2025—2030年，石油需求平台期。该时期是交通用油下降以及化工用油增速放缓双拐点期，石油需求维持在7.7亿~8.3亿吨平台期。2030—2050年，石油需求快速下降期。

交通节油起主要作用。交通用油下降至期末的1.2亿吨，仅为期初的30%；化工用油经历由2.7亿吨饱和到平台期再到下降过程，期末降至2.4亿吨。该时期节油措施以能效提升和电动化替代双轮驱动，期末新能源汽车销量渗透率达95%以上。

2050—2060年，碳中和时期。绿电、绿氢大规模替代全社会用化石能源，化工节油起关键作用。通过大幅提高塑料循环再生率至60%以上，以及推广CO_2制化工原料技术，减少化工用油至2.0亿吨左右；公路交通用油几乎全部转为电力和氢能，四成航空用油被替代，交通用油降至0.5亿吨左右（基本是航煤）；农业、工业及建筑用油大规模被电力和生物柴油替代。具体见图4-12。

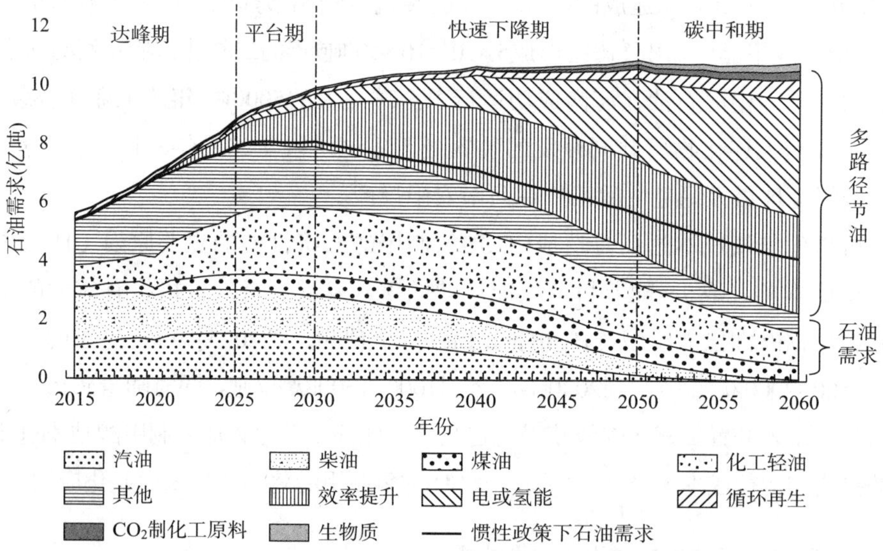

图4-12　石油需求分阶段展望（2015—2060年）

4.5.2.2　成品油需求2025年前后达峰

中期汽油需求达到峰值。汽油消费结构中95%是汽油车消费，而汽油车中八成左右由乘用车组成，乘用车的发展决定了汽油消费变化趋势。目前，中国的乘用车已经由普及前期过渡到普及后期，虽然销量持续增长，但增速明显下降，预测2030年和2050年乘用车保有量分别达3.5亿辆和4.0亿辆左右。考虑到燃油经济性提高以及新能源汽车替代，预计汽油需求在2024年达到1.8亿吨饱和值，之后将快速下降，2025—2060年年均降低14%左右。

煤油需求长期保持增长。民航事业快速发展带动煤油消费的增长，当前我国人均乘机次数约为0.5次/年，日、韩和欧洲人均乘机次数饱和值在1.0~1.5次/年，美国达2.4次/年。考虑我国地域、人口及资源限制，预计中国人均乘机次数饱和值接近欧洲水平，即1.0次/年，未来仍有较大增长空间。但是，疫情带动了远程办公的兴起和线上消费的火热，改变了部分人的出行习惯，一定程度上导致航煤需求中枢下降。预测航煤需求2040年达到7600万吨峰值后，生物航煤替代导致航煤需求将快速下降至4000万吨左右。

柴油消费已经处于达峰后下降期。柴油消费主要用途为机动车和工农业生产方面，与经济发展密切相关，目前商用车用油占柴油消费的七成左右。随着经济结构调整，中国逐渐向后工业化过渡。同时，环保要求下，部分公路运输需求转向更清洁的铁路运输（含有电气化因素），商用车保有量2020—2025年基本达到5900万辆的饱和期。与工业生产密切相关的柴油消费在目前已经达到峰值1.8亿吨。2025年小幅回落至1.72亿吨，基本维持平台期，之后快速回落，平均减少11%左右。

4.5.2.3 基础石化原料需求2035年之后达峰

乙烯消费峰值在2040年前后。我国化工轻油中约四分之三用于生产乙烯，乙烯是石化工业的基础原料，主要下游衍生物有聚乙烯、聚氯乙烯、环氧乙烷/乙二醇、二氯乙烷、苯乙烯等。目前，我国人均乙烯当量消费仅为31千克/人，相当于发达国家20世纪80年代的水平。考虑到中国的产业结构、消费和人口结构，加之近年来，共享平台、跨境电商、快递、外卖等新业态新经济兴起，新消费领域不断涌现，中国乙烯当量需求仍有较大增长空间。判断塑料回收和生物可降解材料等一系列产业政策影响乙烯消费15%~20%，预测2035—2040年，国内人均乙烯消费峰值将达65千克左右，总消费量9200万吨。

PX消费峰值在2035年前后。我国化工轻油中约四分之一用于生产PX，PX同样是石化工业的基础原料，主要用于生产涤纶。目前，全球纺织纤维消费量约1亿吨，其中合纤约占68%~70%，而涤纶约占合纤消费量的80%，因此PX产业链与纺织服装行业紧密相关。中国是亚洲最大的纤维制品出口国之一，目前人均纤维消费量约32千克（折算PX消费量为20千克/人），为全球平均消费水平的2.3倍。

未来，经济增长、人均收入的提升对本国居民的纺织品消费仍然有拉动力。尽管随着国内消费升级、人工成本增加以及环保限制，纺织业逐渐向东南亚国家转移，中国纤维净出口量逐渐减少。但是在产业链的集合度、劳动工人熟练度、产品设计及创新力等软性实力方面，中国综合竞争实力较强，能够支持纺织业继续稳定发展。综合判断PX消费峰值在2035年前后达到，人均消费量约30千克，折合当量消费4500万吨左右。

4.5.2.4 石化行业实现“双碳”目标需要巨大变革

行业碳排放测算方法主要参考国家发展改革委发布的《中国石油化工企业温室气体排放核算方法与报告指南（试行）》（发改办气候[2014]2920号）。部分数据参考行业或企业排放指标数据。本书涉及CO_2排放统计边界主要包括石油炼制加工、石油化工业两个环节，由于上游原油和天然气较难完全分别统计碳排放量，因此本测算不包括上游勘探开发以及储运，也不包括煤化工和无机化工。

2022年全国炼油加工量6.76亿吨，乙烯产量3859万吨，PX产量2550万吨，通过测算典型石化厂碳排放因子平均值，同时考虑部分小型化工装置未纳入计算口径，综合判断2022年全国炼化行业CO_2排放量约5亿吨，占全国碳排放量约5%。通过对石油及主要基础石化原料需求展望，预测2030年原油加工量规模达8.0亿吨峰值，2060年降至3.0亿吨左右；2030年乙烯产量达7100万吨，2060年达7200万吨；2030年PX产量达3700万吨，2060年达3800万吨。

不同时期炼化行业的碳排放主要通过对石油及主要基础石化原料需求展望，判断不同时间段石油炼制以及石化发展规模来确定。基准降碳情景下，根据目前石化企业实际排放数据和节能技术应用情况，预测未来碳排放因子。综合来看，2030年全国炼化行业碳排放基本达峰值为7.6亿吨左右，2060年降至4.5亿吨左右。其中炼油碳排放2025—2030年之间达峰；化工碳排放2035—2040年达峰。加强降碳情景下，企业通过加大新旧产能置换力度，利用更加先进技术提升装置能效，加大燃料结构调整力度，加强绿氢绿电替代等一系列措施，全国炼化行业碳排放达峰期略有提前至2027年前后，峰值降至6.1亿吨左右，2060年降至1亿~1.5亿吨。未来化工领域降低碳排放是关键。具体对比如图4-13所示。

4.5.3 石油石化行业低碳转型路径

“双碳”目标的实现一定程度上限制了化石能源的开发利用，对于石油终端

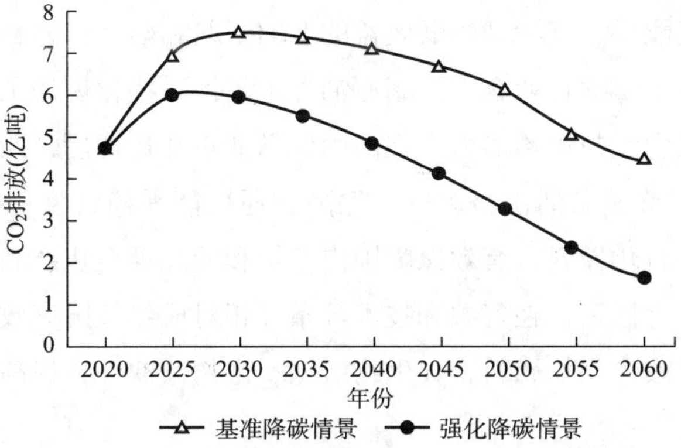

图 4-13　基准降碳情景和强化降碳情景对比

消费而言带来极大挑战。从石化产品生产过程来看，石化产业可以通过原料结构调整、用能结构调整、提升能效、加大绿色低碳技术开发、加强CCUS技术开发利用等路径来推动实现“双碳”目标（见图4-14）。

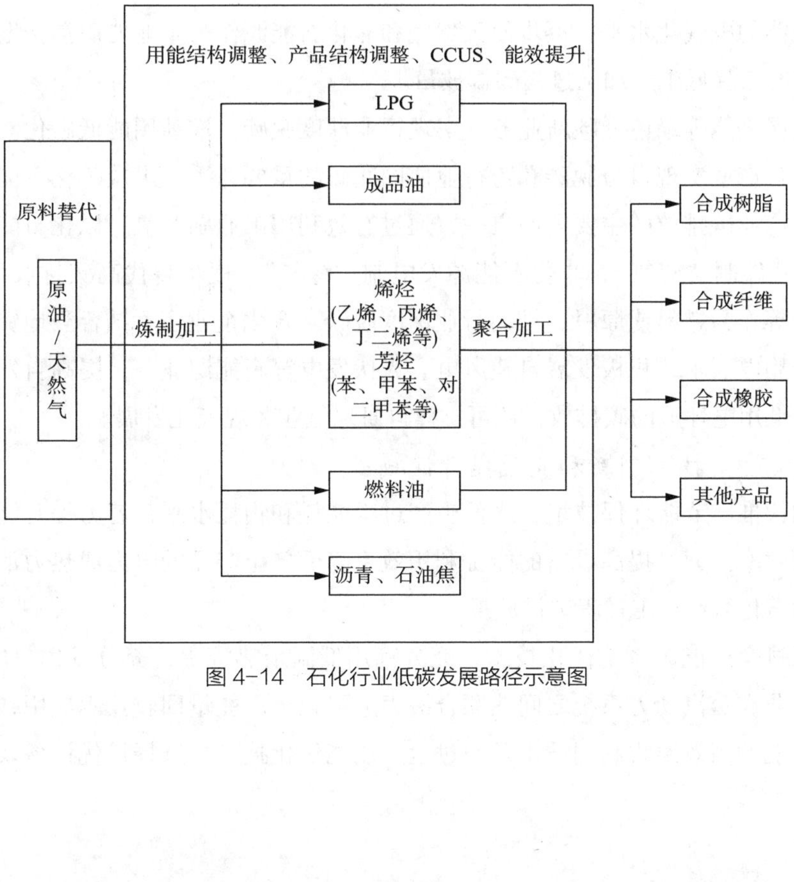

图 4-14　石化行业低碳发展路径示意图

4.5.3.1 淘汰高耗能低效能落后产能

推进淘汰高能耗、高污染、低效益的老旧工艺和落后产能，持续降低石化产业能源消费强度。炼油行业合理控制原油加工规模，优化炼油工艺和调整产品结构，提高清洁低碳燃料供给能力。在国内成品油消费达峰后，匹配国内交通电气化进程，有序调整成品油供给规模，保障交通用能平稳转型。推进“油转化”，增产化工轻油等石化原料，有效保障国内乙烯和芳烃等石化产品生产。炼油企业以淘汰落后产能为抓手，在资源和技术等条件相对成熟及国家政策的支持下，改造落后装置转产液体生物燃料，如生物航煤、生物柴油等，提高低碳交通燃料的供给比例。

4.5.3.2 调整燃料的能源结构促减排

优化产业用能结构，逐步缩减煤炭消费。通过“煤改气”“煤改电”“煤改氢”等方式，减少工业用电中的煤电比重，控制化石能源消费量和碳排放量，降低碳排放强度。到2030年煤炭消费约占当前石油石化企业能源消费总量的1/3以下。深化煤炭清洁高效利用，在生产经营活动中更多使用低碳、零碳能源，提高工业用能的电气化水平，逐步使天然气和非化石能源作为企业能源消费增量的主体，将有效降低生产加工过程碳排放量。

拓展氢能等绿色低碳新业务，实现行业深度脱碳，推动用能低碳化。氢能领域是石化产业实现自身脱碳和跨行业协同减碳的重要抓手。煤炭等化石能源制氢是石化产业碳排放的主要来源之一，通过有效利用工业副产氢，以化石能源制氢加CCS脱碳制“蓝氢”，非化石能源发电制“绿氢”，逐步替代高碳排放“灰氢”或煤炭等作为燃料或原料，推动行业深度脱碳。石化企业还可结合当地资源条件和自身用电需求，积极发展自建风电、光伏发电等新能源业务，提高自发绿电比例，降低用电环节的碳排放，还可支撑自身绿氢业务规模化发展。

4.5.3.3 技术创新和能效提升促减排

加快推广节能环保技术，降低生产过程能耗和物耗水平，着力提升能源和资源利用效率。通过提高设备的能源利用效率降低单位产品的电力或热力消耗，降低石油石化行业加工过程碳排放量。

通过全厂能源系统优化技术，充分利用低温余热资源，充分发挥热电联产，以及工艺和蒸汽动力系统之间热联合潜力。强化全厂能量回收技术应用，部署低品位热能的高效回收利用技术及通过全厂用能优化技术，选择最优设备及其相互的连接以构成合理的系统，满足工艺生产过程对各类形式能量的需求，使其设备投资和能源消耗等总费用目标最小。

部署新型先进节能设备及相关技术，减少过程能耗。重点节能设备包括高效换热设备、新型反应器、新型过程装备与工艺设备，持续提升装置能效。重点技术包括单元过程强化技术、新型分离技术、超临界技术、基于微反应器的微化工技术、催化蒸馏、分壁式蒸馏，以及热整合蒸馏等反应工程和过程强化技术。

4.5.3.4 加大绿色低碳技术研发应用

加大绿色低碳生产工艺、技术和装备的研发、示范和推广力度，实现产品生产、流通、消费及处置过程全生命周期的绿色发展，进一步增强节能低碳产品的供给能力，减少产品全生命周期碳足迹。

大力发展低碳技术，推动开展碳捕集、封存与利用项目示范等CO_2综合利用技术。加快能效提高技术的应用，降低过程碳排放。通过建立和优化石化企业能量系统模型、加强系统内部联动和动态调整等措施，实现能量系统整体能耗降低。

加快石油石化产业数字化技术应用，大力推进石化智能工厂建设。推进供应链管理智能化和工程设计数字化；推进生产运行智能化，重点打造数字化生产环境、生产集成管控体系、全流程模拟和一体化优化体系、智能安全环保管理体系等。推进知识管理和经营决策智能化，加强企业数据仓库和知识库的建设。

加大生物可降解塑料、塑料回收利用等领域的投入。开发绿色、低消耗、可循环使用的石化产品。加速塑料回收和循环利用技术，提高塑料再生利用比例，为传统石化产品积极寻求“绿色标签”。

绿色低碳技术还包括开发汽车轻量化材料、绿色包装材料等，主要是通过材料的高性能化和功能化，减少高耗能产品消费，实现绿色替代。估算结果显示，汽车自重每减少10%，燃油消耗可降低6%~8%，减少CO_2排放约4.5%，目前高分子材料已在汽车的保险杠、油箱等多个部件替代了金属材料，微发泡的高分子内饰材料、替代金属的长玻纤增强高分子复合材料、更耐磨更轻的轮胎用胶种等将进一步促进实现汽车轻量化。

4.5.3.5 加快传统与新能源产业融合

加强炼油、销售业务与氢能产业链协同发展。立足重点城市有效需求，拓展内外部氢能应用高端市场，跟踪风电、核电等制氢前沿技术。在发达地区与合作伙伴和关键用户择优开拓储氢/运氢商业项目。

加强油气与新能源储能融合发展。新材料、新技术推动大规模储能技术发展及成本下降，为风光电储能和传统油气的多能互补、多网融合、协同发展提供了更多可能，形成多元供应体系，保障我国能源供给安全、促进清洁低碳发展。

4.5.3.6 加强碳捕集与二氧化碳利用

利用化学和生物固碳技术，深入挖掘行业碳减排潜力。推进二氧化碳制化学品或燃料等关键固碳技术的科技攻关，积极建设先导示范项目并加快工业化进程，推动规模化商业应用。行业企业还可结合其他CCUS、BECCS、植树造林等碳汇技术，帮助石化和其他行业实现深度脱碳，助力工业部门实现碳中和目标。

化学固碳方面，可利用化工装置，实现二氧化碳的化学利用，生产绿色化学品和低碳燃料。CO_2可用于生产液体燃料和化学品等多种利用路线，当前以CO_2加氢制甲醇路线最为成熟，目前国内已有两套千吨级工业示范装置，但是高昂的绿氢成本依然是主要限制因素。当前绿氢和CO_2合成甲醇成本在6000元/吨左右，是煤制甲醇的3~4倍，若实现与煤制甲醇平价，则绿氢价格需降至5000元/吨以下，或者碳汇价格提高至600元/吨。

《全球氢能观察2021》中提出，若引入碳排放成本，假设到2030年碳排放成本增长至为50美元/吨（CO_2当量），2040年为150美元/吨，2050年为300美元/吨，可将绿氢与灰氢实现同价的时间提前至2028—2034年。按照以上假设，2030年CO_2加绿氢制甲醇成本将降至约3200元/吨，2040年降至1600元/吨，考虑到未来煤制甲醇也要增加碳排放成本，则两种路线甲醇平价时间点或将处于2030—2040年。

生物固碳方面，利用炼油装置，先以二氧化碳实现微藻的工业化养殖，再用于合成低碳生物燃料。我国仅东南沿海和海南适合微藻饲养，平均每公顷产燃料4吨，考虑可用面积，估计微藻可制燃料约1000万吨/年。

第五章

“双碳”目标引领工业高质量发展

PART

当前，国内外经贸形势复杂，为畅通国内国际双循环，亟待进一步深化供给侧结构性改革，充分发挥我国市场规模优势和内需潜力，构建国内国际双循环相互促进的新发展格局。与此同时，以2030年实现碳达峰为目标，确保在碳达峰后实现经济增长与碳排放量的脱钩，我国必须开展供给侧改革，优化产业结构，提升能源效率。

行业层面，工业是碳排放的主体，在“双碳”目标约束下，高耗能、高碳排放行业将面临用能结构优化的挑战，战略新兴产业需要加快完成从建立到运行，各方面问题相互关联，需要系统性破局；一些处于产业链底端的低能效企业面临着被淘汰的压力，但也促使企业进行转型发展。在“双碳”目标指引下，如何为自身发展争取转型升级发展的空间将是工业企业发展需要谋划的重中之重。

碳达峰碳中和是系统性、战略性和全局性工作，涉及能源、工业、交通、建筑等高耗能、高排放部门，覆盖生产消费、基础设施建设和社会福利等多方面。把“双碳”纳入生态文明建设整体布局，制定科学行动方案，有助于加快形成节约资源和保护环境的产业结构以及生产生活方式，走高质量绿色发展道路。

中国按照既定时间完成“双碳”目标有一定压力，相比发达国家，中国能源需求并没有达峰，碳排放仍然处在“总量高、增量高”的阶段，工业用能占比高，电力供给结构中非化石能源比重仅占30%左右，仍然是以煤炭为主导，但相关绿色低碳技术储备欠缺，绿色发展压力仍然很大。因此更有必要提前进行系统部署，通过建立系统性的整体布局并逐步落实，加速实现减碳进程。

本章在分析总结“双碳”目标为工业带来的机遇与挑战的基础上，围绕碳达峰碳中和引领工业高质量发展提出了需要关注的方向，为碳约束下工业如何发展提供参考。

5.1 “双碳”目标带来的机遇

“双碳”目标的实现需要从经济、社会、科技、环境等诸多方面进行一场广泛且深刻的系统性变革。从实现的难度来看，这场变革过程注定漫长且艰难。可以预见，从短期来看，在变革过程中，我们社会经济发展将经历短期阵痛；但从长远来看，这些变革将有助于深化供给侧结构性改革，倒逼推动经济、产业重组优化升级，促进绿色低碳经济发展，更好地打造生态优势，利于满足人民对美好生活的需求，机遇远大于挑战。

5.1.1 宏观层面，“双碳”目标为能源绿色低碳转型、重塑中国产业的全球竞争力打开战略窗口

全球范围内新一轮产业变革孕育发展并进入加速期，为制造业升级提供了广阔空间，而我国制造业投资增长呈现疲态，重点领域“卡脖子”问题仍然十分突出。此时，“双碳”目标的推动实现，将激活我国极具规模的国内市场，推进实现化石能源的减量与替代，依靠我国完备的工业体系，并以碳减排、碳中和为抓手在技术、工业高质量发展等方面实现弯道超车。

“双碳”目标的实现将催生更高质量产品。经过多年的发展，我国创新要素聚集能力、人力资源优势等大幅提升，在新业态、新模式发展上具备了一定优势。“双碳”目标要求工业进一步实现提高全要素生产率和边际效率，加快智能化、绿色化水平。移动互联、大数据、量子计算、区块链等信息技术与工业的融合，将在降本增效的同时，提供更多更高质量的产品，成为我国走向领先、重塑全球竞争格局的关键因素。

碳中和将终结化石燃料时代。二氧化碳主要是通过化石燃料燃烧产生的。所以要解决碳排放的问题，首先应考虑采用绿色可再生的清洁能源替代化石能源，其次要考虑如何把化石能源更多地变成化工原料，加工成高附加值的材料。

我国超前的绿色能源布局和潜能是实现碳达峰碳中和的重要基础。推动能源供给侧改革、建立多元供应体系是实现“双碳”目标的重要途径。首先，立足保障国内能源安全实现多元供应，优化调整能源结构，加快构建低碳清洁高效的能源体系。逐步减少煤炭消费占比，促使煤炭消费尽快达峰。其次，积极发展天然气，大力发展可再生能源，推动绿色氢能生产利用，稳步发展核电等。

在发展清洁能源方面，我国拥有巨大的资源优势。我国拥有丰富的风、光、水能资源。比如，西北荒漠地区，太阳辐射强度高、时间长，青海省已实现百分百清洁能源供电。云南的水电资源非常丰富，2019 年的水能利用率超过99%。另

外，我国在清洁能源开发、装备制造等产业及部分相关技术的研发创新方面已走在世界前列。

“十四五”期间光伏、风电等可再生能源装机量将加速增长。自2010 年以来，风能、太阳能发电技术发展迅猛。根据国家能源局统计，在风光电补贴取消的情况下，2020年各地新增风光装机容量近120吉瓦，风光累计装机达到534.5吉瓦。国务院印发的《2030年前碳达峰行动方案》明确，到2025年，非化石能源消费比重达到20%左右，到2030年，风电、太阳能发电总装机容量达到12亿千瓦以上，非化石能源消费比重达到25%左右。按照此规划目标，预计“十四五”期间，可再生能源将成为能源增量的主要组成部分。

新型电力系统的构建将有助于我国能源的进一步优化配置和提升安全保障水平。新型电力系统的完善和提升，将在解决好可再生能源消纳的基础上，加快构建起“新能源+储能”、源网荷储一体化和多能互补的分布式新能源合理配置的新型电力系统，这将大幅提升我国电力系统综合调节能力，实现引导推动清洁电力资源大范围优化配置。

煤炭消费替代和转型升级将稳步实施。在我国的能源结构中，煤炭仍是最主要的主体能源，在“十四五”时期我国将加快煤炭减量步伐，严格合理控制煤炭消费增长，“十五五”时期逐步减少。一是对新增煤电项目进行严格控制。国家发展改革委、国家能源局印发《全国煤电机组改造升级实施方案》，明确设计工况下供电煤耗高于285克标准煤/千瓦时的湿冷煤电机组和高于300克标准煤/千瓦时的空冷煤电机组不允许新建。二是有序淘汰煤电落后产能，加快现役机组节能升级和灵活性改造，积极推进供热改造，推动煤电向基础保障性和系统调节性电源并重转型。明确到2025年，全国火电平均供电煤耗降至300克标准煤/千瓦时以下；对供电煤耗在300克标准煤/千瓦时以上的煤电机组，“十四五”期间改造规模不低于3.5亿千瓦。经过煤炭消费替代和转型升级，我国将进一步提高煤炭的清洁利用水平，大幅度降低碳排放。

清洁能源利用技术、低碳零碳技术等技术开发有望重塑中国在全球范围的竞争力。在风光发电领域，我国依靠强大的低成本制造能力，推动风电、光伏产业链规模化发展，形成了完善且竞争力强的风光全产业链布局，我国成为全球可再生能源领域最大投资国。另外，随着锂电池材料的突破，我国化学储能和电动车市场稳步增长，逐步成长为全球锂电池生产、新能源车制造和拥有大国。

在今后的科技工作中，随着复杂大电网安全稳定运行和控制、大容量风电、高效光伏、大功率液化天然气发动机、大容量储能、低成本可再生能源制氢、低成本二氧化碳捕集利用与封存等技术的创新应用，我国将在能源清洁高效利用、节能减排等领域处于世界领先地位，这将大幅度提升我国在全球范围的竞争力。

“双碳”目标致力于构建资源高效利用和绿色低碳发展的经济社会发展新范式，在新的范式下，能源将能够实现其最优价值，绿色低碳发展将催生出新的产业模式，在新能源、绿色制造、绿色金融等将形成新的发展动能，在能源效率提升、绿色发展双驱动下，为全球减排作出重大贡献，为我国与未来国际竞争提供新动力源。

5.1.2 行业层面，“双碳”目标为传统行业升级、低碳产业和信息等高技术产业发展带来巨大机遇

习近平总书记在中央财经委员会第九次会议上强调，将碳达峰碳中和纳入生态文明建设的总体布局，以抓铁有痕的势头，实现“双碳”目标。未来碳中和之路不仅是工业化向信息化的转变，也是化石能源向化石资源的转变，还是可再生能源的飞速发展。

传统行业升级成必然趋势，投资空间巨大。从碳排放量看，在“双碳”目标下，受影响最大的是煤炭等传统重工业，由于碳排放量大和污染防治难度大，其发展空间受限，但也带来技术升级、设备更新等正面影响。中国产业转型的方向包括最大限度提升可再生能源比例，推动工业节能减排等。在这一进程中，可再生能源产业及相关装备制造等都将快速发展。并且，未来化石能源将倾向于生产社会必需的原材料。以石油化工行业为例，在传统的炼油路线下，只有两成的原油用于生产烯烃、芳烃等，八成的原油还是用于生产汽油、柴油等燃料，增大了二氧化碳的排放。未来，人类需要的化石燃料将减少，传统的加工方式已经很难满足发展的要求。石油化工行业要转型，需要依托新的技术创新，改变产品的结构，将更多的原油变成高附加值的材料。

另外，国务院印发的《2030年前碳达峰行动方案》明确了工业领域绿色低碳发展路径，以及钢铁、有色、建材和石化化工等工业碳达峰行动方案，在“双碳”目标的推动下，产业集中度将不断提高，行业绿色低碳转型和高质量发展引发的转型升级、设备更新等将带来巨大的投资机会。

工业领域数字化智能化绿色化融合发展潜力巨大。从产业发展角度看，以互

联网、大数据、人工智能等为代表的高新技术行业一方面引领新技术创新变革，另一方面也会为传统产业转型升级提供有力技术支撑，实现与传统产业的融合发展、互促共赢，互联网、大数据等高技术行业迎来巨大发展机遇。习近平总书记强调要实施可再生能源替代行动，深化电力体制改革，构建以新能源为主体的新型电力系统。新型电力系统发展过程中，新一代信息技术将在智能电网电动汽车充电网络、虚拟电厂、分布式能源的消纳、统筹和管理中发挥重大作用，信息技术与传统行业的转型升级融合成为确定性投资方向。

可再生能源投资迎来发展机遇。为实现“双碳”目标，我国在能源结构、产业结构等多方面将发生深刻变化。首先，能源结构调整节奏加快，化石能源消耗将大幅降低，光伏风力发电、生物质能源和核电的比例将大幅提升。目前，石油等化石能源占总能耗的70%左右，而低碳排放或不产生碳排放的水电、光伏等仅占30%左右。到2060年，我国实现碳中和，核能、风能、太阳能装机容量将分别是目前的5倍、12倍和70倍多。化石能源将面临退出压力，新兴能源发展空间或被进一步打开。实现“双碳”目标还需加快调整产业结构，需要在工业、建筑和交通等行业推动绿色制造、节能降耗和低碳运输等业务，进一步降低高排放产业的占比，金融机构要保障经济平稳运行，避免企业出现财务及经营恶化，为能源及制造行业的转型升级保驾护航。

碳中和将催生金融新业态，绿色金融将为绿色低碳业务提供广阔发展空间。2020年10月出台的《关于促进应对气候变化投融资的指导意见》明确要进一步扩大绿色金融区域试点工作。碳金融市场包含绿色信贷、绿色债券、ESG投资基金等，成长空间也会被逐渐打开。

全国碳市场的运行，将大大降低全社会降碳总成本，促使企业加大低碳投资，积极提供多样的低碳产品和服务以促进全社会的低碳消费，帮助我国实现较低的碳排放峰值。低位达峰意味着后续少一些减排需求，降低碳中和的实现难度。碳市场在实现“双碳”目标的进程中发挥举足轻重的作用，需根据我国阶段性减排目标的特点，及时调整关键要素，在降低成本和推进技术研发等方面充分发挥积极作用。

5.1.3 企业层面，“双碳”目标将催生一批优秀的新兴企业

产业格局重构将催生一批新兴企业。“双碳”目标可以促使企业通过创新全面提高资源利用效率、创新能力、生产效率。实现碳中和目标，要调整产业结

构，首先就是能源相关产业。以汽车行业为例，新能源汽车的大发展是大势所趋，新能源车企面临重大的战略机遇期，同时也将带动多个相关产业的发展。华为、三六零、恒大等企业涉足汽车制造领域，就是因为看到了未来的发展趋势。

储能领域领军企业逐步凸显。国务院印发的《2030年前碳达峰行动方案》提出到2025年，新型储能装机容量达到3000万千瓦以上。到2030年，抽水蓄能电站装机容量达到1.2亿千瓦左右。新型电力系统下的分布式新能源合理配置储能系统将大幅拉动物理储能、化学储能需求，行业相关企业迎来大发展时期。例如，2011年成立的宁德时代经过十年的发展，2022年动力电池装机规模已达到191.6吉瓦时，位居世界首位。另外，我国比亚迪、国轩高科、中航锂电动力电池装机规模也都超过了14吉瓦时。随着未来储能领域的发展，国内将有更多的企业成长起来，成为经济的新增长点。

5.2 “双碳”目标带来的挑战

虽然“双碳”目标带来了机遇，但我国仍处于工业化发展阶段，随着工业化和城市化持续推进，二氧化碳排放量在中短期内还会有所增加。采取产业结构调整、行业节能和发展非化石能源等主要减排手段，短期内可能对经济运行、核心技术开发、资金与资源限制等方面带来挑战。

5.2.1 “双碳”目标下我国减排速度和力度远超发达国家

减排速度和力度远超发达国家。与世界其他主要经济体相比，中国从碳达峰到碳中和的过渡期非常短（见表5-1）。欧盟、美国等国家基本已在2010 年前实现碳达峰，距离碳中和至少有40年过渡期，法国、德国则长达70 年，而中国仅有30年。并且，上述各国基本已实现高度工业化，而我国仍处于中高速发展阶段，“双碳”目标的推进将面临经济保持中高速增长与开展绿色转型的双重挑战。

表 5-1 主要国家碳排放峰值与碳中和时间

序号	国家	达峰年	碳中和年	碳排放峰值/百万吨	零排用时/年
1	中国	2030	2060	约10000	30
2	美国	2007	2050	5884.2	45

续表

序号	国家	达峰年	碳中和年	碳排放峰值/百万吨	零排用时/年
3	欧盟	1979	2050	4409.5	71
4	德国	1979	2050	1104.2	71
5	英国	1973	2050	728.7	77
6	法国	1973	2050	518.8	77
7	日本	2008	2050	1297.1	42
8	韩国	2018	2050	673.4	32

据来源：国际能源署、BP

与发达国家相比，我国实现“双碳”目标任务异常艰巨。相较于其他国家，中国的碳排放具有自身的独特性和阶段性。不同于碳排放处于下降阶段的发达国家，以及排放量仍在上升的新兴国家，中国已进入碳排放平台期。平台期的背后，一方面是我国碳排放量约占全球的三分之一，另一方面则是人均累积碳排放远低于世界平均水平，致使中国实现碳中和的目标要更为艰难。另外，近50 年来，发达国家碳排放量占到全球的80%。中国在近百年来二氧化碳排放量只占全球8%。中国人均累积排放量只有世界人均值的87%，为发达国家人均值的1/3，美国的1/5，如表5-2所示。

表 5-2　碳排放强度与人均碳排放量

年份/年	指标	欧盟	美国	中国
1950	当年碳排放量/亿吨	13	25	0.8
	累计碳排放量/亿吨	656	920	19
2019	当年碳排放量/亿吨	29	53	102
	累计碳排放量/亿吨	2870	4102	2200
1970	碳排放强度/（千克/美元）	0.6	0.9	4.1
	人均碳排放量	8.6	20.6	0.9
2019	碳排放强度/（千克/美元）	0.2	0.3	0.9
	人均碳排放量	6.6	16.1	7.1

数据来源：中金公司研究部，Our World in Data，世界银行。

现阶段，我国化石能源消耗占比较高，要在短期内加快推进非化石能源的使用，以降低高含碳能源（如煤炭）使用的比例，任重而道远。据统计，2020年，能源消费结构中，我国煤炭、石油、天然气消费占比分别为56.8%、18.9%和8.4%，传统化石能源占比合计84.1%（见表5-3）。可再生能源、氢气、核能、天然气等清洁能源的占比低于20%。显而易见，目前我国能源消费仍以化石能源为主。相比美国、德国等发达国家45%~60%的水平，我国清洁能源占比仍较低。要在短时间内实现控碳目标，将面临时间紧、任务重的挑战。

表 5-3　我国一次能源消费情况

时间	化石能源			非化石能源			
	石油	煤炭	天然气	核电	水电	光伏发电	风电
2015	19.06	63.91	5.59	1.24	8.1	0.29	1.35
2016	19.31	62.3	5.94	1.52	8.22	0.47	1.72
2017	19.54	60.59	6.62	1.71	8.01	0.81	2.1
2018	19.58	58.8	7.5	1.94	7.9	1.17	2.41
2019	19.69	57.64	7.81	2.19	7.99	1.41	2.55
2020	18.9	56.8	8.4	2.25	8.3	1.60	2.87

工业化和城市化持续推进将带来较大减排压力。与发达国家不同，我国既要控制碳排放，又要保持经济增长，还要改变能源结构，力争十年内实现碳达峰，这是十分艰难的挑战。目前中国工业部门能耗占比65%，且单位能耗距离国际先进水平仍有较大差距。碳捕集利用技术的发展对钢铁等行业十分重要，但成本依然昂贵。截至2022年12月，中国城镇化率仍低于发达国家，约为65.2%，未来城镇化的推进将拉动基础设施建设的需求，增大碳排放压力。

中国与发达国家处在不同发展阶段，GDP增长依旧是推动碳排放增长的主要因素。预计到2030年，我国人均GDP仍将低于欧盟、美国碳达峰时的人均水平，即实现碳达峰目标时，中国的人均GDP仍偏低。但中国的碳排放总量基数大，实现目标困难重重。因此，中国需要探索一条符合自身实际的绿色发展之路，以低能耗撬动高增长。

打造发展新范式任重道远。我国处于工业化中后期，传统“三高一低”产业占比高。制造业仍处于中低端，存在生产管理粗放、高碳燃料用量大等问题。新形势下，我国产业结构转型升级面临创新不足、关键领域技术“卡脖子”、能源资源利用效率低等问题，急需转换依赖资源、劳动力等驱动的传统增长模式。如今，既要防止潜在增长率快速下降，也要避免需求制约导致实际增长率大幅低于潜在增长率。新动能培育面临一系列客观压力，结构调整和产业升级的任务十分艰巨，短期内实现碳排放与经济增长脱钩的可能性很小。

降低万元GDP能耗难度较大。现今，美国、日本的万元GDP能耗分别为0.242吨标煤和0.197吨标煤，而我国为0.519吨标煤，是发达国家的两三倍。要想在保持人均GDP增速不变的情况下，万元GDP能耗降低到发达国家同等水平，这要求2060年能耗水平与现阶段相比要降低接近一半，这对我国来说是一项巨大的挑战。

5.2.2 “双碳”约束下我国产业结构、能源消费结构调整挑战巨大

以煤为主的能源结构是中国实现碳达峰目标的主要阻碍。国家统计局数据显示，我国2021年原煤产量达40.7亿吨，折算标准煤约29.0亿吨，占一次能源生产总量的67.0%（见表5-4）。目前，我国能源消费仍是以煤炭为主，运输结构以公路货运为主，这些并没有根本改变，总体上仍难以减轻“减污降碳”的工作压力。

碳排放细分到产业来看，发电和供热行业、有色金属冶炼行业、非金属矿产行业分别占比约45%、18%和13%，其他行业如交通运输、化工行业等占比均低于10%。对于占比最高的电力行业而言，发电以火电为主，而火电生产又以煤炭为主（见表5-4）。电力结构是与我国“富煤贫油少气”的资源禀赋相统一的，短期内难以解决。

表5-4 2021年我国主要能源产量及增长情况

名称	产量	同比增长/%
一次能源生产总量（标准煤）/亿吨	43.3	2.1
原煤/亿吨	29.0	5.5
原油/万吨	19888.1	2.1
天然气/亿立方米	2075.8	7.8
发电量/亿千瓦时	84342.5	9.7
其中：火电/亿千瓦时	58058.7	8.9
水电/亿千瓦时	13390	1.2
核电/亿千瓦时	4071.4	11.2

另外，电力需求仍将持续增长。据统计，2021年，我国人均用电量约是美国的40.8%、日本的64.3%和韩国的44.9%，随着我国经济社会的发展，人均消费仍有增长空间。

工业用电占比高是需要迎接的又一挑战。据统计，2021年，我国的第一、第

二、第三产业的用电量分别为1023亿千瓦时、56131亿千瓦时和14231亿千瓦时，分别同比增长19.1%、9.6%和17.7%。从用电结构看，我国工业用电量占三分之二，生产侧能源消费是主要碳排放来源。作为能源消耗密集型行业，钢铁、建材、有色金属等行业是目前碳排放的主体，在国家政策目标的要求下，高能耗产业将面临新的挑战。而我国仍要保持一定的经济增长速度，那么保持增长与降低碳排放成为了工业高质量发展的两面，统筹各行业间碳排放总量、协同减排成为重大挑战。

产业结构方面，低水平工业产能过剩仍然突出，创新能力有待提高。传统高耗能行业的占比仍然较高，对经济的拉动减弱，需要注入先进技术和理念，建立低耗高产的制造体系。满足人们日益增长的绿色产品需求，同样需要工业体系的低碳化发展。只有大力推动工业低碳发展，才能弥补供给上的短板。能效水平、绿色制造能力是国家竞争力的重要组成因素，要着重加快制造业的绿色低碳转型，充分挖掘绿色增长潜力，培养新的竞争优势。

5.2.3 资源约束和巨大资金需求的压力不容忽视

光伏发电需要稀有金属等矿产资源，若全世界大范围使用光伏发电，资源供应面临挑战。据测算，要实现2060年碳中和目标，风电、光伏等新能源装机量需增加12倍。其中，光伏组件中玻璃、铝和半导体材料比重占比约92%，银等贵金属占比1%左右。并且，薄膜光伏组件中含有的碲、铟、镓等稀贵金属，主要依赖国外进口，当光伏大规模装机的时候，光伏电池中的稀有金属（银、铟、镓等）将面临供应短缺问题。

动力电池锂资源面临供应瓶颈。当下，随着动力电池装机规模的增加，锂电池上游原材料包括碳酸锂、氢氧化锂等锂材料已经出现供不应求的情况，均出现不同程度的价格上涨。未来5~10年内，动力电池仍将是以三元锂和磷酸铁锂为主，锂资源紧缺的状况将在短期内难以改善。根据国际能源署估计，2030年全球将有50%的锂资源缺口。届时，锂资源稳定供应将面临巨大挑战。

碳中和进程中资金缺口巨大。根据清华大学的测算，要实现2℃、1.5℃目标导向转型路径，中国2020—2050年需要新增投资分别约100万亿元和138万亿元。就上述的资金需求量而言，政府预算远远不够，必须以市场化方式募集资金。市场化的途径有绿色金融、碳市场等，但是绿色金融、碳市场当前存在试点范围小、融资成本高等问题。具体如表5-5所示。

表 5-5　各行业不同投资来源所需具体绿色投资量

行业		绿色投资需求来源	2021—2030年投资需求量/亿元	2031—2060年投资需求量/亿元
电力		储能、电网投资、清洁发电等	93000	536000
钢铁		氢冶金、电弧炉冶炼、碳捕捉技术等	3984	17017
交通	轻型交通	电动车生产、充电桩等	21685	229675
	重型交通	电动车生产、清洁能源、加氢站等	1896	17259
	航空	低碳飞机、氢能飞机、新能源投资等	5348	26175
	船运	船舶低碳改造、新能源基础设施等	1469	8910
水泥		碳捕捉设备、环保技改设备等	141	2550
化工		新工艺、清洁能源使用、碳捕捉设备等	2234	76263
建筑		建筑安全、内置电器等	39218	184393

数据来源：中金研究院、中金公司研究部《中国绿色金融发展研究报告》

绿色金融政策有待完善和加强。现阶段我国在绿色信贷及债券的规模上走在了世界前列，但是在实际操作中仍有许多风险点。一是新能源普遍存在投资周期长、回报率低的问题，银行很难按现有模式作出贷款决定。二是全球在绿色资产标准化上尚未形成统一共识，全球绿色金融合作仍有待加强。三是绿色金融供应中个人投资者参与十分有限。《中国绿色金融发展研究报告2019》显示，中国绿色金融资金的缺口主要由政府机构、金融机构提供，绿色信托等公众参与的产品尚未大规模投放，个人投资者参与十分有限。

5.2.4　核心技术与人才储备不足挑战较大

由化石能源向可再生能源转型技术难度高。目前我国能源消费以煤为主，化石能源占比为85%左右，并且约70% 的电力是化石能源发电。与风光新能源相比，传统化石能源能量密度、稳定性较高的优势，未来在提升可再生能源比例，以及实现能源整体的供需适配性，达到国际先进水平等方面还有很长的路要走。

可再生能源消纳及存储问题亟须解决。从资源特征来看，风光发电受自然条件限制，具有很大不确定性；生物质原料分散，收集存在一定困难。因此，非化石能源的规模化应用面临成本高、调峰、储能等技术问题。实现化石能源向可再生能源的转变，需要在技术装备、智能电网、新型电力系统、化石能源绿色智能开发和清洁低碳利用、储能等方面进行全面突破。

煤炭的托底作用在相当长的一段时间内不会改变。对于煤化工行业来说，研发创新型绿色路径十分重要。我国煤炭丰富，适度发展现代煤化工产业有利于保障国家能源安全，与传统石化互为补充、协调发展。从产业链碳排放占比来看，煤化工产业的碳排放居于首位。数据显示，煤间接液化制油、煤直接液化制油、煤制烯烃和煤制乙二醇的吨产品二氧化碳排放量分别为6.5吨、5.8吨、11.1吨和5.6吨。截至“十三五”末，我国煤制油、煤制烯烃和煤制乙二醇的年产能分别达到823万吨、1672万吨和597万吨。这也表明，在碳达峰碳中和目标下，我国煤化工行业面临更加巨大的减排压力。

煤炭分质利用是需攻克的方向。煤热解、燃煤发电、煤气化、煤焦油深加工等多个过程的耦合可以基于煤炭各组分的不同性质和转化特性，实现煤炭原料和燃料的双重属性，实现能源资源的最大利用，从源头上以最低碳排放实现煤的清洁利用。采用煤炭分质利用，实现不同地区、不同煤种因地制宜、因企制宜的高效利用是煤炭清洁高效利用必须攻克的难点。

低碳、零碳、负碳、深度脱碳技术的发展仍不成熟，成本仍居高不下，需要系统性集成创新。低碳技术体系涉及多领域，不同低碳技术的技术特性、减排潜力等差异很大。使用非碳能源可以实现减碳，但是没有达到碳中和即固碳效果。虽然中国在风电、光伏等领域已具备一定优势，但核心零部件的生产工艺还需突破瓶颈，在一些前瞻性技术方面仍然落后。从脱碳成本曲线来看，实现50%、90%脱碳，我国年度减排成本分别约为2200亿美元和1.8万亿美元，脱碳成本依然较高，并且碳捕集利用与封存技术高昂的投资和运行成本与较低的收益形成对比，制约了 CCUS 的发展。

目前来看，我国缺乏专业碳管理人才。要想控制碳排放，碳排放核算、碳核查等是基础工作，但就目前情况来看，碳相关知识尚未广泛普及，碳核查、碳会计等方面都缺乏人才，在各企业内实现碳排放的精准计算仍十分困难。

5.2.5 部分企业减碳内生动力不足

“双碳”目标是国家发展的中长期战略，为实现这一战略目标，我国陆续出台了若干配套政策，如碳排放增长总量控制指标、碳核查标准等。碳排放总量控制最终会落到每个微观主体上，通过微观个体的减量实现总体宏观上的碳达峰碳中和。但是在“一煤独大”、成本加大等影响下部分企业内生减碳动力不足。

煤炭煤电转型关乎民生大局。长期看，可再生能源替代化石能源是主导方向，但是我国资源呈现“一煤独大”等特点，制约着碳减排的推进。并且，化石能源基础设施的大量退出将带来高昂成本。作为传统劳动密集型产业，煤电退出涉及的人数广，若延伸至上游煤炭行业数量则会更庞大，这对社会保障与社会稳定提出了较高的要求。

前几年，在全球疫情持续影响、市场同质化竞争加剧情况下，存量市场竞争加剧，经济疲软持续，不少企业面临倒闭。如果不能获取足够的经济弥补，仅从碳达峰碳中和目标上强制要求，企业减碳动力仍显不足。

企业普遍面临能耗和碳排放约束性指标，排放量大、污染严重的企业必然会被逐步淘汰。随着政府管制日益严格，企业不仅要实现环保达标，而且还需满足低碳要求，末端治理不足日益凸显出来。企业需逐步改变原有的治理方式，将碳减排以及能效提升贯穿全过程，降低碳达峰的环境成本和风险，降低合规成本、提升竞争力。对于排放量大、污染严重的企业，要想继续发展，唯有全面绿色转型升级，这将是一项巨大的挑战。

5.2.6 全球政策联动加快对中国政策调控能力带来新的挑战

2022年欧盟出台碳边境调节政策，可能会引发碳价格的上升。若碳价上升迅速，欧盟企业必然要求对进口产品征收碳税。另外，拜登竞选纲领里特别重要的内容之一是气候政策，这意味着不排除美国也会实施碳边境调节政策，对进口产品征收碳税。若欧盟、美国都开始征收碳税，将对我国气候政策产生倒逼，逼迫我国在国内征收碳税。与其他碳排放控制措施相比，碳交易是相对容易实现的机制，我国政府已经在着力逐渐铺开碳交易机制。另外，预计2026 年我国8%GDP增长主要靠出口带动，在此情况下，若主要出口目的地实行边境调整，将对我国以出口为导向的相关产业产生巨大影响。

完成“双碳”目标，应对世界主要经济体的政策联动，需要政府和市场两端发力。一方面政府要做好顶层设计，完善相关法律法规，推动形成有效机制，促进能源结构转变。尤其是建立与市场相配套的起决定性作用的机制，强化新能源、脱碳等领域的科技攻关。碳交易的金融属性可以起到激励作用，但也要防范过度金融化使得碳交易脱离碳达峰碳中和的目标。另一方面，市场主体要立足“双碳”目标需求，推进用能结构调整，积极布局绿色低碳技术，共同促进产业升级与绿色低碳产业发展。

5.3 以碳达峰碳中和引领工业高质量发展

以碳达峰碳中和引领工业高质量发展，要依托政府、行业、企业之间的协同与配合，通过宏观政策引导，加快传统产业向新兴产业、新技术行业转型升级，控制碳排放量高的产业发展，减少碳排放量；要以最强的战略定位，建立碳减排考核机制与约束机制，提高企业的降碳理念，实现绿色低碳可持续发展。

5.3.1 以目标为指引保持战略定力

实现碳达峰碳中和目标引领下的工业高质量发展，是一项战略定位高、具有系统性与全局性的工作，对于政府、行业、企业的参与者，应抓住碳达峰的窗口期，保持战略定力，做好以下工作。

一是提高站位，为“双碳”目标的实现打开新篇章。要深入学习习近平新时代中国特色社会主义思想，从构建人类命运共同体高度，重视碳达峰碳中和任务的重要使命，切实增强民族的责任感和使命感。在碳达峰碳中和目标伊始，各地都应尽早布局，采取强有力的手段转变原始粗放的发展方式，以免为降碳付出高昂成本。

二是立足新发展阶段，因地制宜制定发展政策和行动方案。要实现碳达峰碳中和目标，必须贯彻新发展理念，构建新发展格局，要处理好发展与安全、短期与长期、稳健与进取、减污与降碳的关系，明确在当前阶段需完成的工作与任务，完善实现路径，使任务与发展齐头并进。“双碳”目标重在落实与推进，要在考虑能源安全、绿色环保、成本投入、经济增长等多种因素的影响下，更好更全面地实现碳达峰碳中和目标愿景。

三是加强风险识别与管控，处理好“双碳”目标与人类生产生活的正常关系。在政府做战略性设计时，要从系统性出发，处理好减污降碳和能源安全、产业链安全的关系；要从实现目标的角度出发，制定循序渐进的实施方案，处理好发展和减排、整体和局部、短期和中长期的关系；要从产业发展的角度出发，处理好安全性与稳定性等因素，避免过于激进影响就业、生产、生活的稳定性；要从科技的角度出发，积极调整能源结构。根据生产技术水平制定阶段性目标，确保能源安全。

四是加强顶层设计，健全法律法规。在我国“十四五”发展规划的要求下，以及中共中央、国务院《关于完整准确全面贯彻新发展理念做好碳达峰、碳中和工作的意见》指导下，明确需降碳减排的关键领域，制定我国碳达峰碳中和的总路线。实施温室气体排放责任制，推动二氧化碳排放管控立法的建立。在此基础上，深入调研排查，细化重大问题的研究方案，将降碳减排方案与产业规划相衔接，循序渐进促进碳达峰工作，在2030年实现碳达峰、2060年实现碳中和的大背景下，争取早日达峰，为碳中和争取更多的时间和空间。

五是用好金融工具，注重完善税收政策体系。在“双碳”目标的引领下，要大力发展绿色金融，包括绿色信贷、绿色直接融资等，完善绿色税收体系，加快推进完善碳排放的市场交易政策，修订产业发展目录，充分发挥市场手段作用，引导资源合理配置。在此基础上，各个地方应积极做好立法准备工作，完善相关法律条例章程，为“双碳”目标的实现提供积极有利的保障。

5.3.2　以系统思维统筹聚焦重点任务

党的二十大明确提出，我国是一个发展中大国，仍处于社会主义初级阶段，正在经历广泛而深刻的社会变革，推进改革发展、调整利益关系往往牵一发而动全身，必须坚持系统观念。我们要善于通过历史看现实、透过现象看本质，把握好全局和局部、当前和长远、宏观和微观、主要矛盾和次要矛盾、特殊和一般的关系，不断提高战略思维、历史思维、辩证思维、系统思维、创新思维、法治思维、底线思维能力，为前瞻性思考、全局性谋划、整体性推进党和国家各项事业提供科学思想方法。

实现“双碳”目标是一项涉及社会生活多个领域，以及政府、行业、企业等多个层面的系统性工程，需要与政治、经济、文化等多方面的建设相融合。所以更需要以一种系统性的思维进行布局，统筹发展与安全、降碳与减排、进步与稳定的关系，聚焦重点行业、重点企业、重点任务，整体谋划推进。相关的具体任务主要包括以下内容。

一是关注关键领域和重点部门，以“全国一盘棋”的思维，优化资源配置，协同推进降碳工作。在国家层面上，要“自上而下”统筹区域协同发展，优化产业布局，突破区域壁垒；在各地区各行业各部门层面上，要“自下而上”地制定“双碳”目标的行动方案。

以上涉及的关键领域和重点部门包括产业结构调整、传统行业（主要是能源、工业、建筑、交通等高污染高耗能产业）转型升级等。产业结构调整方面，要大力发展并培育战略性新兴产业、先进制造业与现代服务业，推进绿色制造。传统行业转型升级方面，注重钢铁、石化、建筑等高耗能、高污染产业新增产能的控制，降低高耗能产业的比重，打造国家级的产业发展示范基地。能源工业要积极发展氢能产业、提高氢能技术的发展，推动页岩气滚动开发，推动煤化工的清洁化利用，推动新能源电力系统的建设，持续深化降碳减排行动。交通工业，要优化出行交通结构，完善绿色交通基础设施，推广新能源汽车的使用，大力倡导绿色出行与绿色消费。

从碳排放强度的角度，需降低单位产值的能耗。我国在产业结构、能源结构调整的过程中，我国制造业、公共事业、建筑业等第二产业的占比在逐步下降，服务业占比逐步上升，2019年GDP结构中服务业占比达到54%，2020年由于新冠疫情的冲击占比有所下降。未来，随着服务业占比的不断提高，以及传统产业淘汰落后产能，中国单位GDP 能耗以及单位GDP碳排放也会随之下降。

二是优化我国能源结构，提高清洁能源比重，降低重点行业能源消耗。优化我国能源结构主要包括提升生产技术水平降低能耗及化石能源消耗占比、发展清洁能源和推动企业数字智能化转型三方面的工作。

努力降低我国化石能源的消耗占比，提高生产技术水平。在我国经济可持续发展的进程中，要想实现“双碳”目标，降低高耗能行业的比重是必须解决的首要核心矛盾。我国的传统制造领域，例如钢铁行业、建筑行业、交通领域等，绿色低碳技术水平还不如发达国家，技术发展水平落后，抑制了节能降耗水平的提高。因此，应加强对传统领域的技术攻关，在工业领域积极推行绿色制造、加快节能降碳进程、推广绿色运输方式等，以期节能降耗在各重点行业都能取得巨大进展。然而，煤炭等化石能源作为基础性资源，在短期内具有举足轻重的地位，所以必须实现煤炭资源的高效开发和绿色清洁利用。在降低化石能源占比提升清洁能源比例的历史进程中，也要权衡好产业之间的利益，兼顾能源安全与产业安全。

大力发展清洁能源，推动能源高效清洁化利用，实现能源低碳化。清洁能源包括核能和可再生能源，可再生能源是绿色低碳能源，主要指水能、风能、太阳能、生物质能等。近五年中国清洁能源的消费量逐年增长（见表5-6），这表明我国在构建低碳清洁、安全高效的能源体系方面稳步推进，付出了巨大努力，在能源结构、生产方式、利用方式等方面推进了变革，然而，而清洁能源的发展，受到地理区位的限制、资源禀赋的影响以及技术上的障碍。为应对上述问题，首先应因地制宜地开发新能源，有效利用新能源，如风能、太阳能等。其次，要重视技术创新、技术开发与技术利用，不断的攻破在技术层面的卡脖子问题。最后，要发掘出清洁能源的潜力，如氢能、核电等，适应未来产业结构、能源结构等安全发展的需求。

表 5-6　清洁能源消费量占能源总量的比重

年份	2016	2017	2018	2019	2020	2021
占比/%	19.1	20.5	22.1	33.3	24.3	25.5

另外，提高清洁能源消纳水平。随着清洁能源的不断开发利用与迅猛发展，中国的光伏发电和风力发电等在全球已经具有巨大的优势，但随之产生的问题日益凸显，即清洁能源如何安全介入与消纳需引起重视。清洁发电存在诸多需要注意的问题，例如风光发电、水力发电的间歇性问题，风能受风资源、太阳能受天气、水力发电受季节影响较大，这些不确定性因素使得清洁能源并网存在一定难度，弃光弃风等问题突出。做好调峰需要构建以煤、天然气发电为主的基础能源电力的调峰能力，随着清洁能源的发展，将逐渐切换构建起以清洁电力为主的新型电力系统，化石能源发电作为调峰时，势必会造成燃煤、燃气机组在低负荷状况下运转，这将一定程度上降低机组效率，并带来安全隐患，背离了节能降耗的初衷。协调化石能源调峰，提升非化石清洁能源发电的稳定性，构建与发电规模相适应的储能规模，提高清洁能源消纳水平，成为下一阶段的重要关注方向。

与此同时，要注重信息化、智能化的提升与改造，推进企业完成数字化转型。能源数字化转型是能源高效利用的重要基础，过去十余年风光的大规模发展基本实现平价上网的案例，已充分证明数字化应用的潜力。要充分利用数字化的优势，推进数字化在分布式能源、能源转化智能控制、生产过程智能控制等方面的推广应用，助力能源进一步节能降耗，构建安全平稳运行的新型电力系统。

总之，在能源供给侧方面，需要进一步大力开展能源革命，构建清洁高效绿色的能源发展体系，进一步推进能源行业供给侧结构性改革；工业领域要加快对煤的能源替代，拓展清洁能源使用，加强光伏、太阳能等可再生能源的发展；大力发展绿色低碳产业，推动社会经济发展摆脱对化石能源的依赖，追求经济发展与碳排放脱钩。

三是加强绿色低碳技术的科技攻关，促进绿色技术的研发和示范应用，构建完成绿色低碳技术体系。促进低碳、零碳、负碳技术发展，在碳捕集与封存、储能、技术管理等领域寻求技术上的突破，推动绿氢技术的应用，加快成果的转化。在此基础上，加快数字化智能化的利用，加快使用大数据技术在减排降碳领域的应用，拓展降碳技术的应用场景。加快智能电网的建设，对减排问题加强监测，增强对碳足迹的管理能力。

按照行业特点，梳理工业领域重点行业低碳技术。例如，充分利用氢能配合CCUS技术实现钢铁、石化、水泥等行业的降碳减排。在能源供应方面推动天然气的应用，推广可再生能源的使用范围，提升清洁能源在一次能源消费中的比重，以满足新增能源需求。对于超临界技术等基本成熟技术，要推进其商业化成熟应用。对于诸如光伏电池、第四代核电站等成熟度尚未达到商业运用程度的技术，要重点研发攻关，尽早推广示范应用。

5.3.3 以行业特征为指引推动梯次有序达峰

从国家发展大形势来看，在重点工业领域和关键行业落实“双碳”目标，是国家顶层设计的需要，也是实现国家承诺和远景目标的必然选择。在国内需求层面，梳理重点碳排放行业，细化重点行业碳达峰路径，是节能减排工作的基础，是推动产业结构、能源结构调整的开篇性工作，是最终实现社会绿色可持续发展的保障性工作。在现实基础层面上，基于重点行业和领域建立碳达峰路径，是落实碳减排责任，建立碳减排管理机制，实现碳减排分区管控的重要基础，也是控制碳排放总量，完善碳排放市场交易的重要保障。因此，实现碳达峰碳中和的目标，要以行业发展阶段和发展特点为指导，循序渐进、实事求是制定策略，以保证稳定达峰。

有序在各行业有序实现“双碳”目标，是落实国家大战略的必然要求，是推动社会经济积极有序绿色发展的客观需要。在准确认识与理解各行业碳达峰的关键举措后，制定明确的碳达峰碳中和时间表，制定行之有效的行动方案，完善基础配套设施，对于碳达峰碳中和目标的实现具有重要意义，对于社会经济的发展具有现实指导意义。

未来十年是我国基本实现现代化的重要阶段。城镇化、工业化将持续对碳排放产生刚性压力。经有关部门测算，在采取积极的手段进行碳排放控制的情况下，推动不同行业梯次达峰，2030年，我国可实现碳达峰的目标。结合我国碳排放结构和发展情景预测分析，工业领域将在“十四五”期间整体达峰，继而实现碳排放稳定下降。交通、建筑、电力领域将在2030年左右实现碳达峰，“十四五”期间，是这些领域“控制增量，促进转型”的关键时期。

工业领域碳的排放量占我国碳排放总量的60%以上，所以其碳排放态势直接决定了我国的碳达峰时期。必须严加管控，坚决阻止高耗能高排放项目的盲目扩张，在此基础上，加强对循环经济体系的构建与完善，推进节能降耗项目的建设，助力工业领域率先达峰，早日达到碳中和的目标。

电力行业是全国碳排放最大的行业，在当前的能源结构下，未来十年，电能是我国能源增长的主体。电力系统的脱碳是“双碳”目标实现的关键。电力部门中，燃煤电厂的电力供应占中国电力供应的60%，要实现电力部门的脱碳必须解决煤电比例较高的问题。在“双碳”目标要求下，提高新能源占比及利用效率成为必然选择。风能、太阳能、光伏发电等应担当大任，满足主要新增电力需求并逐步成长为主体电力能源。与此同时，要充分挖掘水电、核电、生物质电的发展潜力，加快储能技术的研发与应用，加速推动火电机组灵活性改造，建立健全适应的价格机制和电力调度系统，构建以新能源为主体，传统发电为辅助的新型电力系统。

在交通领域中，公路排放占比最大，约80%以上。基于此，要将大力发展新能源汽车放在首位，进一步提升新能源汽车的发展速度，推进新能源汽车与智能电网等深度融合，稳步推进能源互联网基础设施建设；针对燃油汽车，要从持续降低燃油汽车的能耗与排放量入手，鼓励绿色出行方式，创新实现大宗货物物流结构的调整，推进汽车实现信息化、低碳化、智能化，以实现交通领域尽早达峰。

建筑领域中主要耗能为水泥材料的制备，这需要在实现水泥产能全国总量控制及淘汰落后产能的基础上，创新推广先进工艺，降低单位水泥综合能耗，实现产业的结构调整和转型升级。另外，在建筑的日常运行维护中，要持续关注采暖、空调、照明及热水耗能，这就需要进一步在新开发的建筑中提升节能标准，推动可再生能源在建筑领域的使用，如加装光伏组件及小型风机、充分利用太阳采光、北方地区推动清洁取暖等。在建筑领域通过产能结构调整、超低能耗建筑推广、提高建筑综合热效率等多措并举促进建筑领域“双碳”目标的实现。

石化领域中，由于细分行业众多，综合能耗水平高，所以面临着更大的挑战。数据统计显示，石化行业生产过程中碳排放的70%~85%由能源活动造成，15%~30%是工艺过程产生。因此大力改变用能结构，推进能源结构绿色清洁化是首要任务，这主要包括两方面的任务：一是提升炼油化工行业能效，降低用能总量；二是推进用能的绿色低碳化，提升绿电比例，依托炼化产业优势，提升绿氢占比。另外，石化领域实现“双碳”目标，还需关注产业产品结构调整，提升高端产品的供给水平和产品的附加值，同时还可降低产品全生命周期碳排放；结合二氧化碳捕集推动二氧化碳化学转化技术在石化领域的推广应用。

通过以上内容总结分析，不难发现，以行业特征为指引聚焦实现“双碳”目标有两大思路。一方面，依据工业发展的整体水平来看，首先要推动传统行业的转型升级，推动劳动密集型、资本密集型行业向技术密集型行业的转变，发展高端制造业、高技术产业等，降低对钢铁、水泥等高耗能产品的需求，用高端产业刺激产业升级，促进经济的绿色可持续发展。另一方面，依据行业耗能特点来看，针对能源消耗占比较高的行业，如电力、交通、建筑、工业（包括化工、钢铁、冶金、汽车等）等行业，节能减排是重点，这些行业需进一步提升能效，降低排放。具体上来讲，需要在重点行业中降低单位产品用能和降低单位产值碳排放。

在实施以上工作的同时，还应从效益最大化的角度考虑，以系统思维的方式，将各行业减排的难易程度与所需成本综合考虑，实现每一单位的碳排放对应更高的产值，以最大程度达到碳排放最优化管理，实现我国各行业的高质量发展。

5.3.4 以发展为导向统筹区域协调发展并兼顾国际竞争

实现工业高质量发展的过程中，既要以发展为导向，推进工业部门又好又快实现“双碳”目标，又需要兼顾全国实现区域间的协调可持续发展，实现共同富裕的目标，并兼顾国际竞争。在协调统筹区域发展、兼顾国际竞争需要重点关注的任务如下。

一是以地区能源资源禀赋为依据，统筹实现空间布局的高度优化。各地区可根据资源禀赋和能源结构的特点，因地制宜地发展特色产业，并走差异化发展路线。支持有条件的地方率先达峰，统筹区域间的动态平衡。在东部地区，地理位置优越，交通便利，产业集聚度高，技术和人口密集度高，可发挥自身优势，率先达峰；而在西部地区，化石能源比重低，光电、水电、风电的比重高，这类具有可再生能源优势的地方可以率先实现碳达峰碳中和。对于化石能源、可再生资源丰富的地区，如内蒙古、山西等地区，要在能源结构调整方面下足功夫。产业层面，不要实行“一刀切”政策，避免运动式减碳，要保持有保有压，地区上有先有后，避免地区之间“碳转移”，解决好在实现碳减排过程中带来的社会公平问题。此外，针对可再生能源生产与需求不匹配的情况，在国家层面要统一部署，综合分析，突破面临的障碍，将西部北部地区的资源优势转化为经济优势，在全国范围内促进节能减排。

二是地方政府要因地制宜探索碳达峰碳中和路径。鼓励各地区从自身情况出发，在借鉴先进城市发展理念的基础之上，以低碳发展的原则和目标，积极规划引导经济健康可持续发展。在体制机制方面，地方政府要进行宏观调控和统筹，如设立节能机构、建立节能机制、统筹资源配置、创新科技创新激励政策等。在产业发展方面，地方政府应完善绿色低碳发展绩效考核体系，鼓励重点行业、企业积极探索绿色发展道路，支持低碳项目的发展，对于一些高耗能的企业，鼓励其转型发展，对于转型发展表现良好、经济实力有保障的企业园区，积极打造零碳技术集聚区、绿色零碳示范区，并推动示范。

三是要兼顾国际的竞争，保持产业竞争力。碳排放不是一个国家的情况，也要考虑到国际上的竞争和协调。中国在打造国内国际双循环的发展模式下，实现工业高质量发展，要考虑到大国之间的政治关系与经济往来。我国的碳排放有相当大的比例来自出口制造，这意味着中国生产过程中碳排放总量超过消费中的碳排放总量。因此，在未来各国之间谈判有关碳税制度时，要争取公正和公平。除此之外，我们应该意识到，国际上气候变化合作、碳排放合作中不会一帆风顺，要对可能出现的波折做好预案，以便于意见不统一时及时做好应对。

从企业层面讲，中国企业之所以面对如此大的压力，是因为很多国家还没从企业入手，制定出碳减排的目标。所以中国企业在先行过程中必然面临压力与成本。在应对方面，企业要积极从自身做起，提高能源使用效率，加速产品技术创新，适应低碳经济的发展。低碳发展是大部分行业面临的选择，各企业应率先行动，以便尽早形成比较优势。面向未来，中国企业在“双碳”目标要求下机遇与挑战并存，但坚信机遇远大于挑战。

参考文献

[1] Abdulla A, Hanna R, Schell K R, et al. Explaining Successful and Failed investments in U.S. Carbon Capture and Storage Using Empirical and Expert Assessments [J]. Environmental Research Letters, 2020, 16(1): 014036.

[2] 郭朝先. 2060年碳中和引致中国经济系统根本性变革 [J]. 北京工业大学学报(社会科学版), 2021, 21(05): 64-77.

[3] 薛亮. 各国推进实现碳中和的目标和进展 [J]. 上海人大月刊, 2021 (07): 53-54.

[4] 涂正革,谌仁俊.工业化、城镇化的动态边际碳排放量研究——基于LMDI“两层完全分解法”的分析框架[J].中国工业经济,2013 (09):31-43.

[5] 曲申,陈炜明,刘丽静,胡宇辰,佘运磊,翟炳阳,周琪.后疫情重建阶段的碳排放趋势与减排策略研究[J].中国环境管理,2021,13(03):8-18.

[6] 徐晋涛. 理解“碳达峰、碳中和”目标的三个维度[N]. 中华工商时报,2021-05-27(003).

[7] 段茂盛.利用全国碳市场促进我国碳达峰碳中和目标的实现[J].环境与可持续发展,2021,46(03):13-15.

[8] 王信.绿色金融发展和气候风险管理[J].金融经济,2021(07):3-9.

[9] 中国银保监会政策研究局课题组,洪卫.绿色金融理论与实践研究[J].金融监管研究,2021(03):1-15.

[10] 韩文科.能源结构转型是实现“碳达峰、碳中和”的关键[J].中国电力企业管理,2021(13):60-63.

[11] 张兴军.深刻理解“碳达峰”与“碳中和”的几个维度[J].中国经济评论,2021(05):1.

[12] Chen Y, Yao Z, Zhong K. Do Environmental Regulations of Carbon Emission and Air Pollution Foster Green Technology Innovation: Evidence From China's Prefecture-level Cities [J]. Journal of Cleaner Production, 2022, 131537.

[13] 曾国栋.实现碳达峰、碳中和为金融带来的机遇和挑战[J].金融与经济,2021(04):1.

[14] 周子勋. 世界经济将陷入低速增长期[N]. 中国经济时报,2021-08-10(001).

[15] Dingbang C, Cang C, Qing C, et al. Does new Energy Consumption Conducive to Controlling Fossil Energy Consumption and Carbon Emissions?-Evidence From China [J]. Resources Policy, 2021, 74:102427.

[16] 李岩.“碳达峰、碳中和”加速生产与消费系统转型与升级[J].中国经济评论,2021(05):48-52.

[17] 吕江涛,张燕.碳达峰、碳中和如何影响中国经济[J].决策探索(上),2021(04):34-35.

[18] 高国.碳达峰碳中和：中国走向绿色经济体的必然选择[J].北方经济,2021(03):25-27.

[19] 唐遥. 碳达峰是我国高质量发展的内在要求[N]. 社会科学报,2021-03-18(002).
[20] 朱民. 碳达峰、碳中和必将重构中国经济[N]. 联合时报,2021-05-11(006).
[21] 何建坤.碳达峰、碳中和目标导向下能源和经济的低碳转型[J].环境经济研究,2021,6(01):1-9.
[22] 张晋宾,周四维.碳中和体系解读[J].华电技术,2021,43(06):1-10.
[23] 白暴力,程艳敏,白瑞雪.新时代中国特色社会主义生态经济理论及其实践指引——绿色低碳发展助力我国“碳达峰、碳中和”战略实施[J].河北经贸大学学报,2021,42(04):26-36.
[24] Chen J, Xu C, Gao M, et al. Carbon Peak and its Mitigation Implications for China in the Post-Pandemic era [J]. Scientific Reports, 2022, 12(1): 3473.
[25] 张永生,巢清尘,陈迎,张建宇,王谋,张莹,禹湘.中国碳中和：引领全球气候治理和绿色转型[J].国际经济评论,2021(03):9-26+4.
[26] 高世楫,俞敏.中国提出“双碳”目标的历史背景、重大意义和变革路径[J].新经济导刊,2021(02):4-8.
[27] 张晋宾, 周四维. 碳中和体系解读 [J]. 华电技术, 2021, 43(06): 1-10
[28] 周宏春, 史作廷. 碳中和背景下的中国工业绿色低碳循环发展[J]. 新经济导刊, 2021, (02): 9-15.
[29] 戴宝华.“双碳”目标约束下炼化产业转型发展思考[J].石油炼制与化工,2021,52(10):25-30.
[30] Sun W, Huang C. Predictions of Carbon Emission Intensity Based on Factor Analysis and an Improved Extreme Learning Machine From the Perspective of Carbon Emission Efficiency [J]. Journal of Cleaner Production, 2022, 338:130414.
[31] 杨富强,吴迪.“十四五”时期我国能源转型实现碳达峰的路径建议[J].可持续发展经济导刊,2021(Z2):21-22.
[32] 张茜芸,仲兆平,姚杰.“双碳”背景下我国能源产业降碳的主要路径[J].能源科技,2021,19(03):3-6.
[33] 张杰.中国产业结构转型升级中的障碍、困局与改革展望[J].中国人民大学学报,2016,30(05):29-37.
[34] 张超. 碳排放、家庭与城市发展[J]. 产经评论. 2010, (04): 41-54.
[35] 王锋,秦豫徽,刘娟,吴从新.多维度城镇化视角下的碳排放影响因素研究——基于中国省域数据的空间杜宾面板模型[J].中国人口·资源与环境,2017,27(09):151-161.
[36] 杨荣海.美国碳排放量和经济增长的政策效应分析[J].国际经贸探索,2010,26(07):61-66.
[37] 司林波,赵璐.欧盟环境治理政策述评及对我国的启示[J].环境保护,2019,47(11):54-60.
[38] 嵇欣.碳排放交易体系的政策灵活性:国际经验及启示[J].中国环境管理,2016,8(05):90-95.
[39] 孙彦红.试析1970年代以来的欧洲经济转型——产业结构的视角[J].欧洲研究,2014,32(01):14-25+5.

[40] 蒋尉.欧盟环境规制的演绎[J].环境经济,2013(08):33-40.
[41] 蒋尉.欧盟的环境规制:演进、制度因素和趋势[J].中国社会科学院研究生院学报,2013(04):130-139.
[42] 张庆彩. 当代中国环境法治的演进及趋势研究[D].南京大学,2010.
[43] 胡必彬.欧盟不同环境领域环境政策发展趋势分析[J].环境科学与管理,2006(03):3-6.
[44] 李旭红. 简论欧盟的环境政策[J]. 商场现代化,2008(20):2-3.
[45] 刘平,刘亮.日本迈向碳中和的产业绿色发展战略——基于对《2050年实现碳中和的绿色成长战略》的考察[J].现代日本经济,2021(04):14-27.
[46] 孙丽.日本的“去工业化”和“再工业化”政策研究[J].日本学刊,2018(06):49-72.
[47] 徐梅.战后70年日本经济发展轨迹与思考[J].日本学刊,2015(06):49-73.
[48] 孙巍,刘阳.日本能源管理分析及对我国的启示[J].现代日本经济,2015(02):72-82.
[49] 段海燕,刘红琴,王宪恩.日本工业化进程中人口因素对碳排放影响研究[J].人口学刊,2012(05):39-48.
[50] 徐双庆,刘滨.日本国内碳交易体系研究及启示[J].清华大学学报(自然科学版),2012,52(08):1116-1124.
[51] 宋丹瑛,张天柱.论资源环境优化产业升级——以战后日本产业结构调整为例[J].技术经济与管理研究,2012(03):115-119.
[52] 尹小平,王艳秀.日本碳交易的机制与成效[J].现代日本经济,2011(03):20-26.
[53] 庄贵阳,朱守先.韩国的低碳绿色增长战略[J].中国党政干部论坛,2013(02):92-93.
[54] 刘文,焦佩,张丹.经济学在韩国的发展与演变[J].经济学动态,2016(01):151-159.
[55] 顾宇桂, 郭利杰. 中外电气化发展历程探讨[J]. 电力需求侧管理, 2011, 13(6):5.
[56] 秦涛,黄军英,蔡荣海,盖红波,赵俊杰,姜桂兴,王玲,王艳,武夷山.韩国科技发展战略和政策初探[J].科学学与科学技术管理,2005(03):106-108+129.
[57] Tourk Khairy A. Oil Price Shocks and the Asian Newly Industrialized Countries' Response: a Case Study of South Korea and Taiwan [J]. International Research Center for Energy and Economic Development, 1991 16(2), 255 - 266.
[58] Seth Michael J. South Korea' s Economic Development, 1948 - 1996 [M]. Oxford University Press. 2017.
[59] 唐杰, 温照傑, 王东, 等. OECD国家碳排放达峰过程及对我国的借鉴意义 [J]. 深圳社会科学, 2021, 4(04): 28-37.
[60] 蔡浩, 李海静, 刘静. 从国际比较看碳达峰对中国经济的启示 [J]. 新金融, 2021, (05): 23-29.
[61] 金承男.论韩国经济增长方式转变过程中的成就与问题[J].世界经济,1997(09):52-56.
[62] 杨儒浦,冯相昭,赵梦雪,王敏,王鹏,杜晓林.欧洲碳中和实现路径探讨及其对中国的启示[J].环境与可持续发展,2021,46(03):45-52.
[63] 李媛媛,李丽平,姜欢欢,张彬,刘金森. 碳达峰国家特征及对我国的启示[N]. 中国环境报,2021-04-13(003).

[64] Martins T, Barreto A C, Souza F M, et al. Fossil Fuels Consumption and Carbon Dioxide Emissions in G7 Countries: Empirical Evidence From ARDL Bounds Testing Approach [J]. Environmental Pollution, 2021, 291:118093.

[65] 彭文生, 中金研究院. 碳中和经济学[M].北京:中信出版集团, 2021年.

[66] 生态环境部发布《企业温室气体排放报告核查指南(试行)》[J].建材技术与应用,2021(02):36.

[67] 蒋莹.绿色转型“破茧而出”[J].中国发展观察,2021(05):10-13.

[68] 生态环境部. 关于2019年风电、光伏发电项目建 设有关事项的通知（国能发新能〔2019〕4 9号）[EB/OL]. (2019-05-31). http://www.tzxm.gov.cn/flfg/ normativeDoc/201905/t20190531_11127.html.

[69] 国务院. 关于完整准确全面贯彻新发展理念做好碳达峰碳中和工作的意见（中发〔2021〕36号）[EB/OL].（2021.10.24）. http://www.gov.cn/zhengce/2021-10/24/content_5644613.htm

[70] 生态环境部. 关于加强企业温室气体排放报告管理相关工作的通知（环办气候〔2021〕9号）[EB/OL].（2021.3.29）. https://www.mee.gov.cn/xxgk2018/xxgk/xxgk05/202103/t20210330_826728.html

[71] 生态环境部. 企业温室气体排放报告核查指南（试行）（环办气候函〔2021〕130号）[EB/OL].（2021.3.29）. https://www.mee.gov.cn/xxgk2018/xxgk/xxgk06/202103/t20210329_826480.html

[72] 国家发展和改革委员会. 关于营造更好发展环境支持民营节能环保企业健康发展的实施意见（发改环资〔2020〕790号）[EB/OL].（2020.5.21）. https://www.ndrc.gov.cn/xxgk/zcfb/tz/202005/t20200525_1228833.html?code=&state=123

[73] 国家发展和改革委员会. 绿色产业指导目录（2019年版）[EB/OL].（2020.2.14）. http://www.gov.cn/fuwu/2019-03/08/content_5371892.htm

[74] 国家发展和改革委员会. 产业结构调整指导目录（2019年本）[EB/OL].（2019.10.30）. http://www.gov.cn/xinwen/2019-11/06/content_5449193.htm

[75] 国家发展和改革委员会. 关于加快建立绿色生产和消费法规政策体系的意见（发改环资〔2020〕379号）[EB/OL].（2020.3.11）. https://www.ndrc.gov.cn/xxgk/zcfb/tz/202003/t20200317_1223470.html?code=&state=123

[76] 科学技术部. 国家高新区绿色发展专项行动实施方案（国科发火〔2021〕28号）[EB/OL].（2021.1.29）. http://www.gov.cn/zhengce/zhengceku/2021-02/02/content_5584347.htm

[77] 中国钢铁工业协会. 钢铁担当，开启低碳新征程——推进钢铁行业低碳行动倡议书[EB/OL].（2021.2.10）. http://www.csteelnews.com/xwzx/jrrd/202102/t20210210_46873.html

[78] 中国钢铁工业协会. 钢铁行业碳达峰及降碳行动方案（审批中）[EB/OL].（2021.3.30）. http://m.tanpaifang.com/article/77183.html

[79] 工业和信息化部. 新版《钢铁行业产能置换实施办法》(工业和信息化部原〔2021〕46号)[EB/OL].（2021.4.17）. http://www.gov.cn/zhengce/zhengceku/2021-05/07/content_5605092.

htm
[80] 工业和信息化部. 铝行业规范条件（2020年第6号）[EB/OL].（2020.2.28）. http://www.gj.hh.gov.cn/zfxxgk/fdzdgknr/zdlyxxgk/gyhxxh/zcfg/202106/t20210628_529158.html
[81] 交通运输部. 绿色出行创建行动方案 [EB/OL].（2020.7.24）. http://www.gov.cn/xinwen/2020-07/27/content_5530310.htm
[82] 工业和信息化部. 乘用车燃料消耗量限值（装备中心〔2021〕132号）[EB/OL].（2021.3.17）. http://www.miit-eidc.org.cn/art/2021/2/22/art_78_5113.html
[83] 工业和信息化部. 国家车联网产业标准体系建设指南（智能交通相关）[EB/OL].（2021.3.22）. http://www.gov.cn/xinwen/2021-03/22/content_5594770.htm
[84] 生态环境部. 碳排放权交易管理办法（试行）（ 生态环境部令第19号）[EB/OL].（2020.12.31）. http://www.gov.cn/zhengce/zhengceku/2021-01/06/content_5577360.htm
[85] 上海环境能源交易所. 关于全国碳排放权交易相关事项的公告（沪环境交〔2021〕34号）[EB/OL].（2021.7.16）. https://www.cneeex.com/c/2021-06-22/491198.shtml
[86] 国家发展改革委. 关于引导加大金融支持力度促进风电和光伏发电等行业健康有序发展的通知（发改运行〔2021〕266号）[EB/OL].（2021.2.24）. https://www.ndrc.gov.cn/xxgk/zcfb/tz/202103/t20210312_1269410.html?code=&state=123
[87] 中国人民银行. 绿色债券支持项目目录（2021年版）（银发〔2021〕96号）[EB/OL].（2021.4.21）. http://www.pbc.gov.cn/goutongjiaoliu/113456/113469/4236341/index.html
[88] 深圳证券交易所. 绿色公司债券上市的业务指引（深证上〔2021〕684号）[EB/OL].（2021.7.13）. http://www.szse.cn/www/disclosure/notice/general/t20210713_586944.html
[89] 中国人民银行. 银行业金融机构绿色金融评价方案[EB/OL].（2021.5.27）. http://www.gov.cn/zhengce/zhengceku/2021-06/11/content_5616962.htm
[90] Zhu Q, Chen X, Song M, et al. Impacts of Renewable Electricity Standard and Renewable Energy Certificates on Renewable Energy Investments and Carbon Emissions [J]. Journal of Environmental Management, 2022, 306:114495.
[91] 郑爽. 中国碳市场的相关问题研究[M]. 中国经济出版社, 2019.
[92] 廖振良. 碳排放交易理论与实践[M]. 上海：同济大学出版社, 2017.
[93] 易兰，贺倩，李朝鹏，杨历. 碳市场建设路径研究：国际经验及对中国的启示[J]. 气候变化研究进展，2019，15(03):232-245.
[94] 张宁. 中国碳市场建设初探[M]. 中央编译出版社, 2013.
[95] 李佐军. 中国碳交易市场机制建设[M]. 北京:中央党校出版社, 2014.
[96] 郑爽. 国际碳市场发展及其对中国的影响[M]. 中国经济出版社, 2013.
[97] 冯乾,余世暐.中国绿色金融的理论与实践探索[J].清华金融评论,2016(09):62-64.
[98] 丁飞,周铭,卫小平,刘扬,黄海英.碳达峰背景下工业企业面临的挑战和发展策略探析[J].新疆有色金属,2021,44(03):103-104.
[99] 何立峰. 完整准确全面贯彻新发展理念 扎实做好碳达峰碳中和工作[N]. 人民日报,2021-10-25(006).

[100] 国家发展和改革委员会.全国重要生态系统保护和修复重大工程总体规划（2021–2035年）（发改农经〔2020〕837号）[EB/OL].（2020.6.3）. https://www.ndrc.gov.cn/xxgk/zcfb/tz/202006/t20200611_1231112.html?code=&state=123

[101] Xia Q, Tian G, Wu Z. Examining Embodied Carbon Emission Flow Relationships Among Different Industrial Sectors in China [J]. Sustainable Production and Consumption, 2022, 29:100–114.

[102] 清华大学气候变化与可持续发展研究院项目综合报告编写组.《中国长期低碳发展战略与转型路径研究》综合报告.[M].2020.

[103] International Energy Agency. Energy Technology Perspectives 2017 [R/OL]. https://iea.blob.core.windows.net/assets/a6587f9f–e56c–4b1d–96e4–5a4da78f12fa/Energy_Technology_Perspectives_2017–PDF.pdf.

[104] BP. BP技术展望2018 [R/OL]. https://www.bp.com/content/dam/bp/country–sites/zh_cn/china/home/reports/bp–technology–outlook/2018/to–2018.pdf.

[105] Intergovernmental Panel on Climate Change. AR5 Synthesis Report – Climate Change 2014 [R/OL]. https://www.ipcc.ch/site/assets/uploads/2018/02/SYR_AR5_FINAL_full.pdf

[106] GB/T 32151.10–2015, 温室气体排放核算与报告要求　第10部分：化工生产企业 [S].

[107] European Commission. A European Green Deal [EB/OL]. https://ec.europa.eu/info/strategy/priorities–2019–2024/european–green–deal_en#thematicareas

[108] 生态环境部. 中美应对气候危机联合声明[EB/OL].http://www.mee.gov.cn/ywdt/hjywnews/202104/t20210418_829133.shtml.

[109] Ministry of Economy, Trade and Industry. Green Growth Strategy Through Achieving Carbon Neutrality in 2050 [R/OL]. https://www.meti.go.jp/english/policy/energy_environment/global_warming/ggs2050/pdf/ggs_full_en1013.pdf.

[110] R. Yin, Z. Liu, and F. Shangguan. Thoughts on the Implementation Path to a Carbon Peak and Carbon Neutrality in China's Steel Industry[J], Engineering, 2021, 7(12): 1680–1683.

[111] 舒印彪,张丽英,张运洲,王耀华,鲁刚,元博,夏鹏.我国电力碳达峰、碳中和路径研究[J].中国工程科学,2021,23(06):1–14.

[112] 王灿,张雅欣.碳中和愿景的实现路径与政策体系[J].中国环境管理,2020,12(06):58–64.

[113] Liu M, Zhang X, Zhang M, et al. Influencing Factors of Carbon Emissions in Transportation Industry Based on CD Function and LMDI Decomposition Model: China as an Example [J]. Environmental Impact Assessment Review, 2021, 90:106623.

[114] 杨帆,张晶杰.碳达峰碳中和目标下我国电力行业低碳发展现状与展望[J].环境保护,2021,49(Z2):9–14.

[115] 张运洲,张宁,代红才,张丝钰,吴潇雨,薛美美.中国电力系统低碳发展分析模型构建与转型路径比较[J].中国电力,2021,54(03):1–11.

[116] 郑玉雨,李晓亮,段显明,葛察忠.我国电力行业环境经济政策的现状与展望[J].生态经济,2020,36(10):160–166.

[117] 陈向国."电""碳"市场耦合 共推电力行业低碳发展[J].节能与环保,2019(05):16–17.

[118] 杨昆,孙磊,房超运,张怡.促进新能源消纳的混合发电系统[J].中国电力,2022,55(02):145–151.

[119] 上官方钦, 刘正东, 殷瑞钰. 钢铁行业"碳达峰""碳中和"实施路径研究[J], 中国冶金, 2021, 31(09): 15–20.

[120] 上官方钦, 周继程, 王海风, 等. 气候变化与钢铁工业脱碳化发展[J], 钢铁, 2021, 56(05): 1–6.

[121] 上官方钦. 全废钢电炉流程优化研究——城市钢厂与钢铁工业脱碳化[D], 北京:钢铁研究总院博士学位论文, 2021.

[122] 上官方钦, 郦秀萍, 周继程, 等. 中国废钢资源发展战略研究[J], 钢铁, 2020, 55(06): 8–14.

[123] 郦秀萍, 上官方钦, 周继程, 等. 钢铁制造流程中碳素流运行与碳减排途径[M], 北京: 冶金工业出版社, 2020.

[124] 蔡九菊, 王立, 孙文强等, 冶金热能工程分学科发展研究, 2012—2013冶金工程技术学科发展报告. 2014.

[125] 周颖,周红军,徐春明.中国钢铁工业低碳绿色生产氢源思考与探索[J].化工进展,2022,41 (02):1073–1077.

[126] Nie S, Zhou J, Yang F, et al. Analysis of Theoretical Carbon Dioxide Emissions From Cement Production: Methodology and Application [J]. Journal of Cleaner Production, 2022, 334:130270.

[127] 郅晓."十四五"新型绿色建材研究展望[J].新材料产业,2020(06):14–19.

[128] Moomaw W, Johnston L. Emissions Mitigation Opportunities and Practice in Northeastern United States[J]. Mitigation & Adaptation Strategies for Global Change, 2008.

[129] Li Baizhan, Yao Runming. Building Energy Efficiency for Sustainable Development in China: Challenges and Opportunities[J]. Building Research and Information, 2012,40 (4)：417–431.

[130] Orsini F , Marrone P . Approaches for a Low–Carbon Production of Building Materials: Areview[J]. Journal of Cleaner Production, 241.

[131] Iturbide Maialen, Guti é rrez Jos é M., Alves Lincoln M., et al. An Update of IPCC Climate Reference Regions for Subcontinental Analysis of Climate Model data: Definition and Aggregated Datasets. 2020, 12(4):2959–2970.

[132] 中央政治局.中共中央关于制定国民经济和社会发展第十四个五年规划和二〇三五年远景目标的建议[EB/OL]．(2020–11–03) [2020–11– 20]. http://www.gov.cn/zhengce/2020–11/03/content_5556991.htm.

[133] Frontczak M , Wargocki P . Literature Survey on How Different Factors Influence Human Comfort in Indoor Environments[J]. Building and Environment, 2011, 46(4):922–937.

[134] Kubba S.Handbook of Green Building Design and Construction：LEED, BREEAM, and Green Globes [M]. Butterworth–Heinemann,2017, 257–351.

[135] Technology Roadmap: Low-carbon Transition in the Cement Industry[C].International Energy Agency, IEA, Paris,2018.

[136] Schneider M . The Cement Industry on the Way to a Low-Carbon Future[J]. Cement and Concrete Research, 2019, 124:105792.

[137] 高旭东, 范永斌，曾学敏. 水泥工业"十三五"煤控形势分析及后期展望[J]. 中国能源 (9):36-42.

[138] 何小龙, 低能耗环境友好型新型干法水泥技术与装备研发[Z]. 天津市,天津水泥工业设计研究院有限公司,2019-04-27.

[139] 屠正瑞, 具有智能控制的水泥窑余热发电系统关键技术及产业化[Z]. 江苏省,南京凯盛开能环保能源有限公司,2013-12-01.

[140] Azzolina N A , Peck W D , Hamling J A , et al. How Green is My oil? A Detailed Look at Greenhouse Gas Accounting for CO_2-enhanced Oil Recovery (CO_2-EOR) Sites[J]. International Journal of Greenhouse Gas Control, 2016, 51:369-379.

[141] Rebecca A, Halvor M N, Lie K A , et al.Using simplified Methods to Explore the Impact of Parameter Uncertainty on CO_2 Storage Estimates With Application to the Norwegian Continental Shelf, International Journal of Greenhouse Gas Control, Volume 75, 2018, Pages 198-213.

[142] 魏小林. 水泥炉窑的高能效低排放关键技术研发与工业示范[J]. 中国科技成果, 2016, 17(21):19-19,21.

[143] 殷谦. 回转窑余热回收装置及系统的性能分析与优化设计[D].济南：山东大学，2018.

[144] Chatterjee A , Sui T . Alternative fuels - Effects on Clinker Process and Properties[J]. Cement and Concrete Research, 2019, 123:105777.

[145] Mccarthy M J , Robl T , Csetenyi L J . Recovery, Processing, and Usage of Wet-Stored Fly ash - ScienceDirect[J]. Coal Combustion Products (CCP' s), 2017:343-367.

[146] 史才军,王吉云,涂贞军,王德辉.CO_2养护混凝土技术研究进展[J].材料导报,2017,31(05):134-138.

[147] 刘长松.加快推进石油石化行业绿色发展思路[N].中国石油报,2018-2-1（004）

[148] 王震.能源转型背景下石油公司的战略选择[J].北京石油管理干部学院学报,2019(2):8-13.

[149] 于航.欧洲油气公司2050年净零碳排放战略目标浅析[J].国际石油经济,2020(28):31-36.

[150] 宋倩倩.石化行业面临哪些机遇与挑战[N].中国石油报,2020-12-8（006）

[151] 林海周.二氧化碳与氢合成甲醇技术和产业化进展[J].南方能源建设,2020(2):14-19.

[152] 陶怡.我国生物可降解塑料产业发展现状与展望[J].化工新型材料,2020(12):1-4.

[153] 傅向升.石化“双碳”的解题思路[J].中国石油石化,2021(12):30-31.

[154] Galán-Martín Á, Tulus V, Díaz I, et al. Sustainability Footprints of a Renewable Carbon Transition for the Petrochemical Sector Within Planetary Boundaries [J]. One Earth, 2021, 4(4): 565-583.

[155] 孟宪玲.炼厂二氧化碳排放估算与分析[J].当代石油石化,2010,18(02):13-16+49.
[156] 王利宁,彭天铎,向征艰,戴家权,黄伟隆.碳中和目标下中国能源转型路径分析[J].国际石油经济,2021,29(01):2-8.
[157] 余碧莹,赵光普,安润颖,陈景明,谭锦潇,李晓易.碳中和目标下中国碳排放路径研究[J].北京理工大学学报(社会科学版),2021,23(02):17-24.
[158] 胡鞍钢.中国实现2030年前碳达峰目标及主要途径[J].北京工业大学学报(社会科学版),2021,21(03):1-15.
[159] 程春华.以变革为契机推进油公司转型[N].中国石油报,2020-11-10（008）
[160] 岳国君,林海龙,彭元亭,闵剑,王梦,熊强.以生物质为原料的未来绿色氢能[J].化工进展,2021, 40 (08):4678-4684.
[161] 国务院. 2030年前碳达峰行动方案 [EB/OL]. http://www.gov.cn/zhengce/content/2021-10/26/content_5644984.htm
[162] 芮萌,尹文强.后疫情时代中国经济增长的新势能——“双碳”战略[J].上海商学院学报,2021,22(04):15-25.
[163] 赵泽宽,喻江东. 科学有力推动实现碳达峰碳中和目标[N]. 中国经济时报,2021-06-23(004).
[164] 蒋先玲,张庆波.发达国家绿色金融理论与实践综述[J].中国人口·资源与环境,2017,27(S1):323-326.
[165] 杨富强,陈怡心.“十四五”推动能源转型实现碳排放达峰[J].阅江学刊,2021,13(04):73-85+124.
[166] 李兴伟.实现碳达峰、碳中和：高碳资产转型风险及化解路径[J].新理财,2021(05):27-30.
[167] 王志轩.碳达峰、碳中和目标实现路径与政策框架研究[J].电力科技与环保,2021,37(03):1-8.
[168] 费伟良,李奕杰,杨铭,唐艳冬,张晓岚.碳达峰碳中和目标下工业园区减污降碳路径探析[J].环境保护,2021,49(08):61-63.
[169] 贺克斌. 碳达峰碳中和目标给环境科技带来哪些挑战？[N]. 中国环境报,2021-06-22(003).
[170] 周宏春,史作廷.碳中和背景下的中国工业绿色低碳循环发展[J].新经济导刊,2021(02):9-15.
[171] LIU J, YANG Q, OU S, et al. Factor Decomposition and the Decoupling Effect of Carbon Emissions in China's Manufacturing High-emission Subsectors [J]. Energy, 2022, 248:123568.
[172] 董战峰,季曦,刘宇,李庆,王东,刘昌义,杨富强,涂瑞和,任树本,黄全胜,张安华,江志红,娄伟.碳中和实现路径与政策选择(笔谈)[J].阅江学刊,2021,13(03):5-34+130.
[173] 李宏伟,宋杨. 完善政策体系 推进碳达峰碳中和[N]. 中国环境报,2021-07-26(003).
[174] Yang Y, Yuan Z, Yang S. Difference in the Drivers of Industrial Carbon Emission Costs

Determines the Diverse Policies in Middle-income Regions: A Case of Northwestern China [J]. Renewable and Sustainable Energy Reviews, 2022, 155:111942.

[175] 周剑.系统推动实现碳达峰、碳中和目标[J].中国机关后勤,2021(05):15-16.

[176] Cai H, Wang Z, Zhu Y. Understanding the Structure and Determinants of Intercity Carbon Emissions Association Network in China [J]. Journal of Cleaner Production, 2022, 131535.

[177] 田慧芳.中国实现碳中和承诺的挑战与机遇[J].旗帜,2021(06):53-54.

[178] Yuan X, Su C-W, Umar M, et al. The Race to Zero Emissions: Can Renewable Energy be the Path to Carbon Neutrality? [J]. Journal of Environmental Management, 2022, 308:114648.

[179] 何思思.工业制造"碳中和"的主战场与新路径[J].中国工业和信息化,2021(05):28-33.

[180] Bai H, Zhang Y, Wang H, et al. A Hybrid Method for Provincial Scale Energy-Related Carbon Emission Allocation in China [J]. Environmental Science & Technology, 2014, 48(5): 2541-2550.

[181] 田丰,王文琪,包存宽.以降碳为目标的逆向战略环境评价：理念与模式[J].环境保护,2021,49(12):22-27.

[182] Liu Z, Sun T, Yu Y, et al. Real-time Carbon Emission Accounting Technology Toward Carbon Neutrality [J]. Engineering, 2022.

[183] 李明煜,张诗卉,王灿,蔡博峰.重点工业行业碳排放现状与减排定位分析[J].中国环境管理,2021,13(03):28-39.

[184] 庄贵阳.我国实现"双碳"目标面临的挑战及对策[J].人民论坛,2021(18):50-53.

[185] Gao P, Yue S, Chen H. Carbon Emission Efficiency of China's Industry Sectors: From the Perspective of Embodied Carbon Emissions [J]. Journal of Cleaner Production, 2021, 283:124655.

[186] 宋晓波,胡伯.碳中和背景下煤炭行业低碳发展研究[J].中国煤炭,2021,47(07):17-24.

[187] Zhang S, Chen W. Assessing the Energy Transition in China Towards Carbon Neutrality With a Probabilistic Framework [J]. Nature Communications, 2022, 13(1): 87.

[188] 田原宇,乔英云,张永宁.碳中和约束下绿色减排体系的构建[J].化工进展,2022, 41(02):1078-1084.